기둥영어는 특별합니다.

하루에 한 스텝씩

꾸준히 공부하면

쉽게 영어를 정복할 수 있습니다.

최파비아 기둥영어 4

최파비아 기둥영어 4

1판 1쇄 인쇄 2020. 12. 15.
1판 1쇄 발행 2020. 12. 28.

지은이 최파비아
도 움 최경 (Steve Choi)
디자인 Frank Lohmoeller (www.zero-squared.net)

발행인 고세규
발행처 김영사
등록 1979년 5월 17일(제406-2003-036호)
주소 경기도 파주시 문발로 197(문발동) 우편번호 10881
전화 마케팅부 031)955-3100, 편집부 031)955-3200 | 팩스 031)955-3111

값은 뒤표지에 있습니다.
ISBN 978-89-349-9141-0 14740
978-89-349-9137-3 (세트)

홈페이지 www.gimmyoung.com 블로그 blog.naver.com/gybook
페이스북 facebook.com/gybooks 이메일 bestbook@gimmyoung.com

좋은 독자가 좋은 책을 만듭니다.
김영사는 독자 여러분의 의견에 항상 귀 기울이고 있습니다.

최파비아 기둥영어 4

8번 DID 기둥
9번 THERE 기둥

영어공부를 재발명합니다

최파비아 지음

김영사

기둥 구조로
영어를 바라보는 순간
영어는 상상 이상으로
쉬워집니다.

영어의 모든~ 말은 아무리 복잡해 보여도 다 이 19개의 기둥들로 이루어져 있습니다.
더 좋은 소식은, 19개 모두 한 가지 똑같은 틀로 움직인다는 거죠. 영어가 엄청 쉬워지는 겁니다.
지금까지 영어 정복은 끝이 없는 것처럼 보였을 텐데요. 19개의 기둥을 토대로 익히면 영어 공부에 끝이 보이기 시작할 겁니다.

한국인처럼 영어를 열심히 공부하는 사람은 없습니다.
왜 우리는 지금까지 "영어는 기둥이다"라는 말을 못 들어봤을까요?

기둥영어는 세 가지 특이한 배경의 조합에서 발견됐습니다.
첫 번째는 클래식 음악 작곡 전공입니다.
두 번째는 열다섯 살에 떠난 영국 유학입니다.
마지막으로 세 번째는 20대에 단기간으로 떠난 독일 유학입니다.

영국에서 영어만 쓸 때는 언어를 배우고 익히는 방법을 따로 고민하지 않았습니다.
영어의 장벽을 넘어선 후 같은 서양의 언어인 독일어를 배우며 비로소 영어를 새로운 시각으로 바라볼 수 있었습니다. 클래식 음악 지식을 배경으로 언어와 음악을 자연스레 비교하자 영어의 구조가 확실히 드러났으며, 그러던 중 단순하면서도 확실한 영어공부법을 발견하게 되었습니다.
'기둥영어'는 이 세 가지의 특이한 조합에서 탄생한 새롭고 특별한 공부법임에 틀림없습니다.

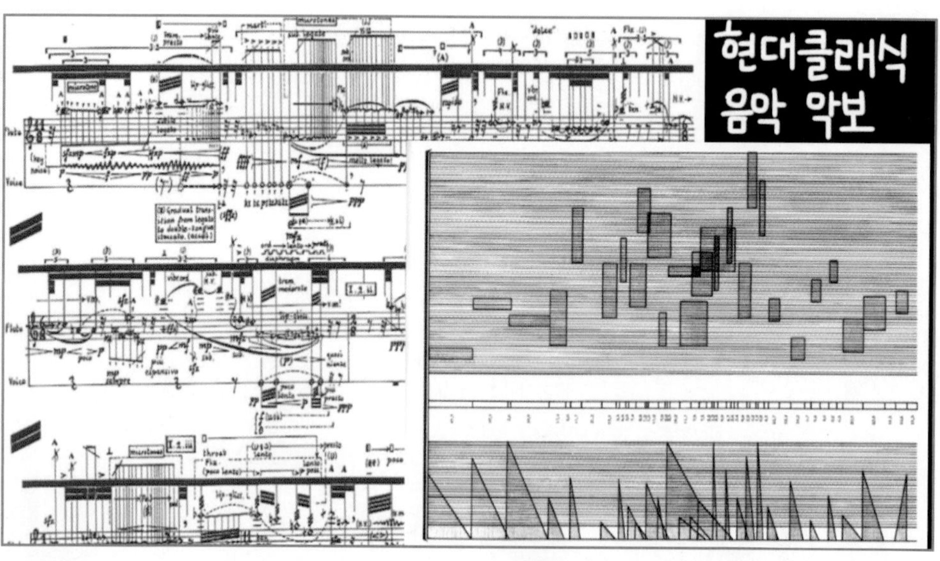

서양의 건축물을 보면 기둥이 있습니다. 서양인들은 건축뿐만 아니라 음악도 소리를 기둥처럼 쌓아서 만들었습니다. 건축이나 음악과 마찬가지로 영어도 기둥을 세우는 구조로 만들어져 있습니다. 영어의 기둥 구조는 건축과 음악처럼 단순합니다. 구조의 기본 법칙과 논리만 알면 초등학생도 복잡하고 어렵게 느끼는 영어를 아주 쉽게 자신의 것으로 만들 수 있습니다.
지금까지 우리가 알던 영어공부법은 처음에는 쉽지만 수준이 올라갈수록 어려워집니다. 이 기둥영어는 문법을 몰라도 끝까지 영어를 쉽게 배울 수 있습니다.

앱과 온라인 기반의 영어공부법이 우후죽순으로 나오고 너도나도 교재를 출간하는 등 영어 학습 시장은 포화 상태입니다. '기둥영어'는 왜 과열된 학습 시장에 뛰어들었을까요?

시장에 나와 있는 모든 영어공부법을 철저히 분석해봤습니다.

결론은 한국인은 영어공부를 너무 오랫동안 한다는 사실입니다.
죽어라 공부해야 결국 일상회화나 할 정도가 됩니다.
고급 영어는 아예 쳐다도 못 봅니다.
다시 말해 외국어 교육법으로는 형편없습니다.

유학생이 영어를 익힌 후 생활 속에서 자연스레 영어를 쓰듯, 국내에서 공부해도 유학생처럼 되는 영어공부법을 재발명할 필요가 있습니다. 그래서 영어공부법을 재발명했으며, 이것이 바로 기둥영어입니다. 더구나 이 방법은 사람들의 기대를 완전히 뛰어넘는 영어공부의 혁명입니다.

한국인은 전 세계에서 5위 안에 들 정도로 똑똑합니다.
이렇게 똑똑한 사람들은 시스템이나 구조보다 위에 있어야지, 그것들에 종속되어서는 안 됩니다. 우리는 중학교-고등학교-대학교까지 잘못된 영어 시스템에 종속되어 왔습니다. 심지어 유치원-초등학교까지 이 시스템에 종속되려고 합니다. 학교 영어교육 시스템에서 벗어나 사회로 나오면 또 돈을 들여 영어공부를 다시 시작합니다. 10년 아니 20년이 넘는 시간과 자신의 재능을 낭비하는 것입니다.

10대부터 60대까지 모든 연령대의 학생들을 가르치며 확신한 것이 하나 있습니다.
"우리는 이렇게까지 영어를 오랫동안 힘들게 할 필요가 없다."
이 바쁜 시대에 영어공부법은 쉽고 정확하고 빨라야 합니다. 빨리 영어를 도구로 삼아 더 큰 목표에 집중해야 합니다.
기둥영어는 영어라는 언어를 처음으로 우리에게 이해시켜줍니다.
쉬워서 모든 사람이 배울 수 있고, 정확한 분석으로 영어공부에 쉽게 적용할 수 있으며, 회화만이 아닌 모든 영역에 빠르게 생활화할 수 있습니다.
기둥영어가 여러분의 영어공부에 새로운 빛이 되어 줄 것이라 확신합니다. 책을 통해 이 교육법을 모두와 공유합니다.

포기하지 마!
네가 못해서
그런 게 아니야.

원어민 선생님과 바로 스피킹하는 기존 방식은 '맨땅에 헤딩'하기와 같습니다.

원어민은 태어나 한 번도 영어 스피킹을 배운 적이 없습니다. 우리가 한국어를 자연스럽게 터득한 것처럼 그들도 마찬가지입니다.

원어민 선생님은 그저 우리와 대화하면서 틀린 것을 고쳐주거나, 필요한 문장을 반복해서 외우라고 말합니다.

세상에 말이 얼마나 많은데 일일이 어떻게 다 외웁니까?
그렇게 외우다가는 끝이 없습니다. 고급 영어는 꿈도 못 꿉니다. 결국 포기하게 될지도 모릅니다.

즉석에서 문장을 만들어내며 나의 메시지를 전달할 줄 알아야 외국어 공부로부터 자유로워집니다.

유학을 갔다 오든, 한국에 있든, 영어를 잘 하려면 영어의 큰 구조를 알아야 합니다. 그래야 영어 실력도 올리고 고급 영어까지 구사할 수 있게 됩니다.

지금도 초등학교에서는
영어 문장 고작 몇 개를
반복해서 말하며 익히는 것에
한 학기를 소비합니다.

그러다 중학교부터 시험에 들어가면 실제 영어랑 너무 달라서 결국 둘 중에 하나는 포기하기에 이릅니다.

공부해야 하는 기간에
영어를 놓쳐버린 우리는
성인이 되어 자비를 들여
실전 영어를 하려 하지만,
체계적인 방법은 없고 다 그때뿐입니다.
시간 지나면 까먹어서 다시 기본 문장만
영어로 말하고 있습니다.

요즈음은 안 들리는 영어를 머리 아파도
참아가며 한 문장을 수십 번씩 듣고
따라 하는데 그게 얼마나 집요해야 할까요!
학생이든 성인이든
영어를 좀 알아야 하죠!
문장이고 문법이고 이해가 안 가는데…
"귀에서 피나겠어!"

기존 시스템은 우리를 너무 헷갈리게 합니다. 그래서 기둥영어는 영어의 전 과정을 세밀하게 담아내면서 남녀노소 그 어느 레벨이든 탄탄하게 영어가 쌓이도록 만들었습니다.

기둥영어를 담아낸 체계적인 시스템이 Map입니다. 그럼 Map을 구경해보죠.

<교재사용법> Map은 영어의 전 과정을 보여줍니다.

Map의 구성은 기존의 모든 영어책과 다릅니다. 가르쳐주지 않은 구조는 절대 예문으로 섞여 나오지 않기 때문에 (다른 모든 영어 교재들은 섞여 나옴) 자신감이 향상되면서 스피킹이 됩니다.

또한 개념을 꾸준하게 설명하면서 모든 것을 암기가 아닌 응용으로 익히기 때문에 스텝이 진행되면서 여러분이 말할 수 있는 영어 문장들은 기하급수적으로 많아집니다.

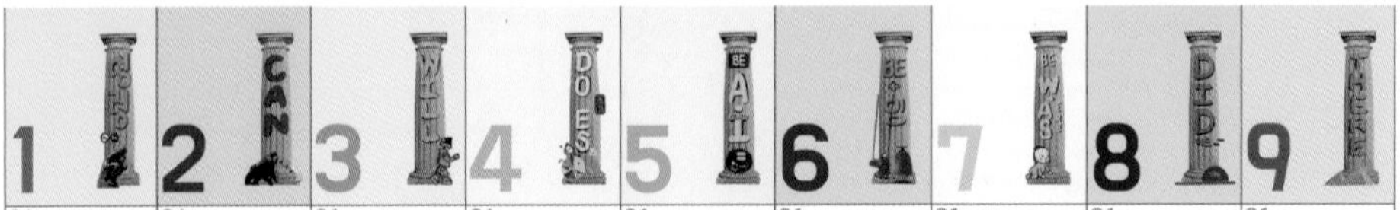

	1	2	3	4	5	6	7	8	9
01	명령	주어 I you	will	do	does is	be + 잉	was were	did	there / YN Q
02	my your	can	me you him her	always ~ sometimes	too	right now	동명사 ing	for 2탄 (시간)	front back
03	not	not	be vs come	not	actually	not	mine ~ ours	YN Q	not / no
04	and	there over there (here)	in at on	home vs house	of	only	more + er than	불규칙	its
05	her his	he she we they	month + day	YN Q (do)	not	wear vs put on	practically	not	working mom
06	a	YN Q 1	come on	listen vs hear	fun vs funny	YN Q	not / was 잉	when	also
07	the	again + an the	not	am are	you look funny	through	before	yet	apparently
08	prefix : er	plural	later	from	still	boring	never	find vs look for	during
09	up down	YN Q 2	see vs watch vs look	am not + 명사	YN Q does is	first + all the time	into	obviously	after
10	number + money	in out	YN Q + us them	인간작동 : love	no idea	you guys	out of	become	WH Q
11	please	take	but	have - 있다	thing(s) nothing	to 다리 1탄	one of them	WH Q	one none
12	동사 문법	our their	~s 소유격	therefore	off	WH Q	every vs all	what kind / sorts	below
13		WH Q	WH Q	고급단어조심	WH does is	because	YN Q	by 1탄	above (all)
14		this that	those + get vs be	so	few little	future + go vs come	most + est	once three times	which
15		Obj-It + just + try	주어 it they	YN Q (am are)	for 1탄	a lot of	형용사	enough	both
16		WH 주어	WH 주어	with without	find this easy	buy me this	too vs neither	that	either a or b
17		then	WH 1	really	what + noun	about	over	think / believe so	next, next to
18		tag Q	to	speak vs tell talk say	o'clock	what on earth	WH Q	I said	if 1탄
19			give me (to) him	WH do	WH 1	WH 1	some + any + no	almost	tag Q
20			tag Q	WH am are	keep him happy	WH 주어	ago (뒤)	mean	manage to
21			back	play - sports	how + adj	so much	it's easy to judge	WH 주어	
22				I do well VS I am well	properly	more money than 1탄	good better worst	anyway, by the way	
23				or	under	tag Q	WH 주어	did you use to	
24				make me go	WH 주어	to 다리 2탄	hearing + shopping	tag Q	
25				you in general	adverb ~ly		pretty quite		
26				some many much 1탄	like 1		tag Q		
27				tag Q	ly 2탄 exactly actually		even		
28				very	tag Q				
29				thank you you are welcome	like 2				
30					thank you it's all right				

스텝에서는 우리말이 많아 보이지만 우리말 설명 앞에 계속해서 나오는 #이 붙은 모든 문장을 이제 여러분 스스로 영어로 말하게 될 것입니다. 설명은 많지 않습니다. 개념을 익히고 계속 영어로 만들면서 진행합니다. 그래서 영어라는 언어가 어떤 것인지 정확히 감을 잡게 됩니다. 이렇게 해야 영어 공부에서 자유로워집니다.

말하기로 진도가 나가면서 듣기, 쓰기, 독해를 함께 끝낼 수 있습니다.

언어는 이렇게 모든 것을 아우르며 공부하는 것이 맞습니다.

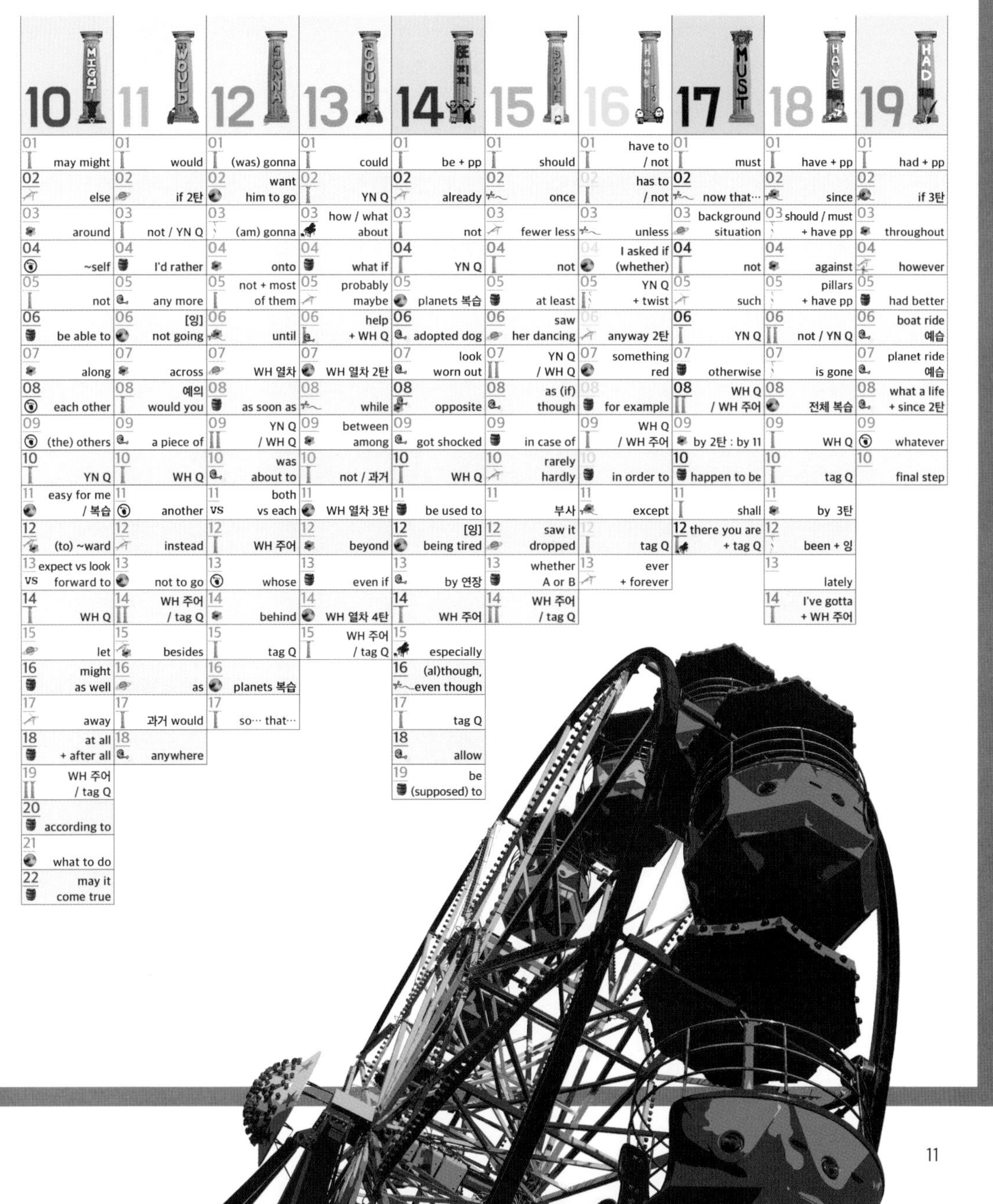

	10 MIGHT	11 WOULD	12 GONNA	13 COULD	14
01	may might	would	(was) gonna	could	be + pp
02	else	if 2탄	want him to go	YN Q	already
03	around	not / YN Q	(am) gonna	how / what about	not
04	~self	I'd rather	onto	what if	YN Q
05	not	any more	not + most of them	probably maybe	planets 복습
06	be able to	[잉] not going	until	help + WH Q	adopted dog
07	along	across	WH 열차	WH 열차 2탄	look worn out
08	each other	예의 would you	as soon as	while	opposite
09	(the) others	a piece of	YN Q / WH Q	between among	got shocked
10	YN Q	WH Q	was about to	not / 과거	WH Q
11	easy for me / 복습	another	both vs each	WH 열차 3탄	be used to
12	(to) ~ward	instead	WH 주어	beyond	[잉] being tired
13	expect vs look forward to	not to go	whose	even if	by 연장
14	WH Q	WH 주어 / tag Q	behind	WH 열차 4탄	WH 주어
15	let	besides	tag Q	WH 주어 / tag Q	especially
16	might as well	as	planets 복습		(al)though, even though
17	away	과거 would	so… that…		tag Q
18	at all + after all	anywhere			allow
19	WH 주어 / tag Q				be (supposed) to
20	according to				
21	what to do				
22	may it come true				

	15 SHOULD	16 HAVE TO	17 MUST	18 HAVE	19 HAD
01	should	have to / not	must	have + pp	had + pp
02	once	has to / not	now that…	since	if 3탄
03	fewer less	unless	background situation	should / must + have pp	throughout
04	not	I asked if (whether)	not	against	however
05	at least	YN Q + twist	such	pillars + have pp	had better
06	saw her dancing	anyway 2탄	YN Q	not / YN Q	boat ride 예습
07	YN Q / WH Q	something red	otherwise	is gone	planet ride 예습
08	as (if) though	for example	WH Q / WH 주어	전체 복습	what a life + since 2탄
09	in case of	WH Q / WH 주어	by 2탄 : by 11	WH Q	whatever
10	rarely hardly	in order to	happen to be	tag Q	final step
11	부사	except	shall	by 3탄	
12	saw it dropped	tag Q	there you are + tag Q	been + 잉	
13	whether A or B	ever + forever		lately	
14	WH 주어 / tag Q			I've gotta + WH 주어	

〈교재사용법〉 아이콘 설명

기둥을 중심으로 Map을 따라가다 보면 영어의 다양한 구조들을 빈틈없이 싹 훑게 될 것입니다. 영어는 기둥을 계속 나란히 세울 수 있게 만들어진 언어이고 그 기둥들에 붙는 다양한 도구들은 총 10개밖에 안 됩니다. 이것들로 인해 영어는 다시 한번 엄청 쉬워집니다.

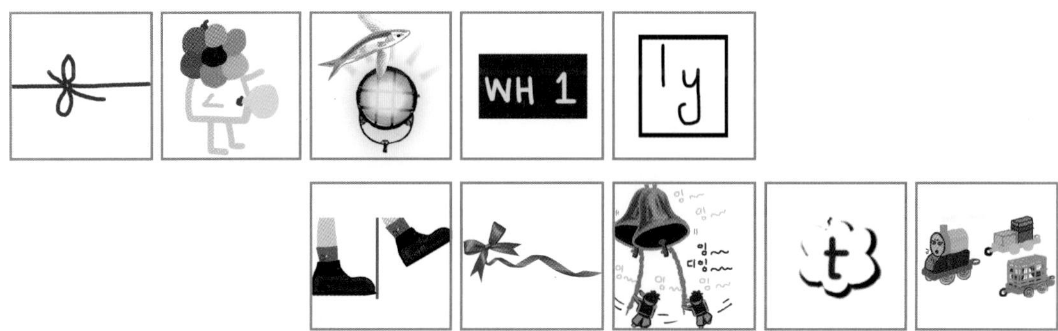

이 도구의 아이콘들과 특이한 명칭들은 여러분에게 재미있으라고 만든 것도 아니고 심심해서 만든 것도 아닙니다.

각 문법의 특징을 상기시켜주는 중요한 도움이 될 장치라는 것을 알게 될 겁니다. 모든 그림은 문법의 기능을 보여주기 위한 것이며 각각의 틀을 정확히 알아야 처음으로 접한 말도 스스로 응용해 영어로 만들 수 있습니다. 각 아이콘은 초등학생도 영어 구조의 기능을 완전히 파악할 정도로 정확히 보여줍니다.

그러면 등위 접속사, 부정사 명사 기능, 관계대명사, 부사구, 분사구문 조건절 등등 저 잡다하고 복잡한 모든 문법 용어가 다 사라집니다. 하지만 여러분은 정확하게 문법들을 사용할 수 있게 되죠.

그리고 고급 문법 구조들도 스스로 응용하여 새로운 말까지 만들어낼 수 있습니다.

반복되는 아이콘이 머릿속에 문법의 기능과 이미지로 팍팍 새겨지며 복잡한 문법들이 이렇게 귀여운 10개의 도구로 끝납니다.

나중에는 이미지만으로 설명 없이도 새로운 구조를 바로 이해하게 됩니다. 이렇게 적은 수의 아이콘으로 어려운 문장들까지 쉽게 읽고 말하는 신비한 경험을 하게 될 겁니다.

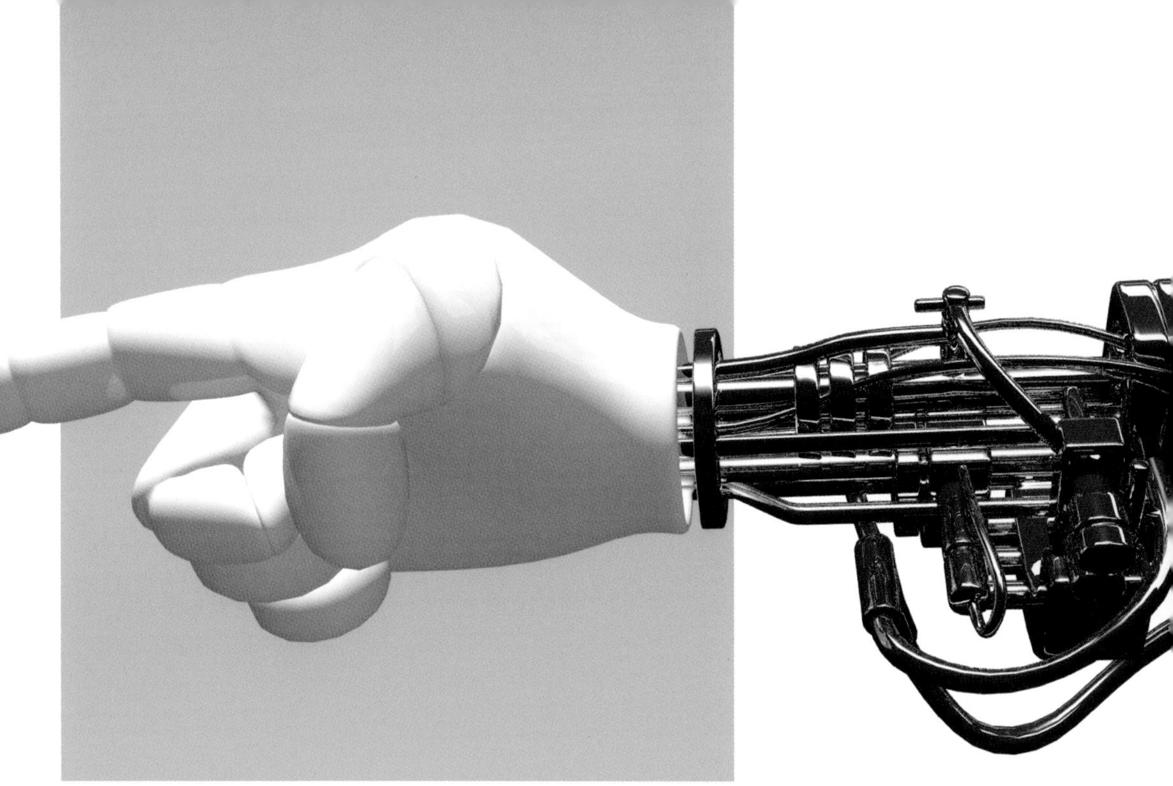

〈문법 용어〉

영어를 모를 때나 문법 용어를 찾게 되지 영어가 보이면 문법 용어는 쳐다보지도 않게 됩니다. 이 코스로 배운 모든 학생이 경험한 변화입니다. 여러분도 각 기능을 다 알고 나면 더 이상 이 아이콘을 굳이 쓰지 않아도 됩니다. 정작 영어를 하기 시작하면 용어 자체를 말하는 일 없이 자신의 말을 하기 때문입니다.

영어는 반복 훈련이 필요하다는 것을 다들 아실 것입니다.
하지만 언어는 다양하게 말할 수 있기 때문에 운동이나 악기연습같이 똑같은 것을 반복하는 훈련이 아닌 작곡 같은 훈련을 해야 합니다. 같은 패턴이나 문장의 암기가 아닌 자신의 말로 다양하게 만들어보는 반복 훈련을 하면 훨씬 더 큰 결과물을 빠르게 얻습니다. 그런 반복 훈련이 될 수 있도록 매 스텝을 준비했습니다.

각 스텝에 주어진 단어들이 너무 쉬워 보이나요? 쉬운 단어들을 드리는 이유는 구조를 정확히 볼 수 있게 하기 위해서입니다. 단어까지 어려우면 뒤에 숨겨진 구조를 보지 못합니다. 하지만 구조를 정확하게 이해하면 어려운 단어들로 이루어진 복잡한 문장도 쉽게 말할 수 있습니다.

이 모든 것을 쉽게 따라올 수 있도록 Map을 만들었습니다.

스텝 안에서 유념해야 할 부분

#이 붙은 문장은 설명을 보지 말고, 바로 영어로 만들라는 뜻입니다. 이렇게 계속 새로운 우리말을 영어로 직접 만들면서 익혀나갑니다. 설명만을 읽으면 지루하기도 하고, 또 문장만 만들면 암기를 하게 되는 식이라 응용법을 익힐 기회가 사라집니다. 설명을 보지 말고 함께 제공되는 가리개로 가리면서 직접 영어로 만드세요.

#이 붙은 문장들은 그 스텝에서 배우는 것만 나오지 않고, 그 전의 스텝에서 배운 것도 랜덤으로 섞이면서 접하지 않은 새로운 문장으로 나오기 때문에 퀴즈처럼 항상 머릿속으로 헤아리면서 진행해야 합니다. 재미있을 겁니다.

#이 붙은 문장을 보면 아래 설명 부분을 가리개로 가리고 공부하면 좋습니다. 정확히 구조를 모를 때는 공책에 먼저 써본 후 말하는 것을 추천합니다. 안다고 생각해도 정작 써보고 나서 가이드와 비교하면 틀리는 경우를 종종 봐왔기 때문입니다.

스텝 설명 예시

#A: 그녀는 나이가 듦에 따라, 자신감도 늘어났어.

> grow old / confidence [컨*피던스] / gain [게인] <

나이가 듦 = 자신감 늘어남. 그래서 as를 쓸 수 있죠.

→ As she grew older, she gained more confidence.

#B: 그래? 나는 나이가 듦에 따라, 몸무게가 늘었는데.

> weight / gain <

→ Yeah? As I grew older, I gained weight.

#A: 그것만이 아니지.

→ That's not all. / Not only that.이라고도 잘 쓴답니다.

#나이가 들면서 혈당량도 올라갔지.

> blood sugar level <

나이가 듦 = 혈당량도 올라감

→ As you grew older, your blood sugar level went up too.

가리개 설명

여러분은 스텝 안의 #이 붙은 모든 문장과 연습 문장을 직접 영어로 만들어나갑니다.
먼저 배운 것도 랜덤으로 섞여 나오므로 계속 이전의 것도 함께 기억하면서 새로운 것을 배웁니다.
여러분이 직접 골라서 사용할 줄 알아야 하기 때문에 잘 생각날 수 있게 가리개에 기록해두었습니다.

이제 5형식이나 시제, 조동사 등을 굳이 배울 필요가 전혀 없습니다.

가리개에는 영어의 모든 구조가 이미지로 그려져 있습니다.
기둥에는 기둥의 기능을 보여주는 이미지도 그려져 있습니다.
배우지 않은 것들은 나오지 않으니, 항상 배운 것 안에서만 골라내면 됩니다.

연습장 설명

연습장에서 제공되는 기둥은 이미 배운 기둥뿐입니다. 위의 샘플을 보면 15번 기둥까지 배웠음을 알 수 있습니다.

문장을 만들 때는 기둥을 생각하면서 맞는 기둥을 골라 구조에 맞게 끼워 넣기만 하면 됩니다. 기둥으로 영어를 보면 우리말에 이미 힌트가 다 들어 있다는 것을 알게 됩니다. 생각할 필요 없이 단어만 끼워 맞추면 끝입니다. 영어의 모든 말은 기둥으로만 이루어져 있고, 모든 기둥은 한 가지 구조로만 움직이니 여러분은 레고처럼 그냥 단어만 끼우면 됩니다.

예문을 영어로 바꿀 때 필요한 영단어는 아래 예시처럼 회색으로 제공되며 우리말 순서대로 나열됩니다. 예를 들어, "안전벨트는 당신의 목숨을 구할 수도 있습니다." 아래에는 seatbelt / life / save로 단어가 나열됩니다.

우리말을 읽으면서 대체할 단어가 순서대로 제시되어 있습니다.
발음은 가이드라인일 뿐입니다. 접한 후 영어 발음으로 더 연습하세요.

스텝 설명 예시

#의사: 두 분 중 한 분은 가까이 계시는 편이 좋겠습니다, 동의가 필요할 것을 대비해서요.

close / stay / consent [컨센트]=동의서

.... One of you should stay close in case we need your consent.

#내가 산에 위스키 한 병을 가지고 오마, 우리가 뱀에 물리는 경우를 대비해서.

mountain / whiskey / bottle / snake / bite

.... I'll bring a bottle of whiskey to the mountain in case we get bitten by a snake.

연습장 설명

예문 오른쪽 하단의 가이드 역시 가리개로 가리고 영어 문장을 만들면 좋습니다. 연습장에서도 더 시간을 투자할 수 있으면, 공책에 적으면서 말하는 것을 추천합니다. 쓰면서 하는 공부는 다릅니다. 직접 써보면 안다고 생각했던 문장도 틀리기 쉽다는 것을 알게 될 것입니다. 적은 것을 확인한 후에 영어로 말하며 다시 만들어봅니다. 천천히 만들면서 우리말에 감정을 싣듯이 영어에도 감정을 실어 말합니다.

그 후 발음까지 좋게 하기를 원하면 www.paviaenglish.com으로 가서 리스닝 파일을 들으면서 셰도잉 기법을 활용하면 됩니다. 셰도잉 기법은 문장이 끝날 때까지 기다리지 않고 상대가 말하는 대로 바로바로 따라 말하는 방법입니다. 그러면 발음은 금방 자연스럽게 좋아집니다.

매 스텝을 하루 10분 이내로 1개씩만 해도 1년이면 다 끝납니다. 이미 해본 학생들 말로는 한 스텝씩이기 때문에 벅차지 않다고 합니다.

1년 뒤면 실제로 영어가 여러분의 것이 될 수 있습니다. 원서로 책을 읽고, 할리우드 영화를 영어 자막으로 보다가 자막 없이도 보고, 궁금한 내용을 구글에서 영어로 검색하는 등 실제 유학생들처럼 영어가 공부가 아닌 생활이 되기 시작할 것입니다.

영어를 어느 정도 익힌 학생들이나 빠르게 끝내야 하는 학생들을 위해 Map 안에 지름길이 세팅되어 있습니다.

다음 페이지에서 세 종류의 지름길을 소개합니다.

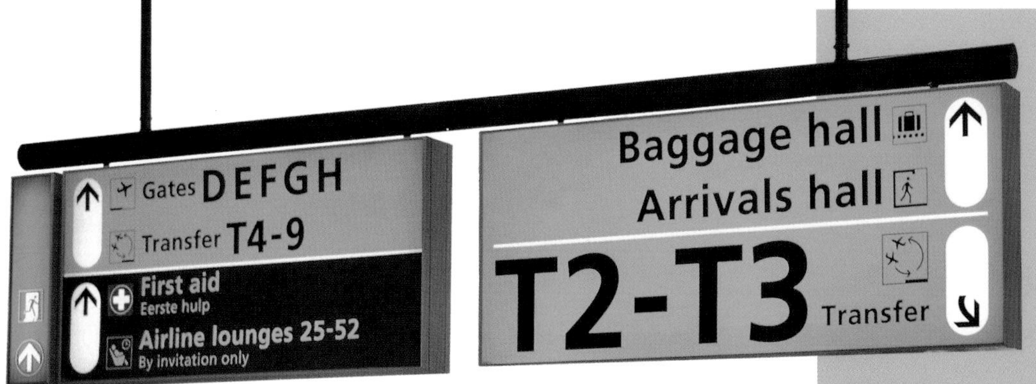

지름길: 필요에 따라 적절한 코스대로 익혀나가도 좋습니다.
294-295쪽에서 아이콘 요약서를 접하면 좀 더 빠르게 진행할 수 있습니다.

문법 지름길 코스
학교에서 배우는 문법을 이해 못하겠다. 말하기는커녕 독해도 어렵다. 서둘러 늘고 싶다.

고급 지름길 코스
기본 영어는 잘하고 어휘와 문법은 꽤 알지만 복잡한 문장들은 혼자서 만들 수가 없다.

여행 지름길 코스
영어를 하나도 모르지만 내 여행 스타일에 맞는 영어를 준비해서 갈 수 있으면 좋겠다.

문법 지름길

		02^{13}	WH Q			05^{04}	of
01^{01}	명령	02^{15}	Obj-it + just + try	04^{01}	do	05^{05}	not
01^{02}	my your	02^{16}	WH 주어	04^{02}	always ~ sometimes	05^{07}	you look funny
01^{03}	not	02^{17}	then	04^{03}	not	05^{09}	YN Q does is
01^{04}	and	02^{18}	tag Q	04^{05}	YN Q (do)	05^{10}	no idea
01^{05}	her his			04^{07}	am are	05^{12}	off
01^{06}	a	03^{01}	will	04^{08}	from	05^{13}	WH does is
01^{07}	the	03^{02}	me you him her	04^{09}	am not + 명사	05^{14}	few little
01^{09}	up down	03^{04}	in at on	04^{14}	so	05^{15}	for 1탄
01^{12}	동사 문법	03^{07}	not	04^{15}	YN Q (am are)	05^{16}	find this easy
		03^{10}	YN Q + us them	04^{16}	with without	05^{17}	what + noun
02^{01}	주어 I You	03^{11}	but	04^{19}	WH do	05^{19}	WH 1
02^{02}	can	03^{12}	~s 소유격	04^{20}	WH am are	05^{20}	keep him happy
02^{03}	not	03^{13}	WH Q	04^{22}	I do well I am well	05^{21}	how + adj
02^{05}	he she we they	03^{15}	주어 it they	04^{23}	or	05^{23}	under
02^{06}	YN Q 1	03^{16}	WH 주어	04^{24}	make me go	05^{25}	adverb ~ly
02^{08}	plural	03^{17}	WH 1	04^{26}	some many much	05^{26}	like 1
02^{09}	YN Q 2	03^{18}	to				
02^{12}	our their	03^{19}	give me (to) him	05^{01}	does is	06^{01}	be + 잉

06^{03}	NOT	08^{13}	by 1탄	11^{16}	as		
06^{07}	through	08^{16}	that	11^{17}	과거 would	15^{01}	should
06^{08}	boring	08^{17}	think / believe so			15^{02}	once
06^{11}	to 다리 1탄	08^{18}	I said	12^{01}	(was) gonna	15^{06}	saw her dancing
06^{13}	because	08^{23}	did you use to	12^{02}	want him to go	15^{09}	in case of
06^{14}	future + go vs come			12^{03}	(am) gonna	15^{11}	부사
06^{16}	buy me this	09^{01}	there / YN Q	12^{06}	until	15^{12}	saw it dropped
06^{17}	about	09^{02}	front back	12^{07}	WH 열차		
06^{19}	WH 1	09^{03}	not / no	12^{08}	as soon as	16^{01}	have to / not
06^{22}	more money than	09^{04}	its	12^{09}	YN Q / WH Q	16^{02}	has to / not
06^{24}	to 다리 2탄	09^{05}	working mom	12^{13}	whose	16^{05}	YN Q + twist
		09^{08}	during	12^{14}	behind	16^{07}	something red
07^{01}	was were	09^{09}	after	12^{16}	planets 복습	16^{10}	in order to
07^{02}	동명사 ing	09^{14}	which	12^{17}	so…that…	16^{11}	except
07^{03}	mine ~ ours	09^{16}	either a or b				
07^{04}	more + er than	09^{17}	next, next to	13^{01}	could	17^{01}	must
07^{06}	not / was 잉	09^{18}	if 1탄	13^{02}	YN Q	17^{02}	now that…
07^{07}	before			13^{06}	help + WH Q	17^{03}	background
07^{08}	never	10^{01}	may + might	13^{07}	WH 열차 2탄	17^{09}	by 2탄: By 11
07^{14}	most + est	10^{04}	~self	13^{08}	while		
07^{15}	형용사	10^{06}	be able to	13^{10}	not / 과거	18^{01}	have + pp
07^{16}	too vs neither	10^{11}	easy for me + 복습	13^{11}	WH 열차 3탄	18^{02}	since
07^{17}	over	10^{14}	WH Q	13^{14}	WH 열차 4탄	18^{03}	should + have pp
07^{19}	some + any + no	10^{15}	let			18^{05}	pillars + have pp
07^{20}	ago (뒤)	10^{20}	according to	14^{01}	be + pp	18^{07}	is gone
07^{21}	it's easy to judge	10^{21}	what to do	14^{03}	NOT	18^{11}	by 3탄
07^{22}	good better worst			14^{04}	YN Q	18^{12}	been + 잉
		11^{01}	would	14^{06}	adopted dog	18^{13}	lately
08^{01}	did	11^{02}	If 2탄	14^{07}	look worn out		
08^{02}	for 2탄 (시간)	11^{03}	not + YN Q	14^{11}	be used to	19^{01}	had + pp
08^{03}	YN Q	11^{06}	[잉] not going	14^{12}	[잉] being tired	19^{02}	if 3탄
08^{04}	불규칙	11^{08}	예의 would you	14^{13}	by 연장	19^{04}	however
08^{06}	when	11^{09}	a piece of	14^{16}	(al)~, even though	19^{05}	had better
08^{12}	what kind / sorts	11^{13}	not to go	14^{18}	allow	19^{08}	what a life + since

01^{01}	명령
01^{03}	not
02^{01}	주어 I you
02^{02}	can
02^{03}	not
02^{06}	Y.N Q 1
02^{09}	Y.N Q 2
02^{13}	WH Q
02^{16}	WH 주어
03^{17}	WH 1
03^{19}	give me (to) him
04^{01}	do
04^{03}	not
04^{07}	am are
04^{12}	therefore
04^{13}	고급단어조심
04^{14}	so
04^{22}	I do well I am well
04^{24}	make me go
05^{01}	does is
05^{03}	actually
05^{04}	of
05^{22}	properly
06^{01}	be + 잉
06^{11}	to 다리 1탄
06^{13}	because
06^{19}	WH 1
06^{24}	to 다리 2탄
07^{01}	was were
07^{02}	동명사 ing
07^{05}	practically
07^{21}	It's easy to judge
08^{01}	did
08^{16}	that
09^{01}	there / YN Q
09^{03}	not / no
09^{07}	apparently
09^{14}	which
09^{18}	if 1탄
09^{20}	manage to
10^{01}	may might
10^{15}	let
10^{16}	might as well
10^{21}	what to do
11^{01}	would
11^{02}	if 2탄
11^{06}	[잉] not going
11^{13}	not to go
11^{16}	as
11^{17}	과거 would
12^{01}	(was) gonna
12^{02}	want him to go
12^{03}	(am) gonna
12^{07}	WH 열차
12^{10}	was about to
12^{13}	whose
12^{17}	so…that…
13^{01}	could
13^{04}	what if
13^{07}	WH 열차 2탄
13^{11}	WH 열차 3탄
13^{13}	even if
13^{14}	WH 열차 4탄
14^{01}	be + pp
14^{03}	not
14^{06}	adopted dog
14^{07}	look worn out
14^{11}	be used to
14^{12}	[잉] being tired
14^{16}	(al)~, even though
14^{19}	be (supposed) to
15^{01}	should
15^{02}	once
15^{06}	saw her dancing
15^{08}	as (if) though
15^{09}	in case of
15^{12}	saw it dropped
15^{13}	whether A or B
16^{01}	have to / not
16^{03}	unless
16^{04}	I asked if (whether)
16^{05}	YN Q + twist
16^{07}	something red
16^{10}	in order to
17^{01}	must
17^{02}	now that…
17^{03}	background
17^{07}	otherwise
17^{10}	happen to be
18^{01}	have + pp
18^{02}	since
18^{03}	should + have pp
18^{05}	pillars + have pp
18^{07}	is gone
18^{12}	been + 잉
19^{01}	had + pp
19^{02}	if 3탄
19^{08}	what a life + since

여행 지름길

		04^{11}	have - 있다	07^{21}	it's easy to judge	12^{02}	want him to go
01^{01}	명령	04^{14}	so			12^{03}	(am) gonna
01^{02}	my your	04^{16}	with without	08^{01}	did	12^{06}	until
01^{03}	not	04^{23}	or	08^{02}	for 2탄 (시간)	12^{07}	WH 열차
01^{04}	and			08^{03}	YN Q		
01^{09}	up down	05^{01}	does is	08^{04}	불규칙	13^{01}	could
01^{10}	number + money	05^{03}	actually	08^{05}	not	13^{02}	YN Q
01^{11}	please	05^{04}	of	08^{06}	when	13^{03}	how / what about
		05^{05}	not	08^{11}	WH Q	13^{07}	WH 열차 2탄
02^{01}	주어 I You	05^{10}	no idea	08^{12}	what kind / sorts		
02^{02}	can	05^{11}	thing(s) nothing	08^{13}	by 1탄	14^{01}	be + pp
02^{03}	not	05^{15}	for 1탄	08^{16}	that	14^{06}	adopted dog
02^{04}	over there (here)	05^{17}	what noun	08^{18}	I said		
02^{06}	YN Q 1	05^{19}	WH 1	08^{20}	mean	15^{01}	should
02^{07}	again + an the	05^{21}	how + adj			15^{07}	YN Q / WH Q
02^{13}	WH Q	05^{23}	under	09^{01}	there / YN Q		
02^{14}	this that	05^{25}	adverb ~ly	09^{03}	not / no	16^{01}	have to / not
02^{15}	Obj-it + just + try	05^{26}	like 1	09^{05}	working mom	16^{02}	has to / not
02^{17}	then			09^{08}	during	16^{05}	YN Q + twist
		06^{01}	be + 잉	09^{09}	after	16^{11}	except
03^{01}	will	06^{07}	through	09^{10}	WH Q		
03^{04}	in at on	06^{08}	boring	09^{14}	which	17^{01}	must
03^{10}	YN Q + us them	06^{11}	to 다리 1탄	09^{17}	next, next to	17^{03}	background
03^{11}	but	06^{12}	WH Q	09^{18}	if 1탄	17^{04}	not
03^{13}	WH Q	06^{13}	because				
03^{14}	those + get vs be	06^{14}	future + go vs come	10^{01}	may might	18^{01}	have + pp
03^{21}	back	06^{15}	a lot of	10^{15}	let	18^{02}	since
		06^{17}	about	10^{21}	what to do	18^{03}	should + have pp
04^{01}	do	06^{24}	to 다리 2탄			18^{07}	is gone
04^{03}	not			11^{01}	would		
04^{05}	YN Q (do)	07^{01}	was were	11^{08}	예의 would you		
04^{07}	am are	07^{02}	동명사 ing	11^{10}	WH Q		
04^{08}	from	07^{07}	before				
04^{09}	am not + 명사	07^{19}	some + any + no	12^{01}	(was) gonna		

Index

08 DID 기둥

08[01] did .... 일반동사 과거시제 26
08[02] for 2탄 (시간) .... 전치사 36
08[03] YN Q .... 의문문 40
08[04] 불규칙 .... 불규칙 동사 43
08[05] not .... 부정문 50
08[06] when .... 접속사 58
08[07] yet .... 부사 68
08[08] find vs look for .... 혼동되는 동사 74
08[09] obviously .... ly 부사 78
08[10] become .... 혼동되는 동사 84
08[11] WH Q .... 의문사 의문문 88
08[12] what kind / sorts 94
08[13] by 1탄 .... 전치사 99
08[14] once three times .... 배수사 104
08[15] enough 108
08[16] that .... 종속접속사 that 114
08[17] think / believe so .... 부사 126
08[18] I said .... 종속접속사 that 130
08[19] almost .... 부사 138
08[20] mean .... 혼동되는 동사 144
08[21] WH 주어 .... 의문사 의문문 152
08[22] anyway, by the way .... 부사 156
08[23] did you use to .... 숙어 160
08[24] tag Q .... 부가의문문 166

09 THERE 기둥

09[01]	there / YN Q	THERE/의문문	176
09[02]	front back	전치사/부사	183
09[03]	not / no	부정문	188
09[04]	its	소유격	192
09[05]	working mom	현재분사 (명사 수식 분사)	196
09[06]	also	부사	202
09[07]	apparently	ly 부사	208
09[08]	during	전치사	214
09[09]	after	접속사/전치사	219
09[10]	WH Q	의문사로 시작하는 의문문	226
09[11]	one none	부정대명사	232
09[12]	below	전치사/부사	238
09[13]	above (all)	전치사/부사	242
09[14]	which	의문대명사	247
09[15]	both	부정대명사	252
09[16]	either a or b	숙어	260
09[17]	next, next to	전치사	266
09[18]	if 1탄	가정법 (조건)	272
09[19]	tag Q	부가의문문	280
09[20]	manage to	혼동되는 동사	286

DID 기둥

8형식

일반동사 과거시제

Did

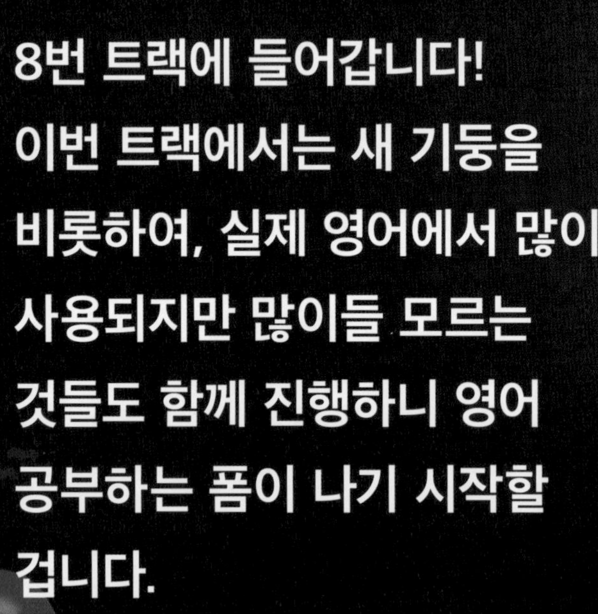

8번 트랙에 들어갑니다!
이번 트랙에서는 새 기둥을 비롯하여, 실제 영어에서 많이 사용되지만 많이들 모르는 것들도 함께 진행하니 영어 공부하는 폼이 나기 시작할 겁니다.

BE의 과거 기둥인 WAS 기둥 배웠죠?

#전 아기였었죠. 영어로?

"I am a baby"가 과거로 가서 "I was a baby".

두비에서 be 쪽으로만 움직인 거죠?

그럼 do 쪽의 과거는요?

그것이 바로 8번 기둥!

do 쪽의 과거 기둥을 배워볼게요.

DID [디드] 기둥입니다.

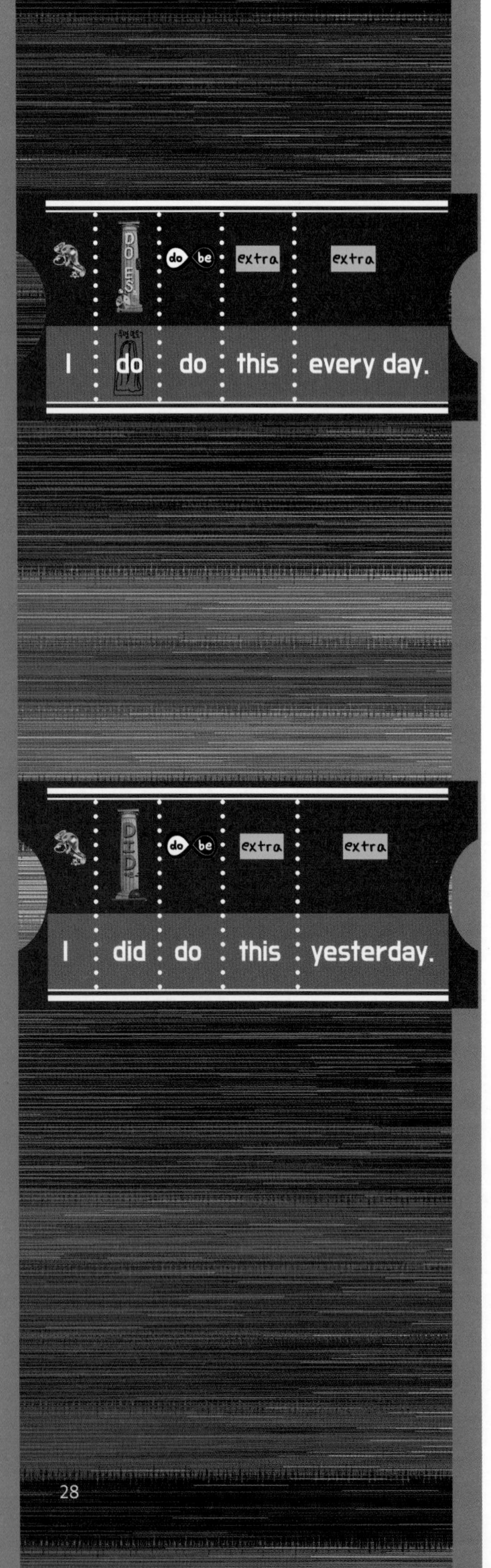

방법은 정말 간단해요. DO 기둥 배웠죠? 기둥 자리에서 DID로만 바꿔치기하면 됩니다.

#저 매일 이거 해요. 영어로?

→ I ( ) do this every day.

위에서 do는 두비에서 온 거지 기둥 아니죠? 저 사이에 DO 기둥이 숨겨져 있는데 보통 감추는 이유는 do 동사와 DO 기둥이 나란히 와서 자동 강조가 된다고 했죠.

그래서 보통 숨겨 말한다고 했습니다. 그럼 같은 말로 기둥을 드러내보세요.

I do do this.

이 DO 기둥은 반복적으로 한다는 것을 말할 때 사용하는 건데 그럼 기둥만 과거인 DID로 바꿔보세요.

I did do this. 이게 과거 DID 기둥입니다. 간단하죠?

저 어제 이거 했어요.

→ I did do this yesterday.

당연히 every day가 아니라

과거니까 yesterday.

그런데 DO 기둥에 투명 망토를 씌우는 것처럼 DID 기둥도 똑같이 투명 망토를 씌웁니다. 걱정 마세요. 더 이상 이런 짓 하는 기둥은 더 안 나와요. 이걸로 끝이에요.

합치는 이유는 나란히 나와서 강조가 되니까 숨기는 거예요.

좋은 소식은 3총사가 카멜레온에 나와도 모두 다 DID란 겁니다.

이미 DO 기둥에서 여러분은 기둥을 투명하게 가렸기 때문에 DID는 쉬울 겁니다.

같이 만들어보죠.

저 이거 했어요.

I did do this. 기둥을 숨기면
I ( ) do this. 그런데 이러면 DO 기둥이 숨겨져 있는 것처럼 보이잖아요. 그래서 DID 기둥이 숨겨진 거다, 라고 해서 두비 자리에서 보여줍니다.
do의 과거는? 바로 did. 그래서
"I ( ) did this"로 바꿔줍니다.
복잡하지 않아요. 다시!

DOES 기둥이 장난감처럼 앞이 숨으면 뒤가 나오고, 뒤를 누르면 앞이 나오듯 움직이며 기둥을 드러내서 'I did do this'든지, 숨겨서 'I ( ) did this'인 거예요.
DOES 기둥도 피곤하지만 잘 지나온 것처럼 똑같은 이치일 뿐이니까 적응만 하면 됩니다.
이렇게 숨은 기둥은 이제 진짜 마지막입니다.
한번 만들어보세요.

I do do this.
↓
I did did this.

강조해서 기둥 빼면

#저희 저번 주에 그것들을 했는데요.

We
... did
... do
... those
... last week.

기둥 숨기면

#저희 저번 주에 그것들을 했습니다.

We
... ( )
... did
... those
... last week.

		do be	extra	extra
We	did	do	those	last week.
We		→ did	those	last week.

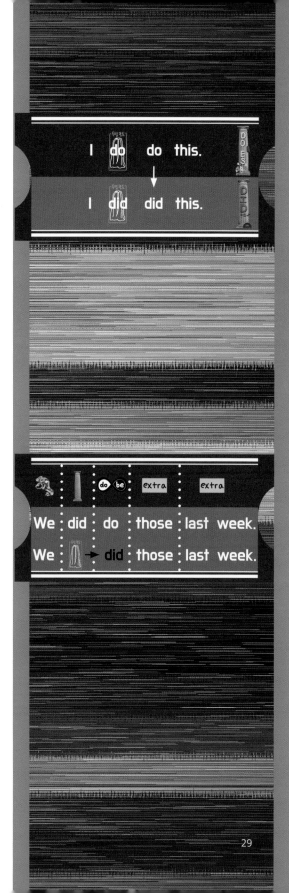

앞의 DID는 기둥이고,
뒤의 did는 두비에서 온 것이라는 점이 보여야 합니다.
그럼 이번에는 다른 단어들로 해볼까요?

상황) 친구가 어제 늦게 끝났느냐고 묻습니다.

일찍 끝났어.

어제 끝난 것을 말하는 거니까 과거 DID 기둥으로 I did finish early.

DID 기둥을 숨겨보면 I ( ) finish early.

자! 이러면 또 DO 기둥이 숨겨진 것처럼 보이잖아요.

그러면 finish의 과거 모양은 어떻게 표시해야 할까요?

DID 기둥을 숨길 때는 그 뒤에 나오는 do 동사에 [이드] 소리를 붙여줍니다.

DID [디드]로 끝나서 [이드] 소리인 거죠.

그래서

→ I ( ) finish**ed** [*피니쉬드] early.

발음이 [드]여서 스펠링은 'ed'가 대부분이에요. 이게 다예요. 복잡하지 않죠?

그럼 기둥 돌리면서 탄탄히 만들어볼까요?

#제발 날 실망시키지 마!

> 누군가를 실망시키길 원한다면 어떻게 할지 방법을 알죠? 그래서 두비에서 do 동사입니다. **'실망시키다'** disappoint [디싸'포인트] <

→ Please do not disappoint me!

#난 부모님을 실망시켜드릴 수 없어!

> parents [페*런츠] <

→ I cannot disappoint my parents.

#저희가 실망시켜드리지 않겠습니다.

→ We will not disappoint you.

#당신은 우리를 실망시켰습니다.

이미 시킨 거죠? 과거 DID 기둥 써서,

→ You ( ) disappoint**ed** us.

뒤에 [이드] 소리로 끝내는 거죠.

DOES [더즈] 기둥 숨길 때 [즈] 소리로 기둥이 숨겨져 있는 것을 보여주듯,
DID [디드] 기둥을 숨길 때는 [이드] 소리로 보여주는 겁니다.
당연히 기둥을 드러내면 [이드]는 다시 사라지는 거죠.
장난감처럼 이쪽 누르면 저쪽이 올라오고, 저쪽 누르면 이쪽이 올라오는 식으로 보면 된다고 했죠?
그럼 이제 연습장에서 [이드] 붙이면서 만들어보세요.

연습

#네가 내 달팽이 죽였어!
snail [스네일]=달팽이 / kill

You killed my snail!

#그분(여)이 제 질문에 대답을 했습니다.
question / answer

She answered my question.

#뭐야! 저자가 내 유리잔을 박살 냈어!
glass [글라스] / smash [스마쉬]=박살 내다

What! He smashed my glass!

#내가 방들 다 청소했어. 심지어 걔네들 설거지도 해줬어.
room / wash the dishes

I cleaned all the rooms.
I even washed their dishes for them.

#저희 오후 내내 축구했어요.
Hint: 하루 종일=all day / afternoon

We played football all afternoon.

#난 그분(남)한테서 정말 많이 배웠어.
learn

I learned so much from him.

#첫 번째 작가(여)가 본인 작업을 끝냈어요.
first / writer [*롸이터] / work=작업 / finish

.... The first writer finished her work.

#몇 시간 뒤, 두 번째 작가(남)가 본인 작업을 끝냈습니다.
hour [아워]=시간 / second

.... Hours later, the second writer finished his.

#걔(남) 작년에 우리 클럽에 가입했어.
join

.... He joined our club last year.

#걔네 이번 시험에서 떨어졌어.
exam [이그'*젬]=시험 / fail [*페일]

.... They failed this exam.

발음은 편해야 하기 때문에 시간이 지나면서 변하기도 하고 스펠링으로 인해 바뀌는 것도 생기죠.
규칙적이지 않은 이유가 다양하지만 룰로 외워야 할 정도로 중요하지는 않습니다.
살짝 다른 것은 문장으로 자주 만들어서 접하면 익숙해진다고 했습니다.
이제 그 정도로 영어를 바라볼 만큼은 됐죠?

DID 기둥이 숨을 때 [드], [트], [이디드]로 테이블이 그려지는데 외우기 피곤해요.
스텝마다 각자 비슷한 것들끼리 묶어서 예문을 골랐으니 여러분은 접하면서 편하게 익히세요.
그럼 다음 문장을 영어로 말해보세요.

#그들은 저희를 공격했어요.

> attack <

항상 공격하는 게 아니라 전에 공격한 거죠.

→ They did attack us. 기둥 안 숨기고 말하면 '공격했다니까요!' 식의 강조가 되니 숨겨서

→ They ( ) attacked us.

[어탁] 소리가 세서 [트]로 끝나요. [어탁~트]

직접 [드]로 끝내보면 발음이 불편하긴 하답니다.

#저희는 매일 일하거든요. 강조되게 기둥을 빼서?

→ We do work every day.

#저희 어제 일했거든요.

→ We did work yesterday.

기둥만 바꾸면 한 방에 **전 어제 했어요.** 과거가 되는 것. 이제 알겠죠?

그럼 기둥을 숨기면?

We ( ) work [*월크]에 [드] 소리 붙이면 되죠?

We ( ) worked yesterday.

그런데 [크] 소리가 강하니, attack와 마찬가지로 [*월크드]가 아닌, 자연스레 [*월크트]로 말한답니다.

'크, 프, 쓰' 등은 그냥 봐도 소리가 세죠?

이런 것들에 [드]를 붙이면 발음이 불편해져서 소리가 [트]로 바뀌는 경우가 많아요. 그런데 꼭 [트]로 안 해도 다 알아들으니 편하게 가세요. 이제 [트]라고 적힌 것을 봤을 때 헷갈리지 않으면 됩니다. 그럼 다시 한번 말해보죠.

#저 사람들 지난달에 일했습니다.

→ Those people ( ) worked [*월크트] last month.

과거라고 해서 무조건 오래전은 아니라는 것 알죠?
새벽부터 해를 보기 위해 추운 바닷가에 서 있는 이들에게는 1분도 큰 차이입니다.
7시 32분에 도착해야 했는데, 7시 37분. 5분 지나니 해가 벌써 반 이상 나왔어요. 이렇게 몇 분 전도 과거입니다. 그래서 DID 기둥에 해돋이가 그려져 있는 겁니다.

#1월 1일, 한국의 많은 사람이 해돋이를 보러 동해로 여행을 갑니다.

> January / Korea / sun rise / watch / the east coast / travel <

무슨 기둥? 1월 1일마다 반복적으로 가는 것이니 DO 기둥.
배경 먼저 깔아줘 보세요.
1월 1일에. → on the 1st of January, 혹은 on January the 1st,
둘 중에 아무거나 됩니다.

많은 사람, many people 하면 전 세계의 많은 사람 같으니 한국의 많은 사람. 껌딱지로 좀 더 길게: 한국 → in Korea

do be 뭐 한다고요? 여행하죠. 항상 하는 여행이니 DO 기둥 넣고 ( ) → travel

extra 동해로 가잖아요. 방향 껌딱지 붙여서? → to the east coast [이스트 코스트]

extra 엑스트라 또 있죠? 왜 가는지를 설명해주죠. 첫 해돋이를 보러 가는 거죠. '보다'는 watch(see)이니 두비를 TO 다리로 걸어서 → to watch

extra 뭘 보러 가요? 첫 번째 해돋이 보러 가죠? → the first sun rise [썬*라이즈]

extra 해돋이인데 그해 해돋이를 말하면 한 번 더 들어가는 껌딱지 붙여서 → of the year 이미지 그려졌나요? 메시지 이해한 후 다시 한번 만들어보세요.

→ On the 1st of January, many people in Korea travel to the east coast to watch the first sunrise of the year.

문장이 초반보다 많이 길어졌죠?
당연히 같은 메시지를 다른 방식으로 말할 수 있어요. 한 가지 방식으로만 말하는 법은 없습니다. 여러분은 말을 하면서 extra 부분에 껌딱지든, TO 다리든, 연결끈이든 필요한 것들을 계속 붙여나가면서 말하면 됩니다.

아시아의 뜻은 **the land of the sunrise**라고 합니다.
땅은 땅인데, 한 번 더 들어가서 해돋이의 땅.
아시아의 어원을 이렇게 추측한다고 합니다. 해가 떠오르는 땅. 이름이 예쁘죠?

자! 새로운 마음으로 연습장에 나오는 DID 기둥을 단어만 바꿔서 더 연습해보세요!

for 2탄

for 껌딱지 배웠죠? 만들어보세요.

#이건 널 위한 거야.

→ This is for you.

#너 생각해서 내가 여기 있어줄게.

먼저 '있어줄게'죠? 누가요? 내가 → I will be here

그리고 껌딱지 붙이면 굳이 '생각해서'라는 말 안 써도 됩니다. → for you

→ I will be here for you.

널 위해 내가 여기 있을 거야.

우리말은 이렇게 잘 안 쓰기 때문에 껌딱지를 크게 보라고 했습니다. 하나 더 해보죠.

힘들어하는 친구에게 내가 필요하면 말하라고 할 때 **I am here for you.**

직역하면

널 위해 내가 여기 있어.

우리말은 느끼하지만 영어는 for로 심플하게 마음을 전달한 겁니다.

자! 이번 스텝은 살짝 반전이 있습니다.

껌딱지는 보통 하나의 통일된 느낌으로 쓰이는데

이 for만 느낌이 하나 더 있어요.

알고 나면 쉬우니 봅시다.

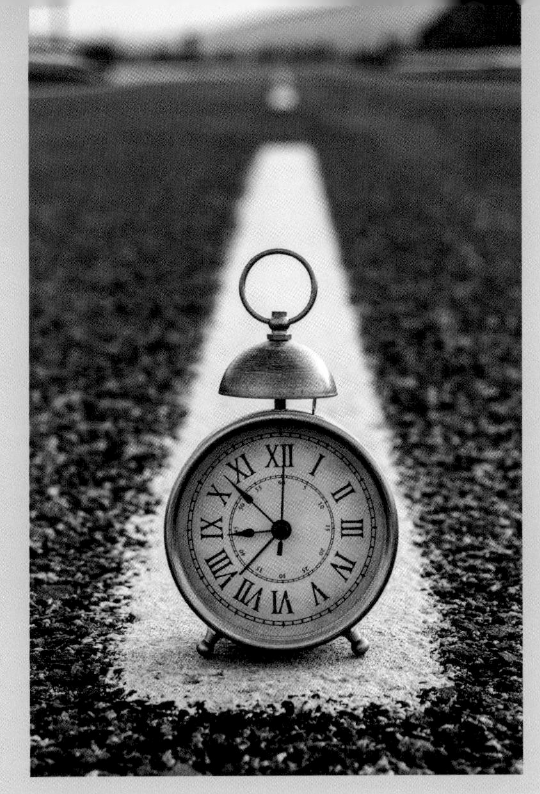

길게 진행되는 타임라인 속에서 딱 잘라놓은 이 1시간. **이 1시간을 위해** 뭘 할 건지 말할 때 for를 쓰는 겁니다.
For an hour.

그 잘라놓은 시간을 위해 당신은 무엇을 할 것인가?
For 1 hour. For 1 month. For 1 year.
대신 우리말에서는 같은 말을 그 시간 **동안**이라고 묻는 것뿐입니다.

그럼 만들어보세요.

#자네는 이 3시간을 위해서 무엇을 할 것인가?

자네는 이 3시간 동안 무엇을 할 것인가?
기둥 고르세요!
→ What will you do for these 3 hours?

#우리는 20분 동안 친구들이랑 놀 거예요.

→ We will play with friends for 20 minutes.

엑스트라 순서는 바꿔도 괜찮습니다. 자연스러운 선택으로 가면 돼요. 그럼 익숙해지도록 연습장에서 더 만들어보세요.

#I will be here for a week.

나 여기 있을 거야, 일주일을 위해서?

우리말로 하면 '일주일 동안'이란 뜻입니다.
시간을 보면 흘러가는 시간(time)이 있고, 인간이 인위적으로 나눈 1시간, 2시간을 말하는 시간이 있죠.
우리는 둘 다 '시간'이라 부르지만 영어는 이 둘이 다르다고 생각해 구별해서 불러줍니다.
그래서 그냥 time 말고, **1시간**은 1 hour [아워]라고 부릅니다. h 발음은 묵음.

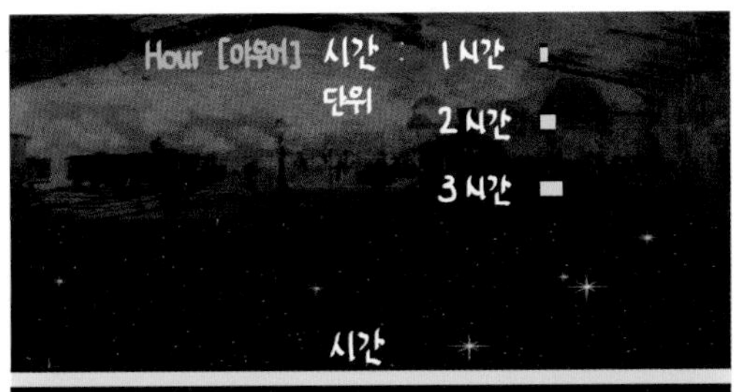

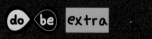

연습

#저 6주 동안 그곳에 있었습니다.

.... I was there for six weeks.

#난 물 밑에서 5분 동안 숨 참을 수 있어.

breath [브*레*스]=숨 / hold [홀드]=잡고 있다

.... I can hold my breath for 5 minutes under water.

#전 1주일 동안 동네 밖에 있을 거예요.

out of town=동네 밖

.... I'll be out of town for a week.

#매일 저녁, 저는 언니랑 1시간 동안 공부해요.

.... Every night, I study for an hour with my sister.

상황) 렌터카 직원이 물어봅니다.

#A: 며칠 동안(얼마나 길게) 차를 필요로 하시죠?

How long do you need the car (for)? /

.... How many days do you need the car (for)?

#B: 10일 동안 필요해요.

.... I need it for 10 days.

#15분 동안 명상해! 그러면 밖에 나갈 수 있어.

meditate [메디테이트]=명상하다

.... Meditate for fifteen minutes! Then you can go out.

#1시간 동안 난 쉬었어!

rest=쉬다

.... I rested for an hour!

for로 사용되는 것 몇 개 더 알려드릴게요.

상황) 아내가 지인과 대화 중인데 제가 잠깐 할 말이 있어요.

#실례합니다. 잠깐 제가 와이프랑 대화할 수 있을까요?

처음부터 다 만든 후 말하지 말고, 말하면서 붙이세요.

→ Excuse me, can I talk to my wife~

잠깐만? 잠깐은 1분 정도로 써줍니다.

→ for a minute [미니트]

하지만 몇 분 걸릴 것 같으면 a few minutes 라고 한답니다.

→ Can I talk to my wife for a few minutes?

이런 상황에서 더 잘 쓰는 말이 있어요.

 # Can I steal my wife for a minute?

steal [스틸]은 '훔치다'죠.

누군가와 뭔가를 하는 데 방해하는 거잖아요. 그래서 steal 또는 borrow='빌리다'라고 잘 말합니다. 상대에게 '자신이 방해하는 것을 알지만'의 의미가 전달되는 거죠. borrow 하면 금방 돌려주겠다는 느낌도 들어가 있어요.

더 만들어보죠.

상황) 간호사가 주사기를 들며 말하네요.

#살짝 따끔할 거예요.

> sting [스팅] <

아직 안 따끔하죠? WILL 기둥인데, '따끔하다'는 주사기가 하는 겁니다.

→ It will sting a little.

#몇 초 문지르세요.

> rub [*럽] <

몇 분이 a few minutes

몇 초는 a few seconds [세컨즈]

→ Rub it for a few seconds.

시간을 초~ 분~으로 말하는 것보다 더 간단한 단어가 있어요. **a moment** [모우먼트], 바로 만들어볼까요?

#실례할게요.

→ Excuse me.

#잠깐만 실례할게요.

→ Excuse me for a moment.

우리도 '타이밍'이 좋아야 한다는 이야기를 하죠. 영어는 '바른 타이밍'이라고 합니다.

Right timing!

그 타이밍이라는 것은 흘러가는 시간 속에서 한 순간이라 right moment라고도 말합니다.

#때를 기다려라.

→ Wait for the right moment.

직역하면, '기다려라 옳은 순간을 위해서'라는 거죠. 영어에서 잘 쓰는 말입니다.

드디어 상대에게 환한 미래가 펼쳐졌어요. 그럴 때 마음껏 즐기라는 말로,

지금이 너의 시간이다!

→ This is your moment! 이렇게 말한답니다.

moment를 쓰는 것은 그만큼 미래를 모르니 왔을 때 즐기라는 거죠.

#그러니 즐겨라! → So enjoy!

기둥 스텝 YN Q! 뒤집어야죠.

그러면 투명 망토를 벗겨내야 합니다.

숨어 있는 DID 기둥이 이제 나올 수밖에 없습니다.

문장을 쌓아가며 만들어보죠.

#고객님이 어제 저희한테 전화 주셨습니다.

> client [클라이언트] <

과거 기둥이니까 DID 써서

The client did call us yesterday. 기둥 숨기면

→ The client ( ) called us yesterday.

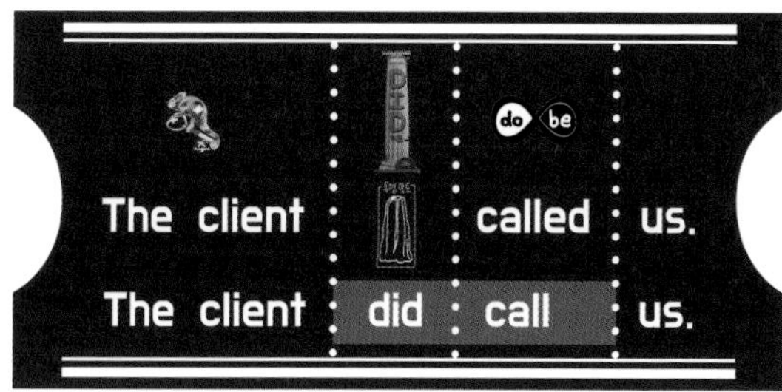

#고객님이 저희한테 어제 전화 주셨나요?

1번 2번 뒤집고 나머지 그대로!

→ Did the client call us yesterday?

질문으로 DID 기둥이 튀어나왔으니, 당연히 called는 다시 call로 돌아가야죠.

이쪽이 나오면 저쪽이 들어가고, 저쪽이 나오면 이쪽이 들어가는 장난감 같다라고 했습니다. (스텝 05[01])

"이쪽이 나오면 저쪽이 들어가고, **반대도 그렇게요**"라고 줄이면 말이 간편해지죠. 이 말을 영어로는 **and vice versa** [앤 *바이스 *벌사]라고 한답니다.

라틴어인데 실제 자주 사용합니다.

사용해보죠.

#아빠가 엄마가 될 수 없고, 엄마도 아빠가 될 수 없다.

CAN 기둥이겠죠? 하고 싶어도 그렇게 될 수 없는 거잖아요.

→ Fathers cannot be mothers, and vice versa.

DID 기둥으로 질문 계속 들어가보죠.

상황) 영화 관람 도중 자리를 비웠다가 돌아와서 영화 내용을 묻습니다.

#흰 머리 남자 어디 있어?

Where is 흰 머리 남자? 봤을 때 남자가 먼저 눈에 띄죠. The man 하고 흰 머리 붙이면 되는데 껌딱지 뭐가 있죠? → with white hair

→ Where is the man with white hair?

#죽었어?

> die <

죽는 것은 행동으로 할 수 있으니까 do 쪽.

→ Did he die?

질문은 이제 쉬울 테니 연습장에서 만든 후 스스로 계속 다양하게 만들어보세요.

연습

#A: 네 형이랑 얘기했어? 형이 너한테 전화했어?

.... Did you talk to your brother? Did he call you?

#B: 응, 우리 어제 1시간 동안 통화했어.

통화하다=talk on the phone

.... Yes, we talked on the phone for an hour yesterday.

#걔(여) 문법은 내가 확인했어.

grammar [그*라머/그*레머] / check

.... I checked her grammar.

#문서 보관함(캐비넷)은 확인했어요?

cabinet

.... Did you check the file cabinet?

#어젯밤에 눈 왔어요?

.... Did it snow last night?

#나 보고 싶었어?

.... Did you miss me?

#A: 그 프로그램 봤어?

.... Did you watch the programme?

#B: 우린 화요일에 같이 봤지.

.... We watched it together on Tuesday.

#오늘 어머님 도와드리셨어요?

.... Did you help your mother today?

#A: 당신이 이 창문 열었어요?

.... Did you open this window?

#B: (정정하면서) 아니, 저분(남)이 열었어요.

Actually, he opened it. /
.... No, he did (open it).

8 04

불규칙 동사

불규칙

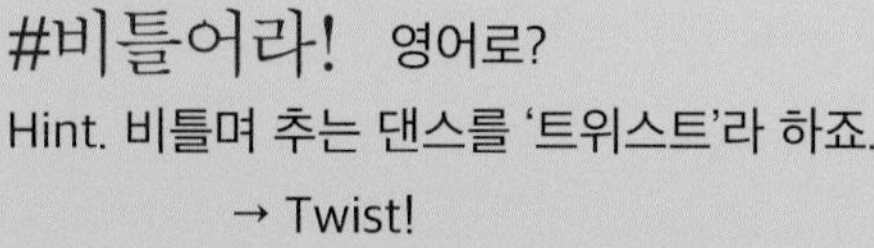

#비틀어라! 영어로?

Hint. 비틀며 추는 댄스를 '트위스트'라 하죠.

→ Twist!

'반전'이란 말 쓰죠? 이야기가 반전되는 것은 가다가 비트는 거죠. 그래서 반전도 twist라고 한답니다.

자~ 이 기둥에서 Big Twist 나옵니다.

DID 기둥 그림 보면 밑에 불 보이죠. 영어를 조금이라도 했다면 '불규칙'이라는 용어를 접해봤을 텐데 이제 살펴볼 겁니다.

불규칙 단어는 표를 잔뜩 제공하며 암기하라는 식이 대부분이어서 시작 전부터 버거운 느낌이 들죠. 그렇게 테이블로 보면 불규칙이 무진장 많을 것 같지만 정작 보면 알아야 할 것은 별로 없답니다.

들어가보죠.

I did work 기둥 숨기면
I ( ) worked였죠?
worked 뒤의 ed [이드]를 통해 DID [디드] 기둥이 그 속에 합쳐진 것으로 보면 되었습니다.

이렇게 뒤에 다 [이드] 소리 나게 붙이면 될 것을 사람 피곤하게 쓸데없이 불규칙하게 변할 때가 있습니다.

이제부터 스텝마다 비슷한 것끼리 묶어 나올 것이니 따로 가르쳐주지 않은 것은
다 규칙적으로 ed [이드]를 붙이면 되고, 불규칙은 단어 암기만이 아닌 문장으로 만들면서 익히는 것이 더 재미있습니다. 불규칙 테이블이 한 곳에 모여 나올 때는 참고하면서 문장으로 계속 만들어 가며 불규칙에 익숙해지세요!

초등학교 저학년도 다 쉽게 익혔으니 여러분도 그렇게 될 겁니다. 그럼 시작해보죠.
먼저 이번 스텝은 아주 쉽게 스펠링만 바뀌는 것으로 해보죠!

#공부해! → Study!
#전 영문학을 공부했습니다.
영문학 단어를 고민하지 말고, 먼저 말을 시작하세요! 듣는 사람 기다리지 않게!
누가 공부했어요? I~
공부했다~ 전에 했던 것이니 DID 기둥 쓰면 되죠?
'공부하다'는 study. 과거는 뒤에 '이드'를 붙이면 되죠. 말하면 [스터디드].
자, y가 중앙으로 가면 영어는 보통 i로 전환, studied. 이번 스텝에는 이런 단어들만 묶었습니다.

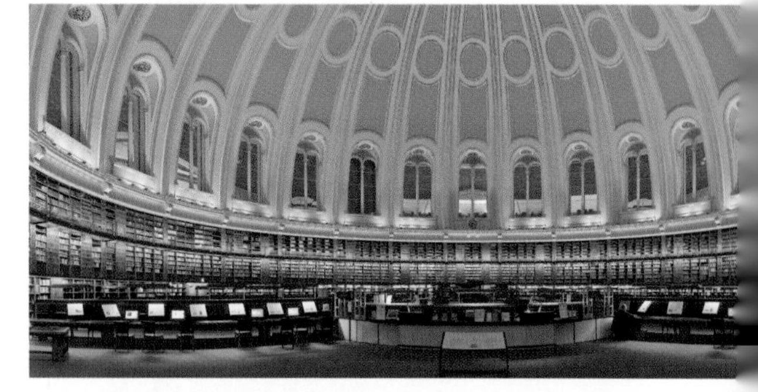

I studied 말한 후 영문학 고민
I studied umm~
'영문학'은 영어의 문학을 말하는 거죠.
English literature [리터*레쳐]입니다.
literature가 '문학'입니다.
→ I studied English literature.

#전 정말 열심히 공부했는데, 낙제했어요.
> '낙제하다'는 fail <
→ I ( ) studied really hard, but I ( ) failed.
특별히 과거 유형을 안 가르쳐주면 그냥 [이드]를 붙이면 됩니다. failed.

영문학이 나왔으니 수다 잠깐. 서울 홍대 앞 산울림 극장에서 항상 공연하는 <고도를 기다리며>는 아일랜드(영국에서 독립한 섬) 작가 Samuel Beckett의 작품입니다.
어렸을 때는 '고도'가 높은 위치를 말하는 줄 알았는데 나중에 영어로 접하니, Waiting for Godot. 대문자죠? 이름이에요. 언젠가 나타날 Godot라는 사람을 주구장창 기다리는 재미있는 연극입니다.

Samuel Beckett's *Waiting for Godot* (2018)
Druid Theater production

영국을 말할 때 아일랜드, 스코틀랜드가 자주 나오죠? 아일랜드는 영국으로부터 독립했고, 스코틀랜드는 여전히 영국에 속한답니다. 아일랜드의 흑맥주 Guinness [기네스]는 세계적으로 유명하죠. 영국 런던에 본사가 있는 이 맥주회사의 사장이 제안해 만들어진 책이 바로? 《기네스북》.

그럼 발음은 똑같고 스펠링만 y에서 [이드]를 붙이는 불규칙. 다 같은 방식이니 직접 연습장에서 만들어보세요.

연습

#저희는 한국사 공부를 같이 했어요.

Korean history / study

...... We studied Korean history together.

#난 고등학교에서는 공부 많이 했지.

high school

...... I studied a lot in high school.

#그쪽 방법을 시도해봤는데 정말 좋았어요!

method [메*쏘드]=방법 / try / great

...... I tried your method and it was great!

#집에서 해봤어요.

try

...... I tried it at home.

#그분(여)은 빨리 머리를 말리셨어요.

dry

...... She dried her hair quickly.

#우리 오늘 아침에 우리 부츠 말렸어!

...... We dried our boots this morning!

불규칙을 더 접하기 위해 대화로 들어가볼까요?
서양은 사람이 죽으면 그 사람이 든 관을 어깨에 지고 교회 안으로 들어갑니다. 전통이죠. 끝나면 집에서 wake [웨이크]라는 것을 합니다. do 동사 자리에 넣으면 '일어나다'죠 ?
명사로 쓰면 wake는 경야(經夜)라는 뜻이 됩니다.

'경야'가 영어로는 쉽죠? → wake

wake 때는 가족과 가까운 친구들이 한자리에 모입니다.

#그분(남)은 제 사촌이었어요.

> 친척이든, 사촌이든 다 cousin [커즌] <

→ He was my cousin.

#폐암으로 죽었어요.

'죽다'가 die [다이]니까 [이드]를 붙일 때는 [다이드]로 하지 불필요하게 [다이이드] 하지 않겠죠? 스펠링도 그냥 d만 붙입니다, died.
폐암으로. 껌딱지 필요합니다.
폐암에 걸려서 생긴 일이에요. → from lung cancer [렁 켄써]
왜 from인지 이미지 보이죠?

→ He died from lung cancer.

다른 사람이 들어옵니다.

#제가 장례식에 늦었었는데….

> funeral [*퓨너*럴] <

→ I was late for the funeral….

#그 친구분들이 관 운반했나요?

> '관'을 coffin [커*핀]이라 하는데 '뱀파이어'가 누워 있는 6각형 모양의 관이 coffin이고 근래 쓰는 것은 casket [카스켓]이라고 해요. <

→ Did the friends carry the casket?

#아니요. 그분(남) 자녀분들이 교회 안으로 운반했어요.

> carry <

No, his children~ carry에 [이드] 붙여서 → carried it

extra 교회 안으로 운반한 거죠? 껌딱지 뭐죠? 그냥 to보다 into가 더 정확하게 이미지 전달되죠? → into the church

→ His children carried it into the church.

#아휴, 애들은 어떨지….

> 호기심의 궁금증이 아닌 괜찮은지 궁금한 거죠. 그럴 때 wonder [원더]라는 do 동사를 씁니다. <

내가 wonder 하고 있는 거죠. I wonder~

뭘 wonder 하는 거예요? 애들이 어떨지, WH 1으로 가면 됩니다.

→ I wonder how they are.

'누군가에게 경의를 표하다'는 pay respect [*리스펙트]입니다.

pay는 지불하는 거죠, respect는 존중.

존중, 경의를 지불하는 겁니다. 장례식에 찾아가는 것은 pay respect를 하러 가는 거죠.

#사람들이 참배했습니다.

참배도 respect를 pay 하는 것이죠, paid [페이드] their respect.

→ People paid their respect.

이제 불규칙 단어로 더 만들어보세요.

연습

#제 사촌은 첫사랑과 결혼했어요.

cousin [커즌] / marry

My cousin married his first love.

#A: 그분(여) 이 방 안에 계세요?

Is she in this room?

#B: 네, 저기 저분이세요.

That is her over there.

#내 고양이(수컷)가 죽었어.

My cat died.

#화장했느냐고?

cremate [크리메이트]=화장하다

Did I cremate him?

#아니, 묻었어.

bury [베리]=묻다

No, I buried him.

#밤새 울었어.

cry

I cried all night.

이번 스텝에서 배운 불규칙 리스트입니다.
이제부터 직접 문장을 바꾸면서 자기 것으로 만드세요.

study	studied
carry	carried
marry	married
bury	buried
try	tried

dry	dried
cry	cried
die	died
pay	paid
lay (눕혀놓다)	laid

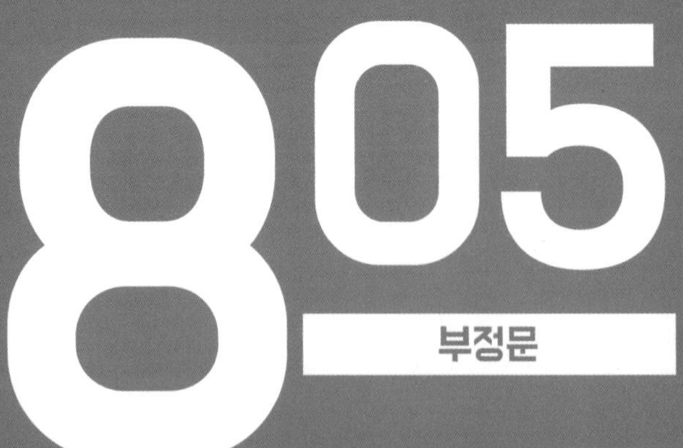

NOT

영어는 불규칙해 보여도 제대로 보면 기본틀을 두고 정확히 같은 식으로 움직인답니다.
명령 기둥에서 **Do not do your homework!**
DO 기둥에서 **You do not do your homework.**
모르고 보면 같아 보이지만 다른 말을 하고 있는 거죠?

곧바로 만들어보세요.

#저 했거든요!

과거에 한 거죠? 기둥 덮지 말고 말해보세요.
I did do it! 이제 기둥 숨기면?
기둥 숨겼으니 두비링 자리에 표시해줘야죠.
→ I ( ) did it! 여기까지는 배웠죠?

#나 안 했거든!

부정이네요. 방법은? NOT 세 번째!
기둥 구조의 세 번째 자리이니 기둥 숨긴 것 다시 꺼내야 하죠!
→ I did not do it!

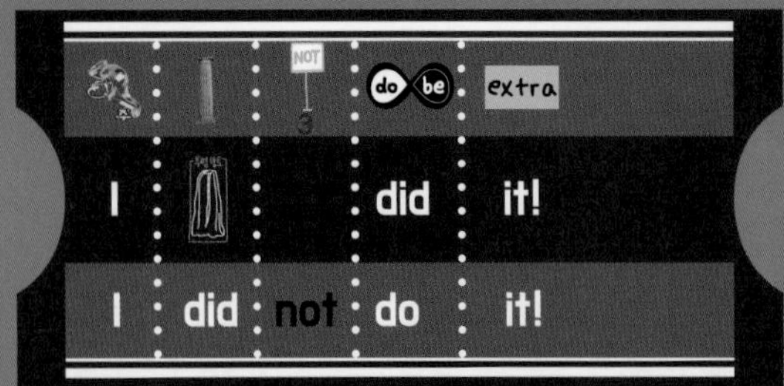

쉽죠? 그러니 이번 스텝은 불규칙인 do 동사에 더 집중하면서 갈게요.

#A: 택배 보냈어?

택배라는 단어 고민 말고 기둥부터 고르세요.
전에 했느냐는 것이니 DID 기둥.
질문이니까 Did you send [센드]~ 그다음,
어…어… 하면서 고민.
'택배'를 모르면 'the thing'이라고 해도 됩니다.
그리고 단어를 모른다고 설명하면 되는 거죠.

'택배'는 우리가 잘 쓰는 말.
package [팩키쥐]라고 하면 다양한 사이즈의 우편물이 되고, parcel [파쓸]은 소포입니다.

→ Did you send the package?

#B: 네, 오늘 아침에 보냈어요.

Yes, I did~ '보내다'는 send죠.

→ I did send it this morning.

기둥을 숨기면 send는 sent [센트]로 변합니다, [드]가 아닌 [트].
이번 스텝은 send - sent처럼 다 [트]로 변하는 것들을 접할 겁니다. 다시 말해 보세요.

→ Yes, I ( ) sent it this morning.

#그런데 그분들께 서류는 보내지 않았습니다.

>서류는 document [다큐먼트]도 되고, 작성할 서류는 form [*폼] <

→ But I did not send them the form.
→ But I did not send the form to them.

엑스트라 순서가 뒤바뀔 수 있죠? 스텝 03[19]에서 배웠습니다.

#A: 이거 되게 좋아 보인다!

→ This looks really good!

#B: 고마워, 내가 이거에 시간 좀 투자했어.

> invest도 '투자하다'지만, 돈이나 시간을 사업적으로 투자한다고 할 때 쓰고, 보통 시간을 '조금 투자하다', '시간을 쓰다'는 spend를 잘 씁니다. <

→ Thanks, I ( ) spent some time.

엑스트라 또 있죠? 어디에 투자했어요? 이거에. 껌딱지 뭐 쓸 건가요?

내기 걸듯이, 뭔가에 투자하는 것. on 쓰면 됩니다. → on this

→ I did spend some time on this.

→ I ( ) spent some time on this.

#A: 돈 많이 썼어?

질문할 때는 기둥 빼서 들어가야 하죠?

왔다 갔다 수월하게 움직이는 연습을 해야 합니다.

→ Did you spend much money?

#B: 돈 한 푼도 안 썼어.

> 영국에서 가장 작은 돈의 **단위는 penny** [페니]. **'1원도 안 썼다'**처럼 "I did not spend a penny"로도 말합니다. a penny를 더 강조해서 a single penny라고도 합니다. <

→ I did not spend a single penny.

자! did not을 묶으면 didn't [디든트]가 됩니다. 아래 문장을 묶어서 말해보세요.

#저희는 여기에 돈을 한 푼도 안 걸었어요.

> bet [벳] <

→ We didn't bet a single penny on this.

#형! 내일 태블릿 좀 빌려도 돼?

영어는 '형!'이란 단어가 없어요. 그냥 이름을 부르든지 Hey!라고 해도 돼요.

→ Hey! Can I borrow your tablet tomorrow? 이렇게 말하죠.

하나 더 가르쳐드릴게요. 내일 특별한 일이 있어 내일을 '위해' 특별히 빌리는 느낌을 주려면 'for tomorrow'도 됩니다.

→ Hey! Can I borrow your tablet for tomorrow?

그런데 그걸 친구에게 빌려줬다네요.

#뭐? 친구한테 빌려줬다고?

> 우리말은 '빌리다, 빌려주다'가 비슷하게 생겼지만 둘은 다른 행동이죠? '빌려주다'는 주인이 하는 행동 lend [렌드], 이 단어의 과거형은 lent [렌트] <

You ( ) lent it~

친구한테니까 껌딱지가 필요하죠! 방향 → to your friend

→ What? You ( ) lent it to your friend?

지금까지 불규칙 어렵지 않았죠?

그냥 [트] 소리만 붙이면 되었습니다.

그럼 연습장으로!

penny
ONE PENNY
1967
I did not spend a "Single" penny!

상황) 얼굴이 너무 변해서 못 알아봤던 사람이 있어요. 옆 사람에게 묻습니다.

#A: 저분(여) 알아보셨어요? 전 못 알아봤거든요.

recognize [*레커그나이즈]=알아보다

.... Did you recognize her? Because I didn't.

#B: 아니요, 못 알아봤어요.

.... No, I didn't. / No, I didn't recognize her.

#A: 너 파리에서 5일 지냈어?

spend

.... Did you spend five days in Paris?

#B: 아니, 우리 파리에서는 3일 보냈어.

.... No, we spent three days in Paris.

#잠깐만요, 전 이 레모네이드 안 시켰는데요.

order=주문하다

.... Excuse me, but I didn't order this lemonade.

#Tom이 나한테 자기 돈 빌려줬어. 그런데 너는! 너는 나한테 1원도 안 빌려줬잖아.

lend=빌려주다 / penny

Tom lent me his money. But you!
.... You didn't even lend me a penny.

#A: 뭐 읽고 계세요?

.... What are you reading?

#B: 아, 저희 아버지가 제게 선물과 편지를 보내주셨어요.

present / letter / send

.... Oh, my father sent me a present and a letter.

#A: 좋으시겠어요. (영어는 간단하게 nice로)

.... That's nice.

그럼 한 단계 더 올려보죠.

역시 뒤에 [트] 소리가 붙지만 이번 것은 앞도 살짝 변합니다. 아래 문장 만들어보세요.

#A: 너 졸려 보여.

> sleepy <

→ You look sleepy.

#자!

'Sleep!'은 이미 누워 있는 사람에게 말하고 보통은 자러 가란 말을 먼저 합니다.

→ Go to bed! 혹은 Go to sleep!

#B: 아니야, 이건 너무 오래 자서 그래.

이건 This is = 하고 이유를 말하면 되죠. '왜냐하면', 바로 리본 연결해서 because~ 하고 나머지 기둥 문장 묶으면 됩니다. '너무 오래 잠을 잤다'를 영어로?

#너무 오래 잤어.

카멜레온 잊지 말고 I ( ),

sleep의 DID 과거는 slept [슬렙트]입니다.

다르게 변하죠? 그냥 [이드] 붙이면 [슬리피드]여서 길어지기만 하고 [트]를 붙이면 [슬립트] 하는 발음이 불편해서, [슬렙트]로 바꾼 것 같습니다.

→ I slept too long.

#아니야, 이건 너무 오래 자서 그래.

→ No, this is because I ( ) slept too long.

#비행기 안에서 8시간 잤어.

> plane [플레인] <

I ( ) slept 8 hours~

비행기 안에서 잔 거죠? in보다 껌딱지 on을 더 잘 쓴답니다. → on the plane

비행기나 버스는 그 안에서 서서 걸어다닐 수도 있죠? 그래서 on으로 보통 써요.

→ I ( ) slept 8 hours on the plane.

#그런데 우리 아들은 안 잤어.

> son <

→ But my son didn't sleep.

상황) 직장에서 수다를 떱니다.

#A: 어제 TV에서 그 남자 봤어?

> see <

→ Did you see that man on TV yesterday?

불쌍하더라.

→ I feel sorry for him.

감정은 어제 느낀 거죠. **불쌍했었어.**
기둥 숨기면 feel도 felt [*펠트]로 갑니다.
sleep이 slept [슬렙트]로 간 것처럼 말이죠.
sleep - slept, feel - felt 비슷하죠?
→ I did feel sorry for him.
→ I ( ) felt sorry for him.

#넌 안 불쌍했어?

상대방에게 질문하는 거죠. 방금 한 말 뒤집기만 하면 끝!

→ Didn't you feel sorry for him?

#B: 아니, 별로,

> '별로, 정말 그렇지는 않고' 해서, not really 라고 말한답니다. <

→ No, not really.

#아무 느낌도 안 나던데.

메시지 전달에 집중하세요.

→ I didn't feel anything!

#A: 냉정하네.

> '냉정하다', cold로 잘 씁니다. <

지금 말한 것이 냉정한 거죠?

→ That is cold!

같은 불규칙 유형을 계속 접해보죠.

#난 내 약속 지켰거든!

> promise / keep <

지키다, 약속을 계속 유지하는 거죠. → I did keep my promise

기둥 숨기면? keep - kept [켑트]로 변해요.

→ I ( ) kept my promise!

#A: 그 애(여) 어디 있어?

→ Where is she?

#B: 갔어!

그냥 go는 어디론가 '간다'는 느낌이고, 그 자리를 떠나서 가는 것은 leave를 씁니다. 일상에서 leave라는 말을 정말 자주 쓴답니다.

She did leave. 기둥 숨기면: leave - left [레프트]

→ She ( ) left!

'왼쪽' left랑 철자 같죠? 이래서 발음보다 중요한 것이 기둥 구조 위치를 정확히 아는 것입니다.

#A: 네가 말한 거 진심이었어?

> say / mean [민] '의미하다, 뜻하다'는 mean을 쓰죠. 내가 하는 말 그대로 뜻하고 의미하다, 허풍 없고 있는 그대로일 때 mean을 쓴답니다. <

Did you mean~

extra WH 1 들어가야죠! '말했다' say에서 said로 갑니다.

→ Did you mean what you said?

#B: 난 진심이었어.

과거에 말했으니 did mean it. 기둥 숨기면?

mean - meant [멘트]

→ I meant it!

자~ 이번 스텝에서 배운 불규칙! 어렵진 않죠? 소리 내서 단어만 읽어보세요.

send	sent
spend	spent
lend	lent
sleep	slept
feel	felt
keep	kept
leave	left
mean	meant
build (건물을 짓다)	built
bend (굽히다)	bent
lose (잃어버리다)	lost

적응하면 금방이겠죠?
이제 이번 스텝에서 배운 단어들과
전 스텝에서 배운 불규칙 단어들도 기록해서 함께 외우면서
아무 때나 다양한 문장을 만들어보세요.
반복할수록 입이 기억한답니다.

8 06

접속사

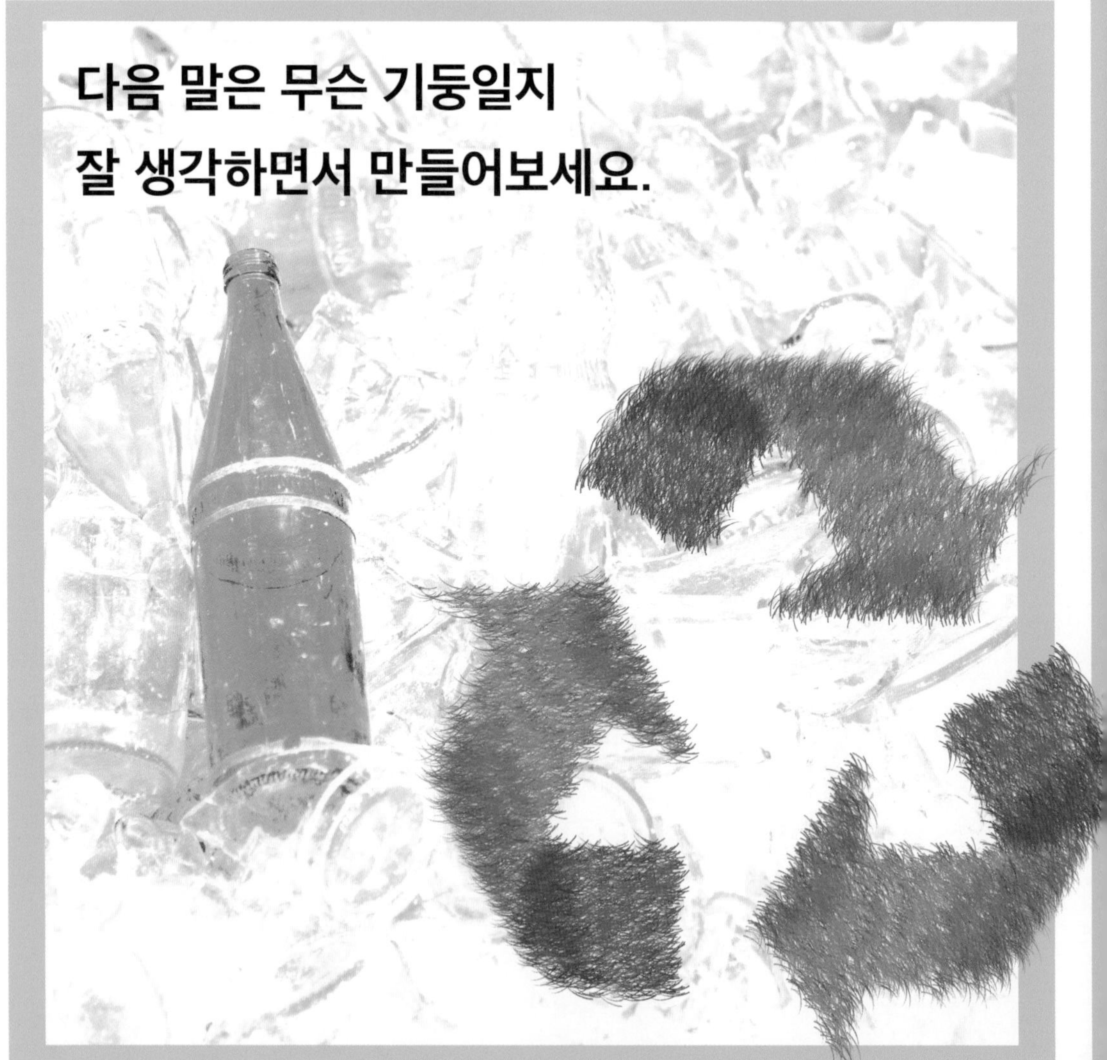
다음 말은 무슨 기둥일지
잘 생각하면서 만들어보세요.

상황) 잘 때 불을 끄는 것을 무서워하는 동생이 있습니다. 아침에 일어나더니, 형에게 묻습니다.

#A: 형이 어젯밤에 내 방 불 껐어?

→ Did you turn off my light last night?

#B: 아니, 왜?

→ No, why?

#A: 내 방이 어두웠거든.

→ My room was dark.

#B: 언제?

→ When?

#A: 밤에.

→ At night.

하지만 이 말 말고, 언제 어두웠냐? **내가 눈 떴을 때.**
밤이면 껌딱지만 붙이면 되는데, 한 단계 더 올라가볼게요.
밤이 아닌 구체적으로 **내가 눈 떴던 시간. 내가 눈 떴을 때** 어두웠다고 하려면요?

내가 눈 떴을 때.
6하 원칙에서 시간을 뜻하는 게 뭐 있죠?
when 있죠? 여기서 재활용합니다.

내가 눈 떴을 때.
when으로 이어줍니다. 그런 후에 나머지 말을 기둥 문장 그대로 말하면 됩니다. 무슨 기둥이에요? DID 기둥. 눈 떴다. I opened my eyes.
→ **When I opened my eyes.**

내가 눈 떴을 때 방이 어두웠어.
리본으로 배경 깔아줘도 되고요 → When I opened my eyes, my room was dark.
엑스트라 자리에 넣어도 되죠. → My room was dark when I opened my eyes.
리본의 특징은 이렇게 기둥 문장을 통째로 앞이나 뒤로 둔다고 해도 바뀌는 것이 전혀 없죠.

우리말은 '어두웠어, 내가 눈 떴을 때'라고 하지만 글에서는 이렇게 쓰지 않죠? 하지만 영어는 기둥 구조가 단어로만 만들어져 있기 때문에 상관이 없답니다.

그럼 계속 더 해보죠.

#A: 전 전화기를 무음으로 해놔요.

> '무음으로 하다', put my phone on silence [싸일런스] <

put 놓는데, on silence '조용' 기능에 놓는 거죠.

→ I put my phone on silence.

#B: 항상요?

→ Always?

A: 아니요. 아침에만요.

간단하게:

→ No, just in the morning. / No, only in the morning.

그런데 이번에는 좀 더 자세하게 말해서, 무음으로 놓는다. 언제? **내 딸이 잘 때.**

when으로 묶은 후 나머지 말을 기둥 문장 그대로 말하면 됩니다.

When··· my daughter ( ) sleeps.

When my daughter sleeps~ DOES 기둥 쓴 것 맞습니다. 딸이 잘 때라는 것은 반복적으로 딸이 잘 때마다 전화기를 꺼놓는 것이잖아요. 타임라인 길게 커버하는 겁니다.

#전 전화기 무음으로 해놔요, 우리 딸이 잘 때는요.

→ I put the phone on silence when my daughter sleeps.

when 붙었다고 질문 아닙니다. 뒤집어진 것 안 보이잖아요. 그냥 기둥 문장 앞에 when만 붙은 거죠.

당연히 배경으로 먼저 깔아주고 싶으면 통째로 앞으로 빼는 것이 가능합니다.

#우리 딸이 잘 때, 전 전화기 꺼놓아요.

→ When my daughter sleeps, I turn my phone off.

지금까지 배운 것과 마찬가지로 배경처럼 앞으로 빼줄 때는 콤마 찍어주면 되고 뻔히 보여서 안 붙이는 경우도 많습니다.

다른 기둥도 탄탄해졌는지 확인하면서 더 만들어보죠.

#난 남자애 같았다.

→ I was like a boy.

#언제?

→ When?

#내가 다섯 살 때.

→ When I was 5.

#난 남자 애 같았다, 다섯 살 때.

→ I was like a boy when I was 5.

조심! 앞에 이미 나 = I가 나왔다고 뒤에 나오는 나 = I를 빼는 학생이 있어요! 안 돼요! 영어는 기둥 구조대로 가야 합니다.

#1. 넌 얼마나 돈 쓰냐?

→ How much money do you spend?

시간:

#2. 매일 → every day

더 구체적인 시간:

#3. 너희 엄마랑 쇼핑 갈 때.

→ When you go shopping with your mom.

리본이니 앞에 깔아도 됩니다.

#넌 너희 엄마랑 쇼핑 갈 때, 얼마 써?

→ When you go shopping with your mom, how much money do you spend?

쉽게 풀림. 통째로 배경이 됨.

When you go shopping, how much money do you spend?

배경이 되는 것

마지막 문장!

#내가 전화할 수 있을 때 할게.

I will call you 언제? 내가 할 수 있을 때 when I can.

→ I will call you when I can.

여기서는 굳이 call you를 다시 안 씁니다. 기둥까지 나왔으니 나머지는 반복하지 않는 거죠.

이제 연습장에서 스스로 만들어보세요.

연습

#저는 매우 아팠어요. 저는 일곱 살 때 매우 아팠어요.

ill

I was very ill.
I was very ill when I was seven. /
When I was 7, I was very ill.

#그는 열네 살이었어요. 그는 열네 살밖에 안 되었어요. 우리 아빠는 열네 살밖에 안 되었을 때 일을 시작하셨어요.

only / work / start

He was 14. He was only (just) 14.
My father started working
when he was only (just) 14.

#지금(당장) 시간 있어요? (Be 쪽으로) 시간 나면 나한테 연락해줄 수 있어요?

free / call

Are you free right now? /
Do you have time?
Can you call me when you are free? /
Can you call me when you have time?

#나중에 너한테 전화할게. 떠날 때 전화할게.

call / leave [리*브]

I will call you later.
I'll call you when I leave. /
When I leave, I'll call you.

#저 어디에 있었느냐고요? 학교에 있었어요.
school

.... Where was I? I was at school.

#난 학교 다닐 때 생물학을 정말 좋아했었지.
school / biology [바이얼러지] / love

I loved biology when I was at school. /
.... I really liked biology when I was at school.

#난 거기 없었어. 난 (심지어) 거기 있지도 않았어.

.... I wasn't there. I wasn't even there.

#나한테 묻지 마! 거기 있지도 않았어, 그 일이 일어났었을 때.
ask / happen

Don't ask me! I wasn't even
.... there when that happened.

#나는 보통 술 마시면 얼굴이 빨개져.
drink / turn red=빨개지다

.... My face usually turns red when I drink.

#걔(여)는 열다섯 살 때 길거리 갱단에 들어갔어.
street gang=길거리 갱단 / join [조인]

.... She joined a street gang when she was 15.

#걔(남)가 나를 무시했어. 나는 그가 나를 무시했을 때 기분이 나빴어.
ignore [이그노어]=무시하다 / upset

He ignored me.
.... I was upset when he ignored me.

#걘(남) 항상 욕해. 걔(남)는 화나면 욕해.
swear [스웨어] / angry

He swears all the time.
He swears when he is angry. /
.... When he gets angry, he swears.

#전 영국 가면 항상 제 친구 집에 머물러요.

가면? 마찬가지로 시간이니 when으로 설명해주면 되는 거죠. 우리말 다양하잖아요. '~때'보다 더 넓게 시간으로 보면 더 응용력을 높일 수 있겠죠. 껌딱지처럼요.

→ When I go to England, I always stay at my friend's house.

이번엔 DID 불규칙의 새로운 패턴을 늘리면서 해볼까요? 먼저 기둥을 숨기지 말고 만들어보세요.

#저희는 어렸을 때, 많이 싸웠어요.

> young / fight <

When, 과거를 말하는 거죠? 지금도 어린 건 아니잖아요. 그래서 자연스럽게 과거 기둥을 씁니다.

→ When we were young, we did fight a lot.

DID 기둥 숨기면 fight의 과거는 fought [*포우트]입니다. [오우] 발음이죠. 기억하면서 다시 만들어보세요.

→ When we were young, we fought a lot.

이번 스텝에서 배울 것은

이렇게 **fight - fought처럼 [오우] 발음으로 변하는 불규칙만 묶었습니다.**

계속해보죠.

상황) 면접에서 외국 지사 자리를 제안받자마자 애인 생각이 났습니다.

#그 사람들이 나한테 국외에 자리를 제안할 때,

> abroad [어브*로드] / job / offer <

When they~ 제안을 했었을 때죠? DID 기둥. 따로 안 가르쳐드리면 불규칙 아닌 기본입니다. [드] 붙이면 돼요. → offered me a job

국외에. 간단히 → abroad

→ When they offered me a job abroad,

#나는 네 생각이 났다.

I~ 생각했으니 DID 기둥.

think의 과거는 thought [*쏘우트],

I ( ) thought~

너에 대해서. 껌딱지 뭐죠? → about you

보지 말고 천천히 다시 만들어보세요.

→ When they offered me a job abroad, I ( ) thought about you.

이번에는 엑스트라 자리에 when을 넣어보죠.

#그 사람들이 나한테 국외에 자리를 제안할 때, 나는 네 생각이 났다.

→ I ( ) thought about you when they offered me a job abroad.

상황) 아직 퇴직을 안 한 분에게 묻습니다.

#A: 직장 떠나시면 뭐 하실 거예요?

> job / leave <

→ When you ( ) leave the job,

굳이 WILL 기둥 안 써도 됩니다. 미래지만 정확히 언제인지 모르니 아예 크게 잡아서 DO 기둥을 쓴답니다. '직장 떠나면'이라는 시간이 잡혔죠? 그다음에 뭐 할 거냐는 WILL 기둥 써 주면 되는 겁니다. 상식적이죠?

What will you do?

→ When you ( ) leave the job, what will you do?

#B: 작년에 농촌주택을 샀어요, 작은 땅이 딸린.

> farm house / small land <

→ Last year, I did buy a farm house.

기둥 숨기면 buy는 불규칙! bought [보우트]

→ I bought an old farm house

extra 작은 땅이 딸린? 껌딱지 하나로 해결! → with small land

→ Last year, I bought a farm house with small land.

상황) 졸업식에서 부모님을 가리키며 말합니다.

#저희 양부모님들이세요.

> 양부모님은 my foster [*포스터] parents <

→ They are my foster parents.

#저에게 정말 많은 것을 가르쳐주셨죠.

> teach <

teach의 과거? taught [토우트]

→ They taught me so many things. / They taught me so much.

마지막으로 2개는 직접 불규칙을 만들어보세요. fight가 fought로 가는 [오우] 불규칙이에요.

#뭐 잡은 거 있어?

> catch [켓취] <

→ Did you catch anything?

#청새치 잡았네!

> marlin [*말~린] <

이미 잡은 거죠. DID 기둥 써서.

→ You caught [코우트] a marlin!

#내 맞선 어땠냐고? 알고 싶어? 말해주지!

> blind date [블라인드 데이트] <

→ How was my blind date? You want to know? I will tell you!

#내 데이트 상대(여)가 자기 엄마를 데이트에 모시고 왔어.

> date / bring <

My date ... brought [브*로트]

extra ... her mother

extra ... to the date

→ My date brought her mother to the date.

불규칙은 많이 말하면 해결되겠죠?
그럼 when으로 정리하죠. 많이 아는 노래.

#You are my sunshine,
my only sunshine,
You make me happy
when skies are grey.

너는 나의 태양빛이야, 나의 유일한 태양빛,
넌 날 행복하게 해, 하늘이 회색빛일 때~

전 낙천적이에요. 영어로?

> optimistic [옵티'미스틱] <

→ I am optimistic.

전 부정적이에요. 영어로?

> pessimistic [페씨'미스틱] <

→ I am pessimistic.

#나는 낙천적인가 아니면 비관적인가?

→ Am I optimistic or pessimistic?

우리말은 '낙천적이세요, 비관적이세요'보다 그냥 '긍정적이세요, 부정적이세요'라는 말을 더 잘 쓰죠?

정신치료의 선구자 중 한 명인 미국 정신분석학자 Carl Rogers [칼 로저스]가 한 말을 영어로 만들어볼까요?

#전 세상을 볼 땐 부정적인 사람입니다.

→ When I look at the world I'm pessimistic,

#하지만 사람들을 볼 땐 긍정적인 사람입니다.

→ But when I look at people I am optimistic.

이번에 when과 함께 배운 불규칙들입니다.

fight	fought
buy	bought
think	thought
bring	brought
teach	taught
catch	caught

이제 직접 계속 문장으로 만들고 말해보세요.

807 yet

부사

이번에는 쉬운 날치입니다. 만들어보세요.

상황) 보스가 묻습니다.

#어제 내가 연설문을 보냈는데,

> speech / send의 과거 기억나세요? <

→ I sent you the speech yesterday,

#그거 교정 필요해.

> '교정하다' proofread [프*루*프*리드] <

무슨 기둥이죠? '필요하다'는 '원하다'처럼 DO 기둥으로 갑니다.

That needs~ 교정?

proof는 증거. 증거도 증명을 위해 필요한 것이어서인지 영어는 '증거, 증명' 다 proof 라고 씁니다.

proof + read는 증명을 하기 위해 읽는 거죠.

그래서 **'교정'**을 proofreading이라고 합니다. 뒤에 [잉]을 붙여서 명사로 만든 거죠.

→ That needs proofreading.

직원이 답합니다.

#시작하지 않았습니다.

내가 안 시작한 것이니.

→ I didn't start it.

이제 날치를 더해보죠.

아직 시작하지 않았습니다.

아직 일어나지 않았다고 할 때 **yet** [옛]을 써주면 됩니다. 위치는 간단히 문장 맨 뒤로!

→ I didn't start it yet!

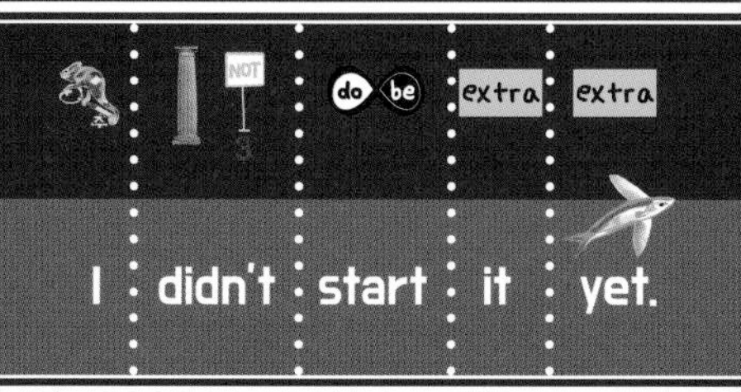

우리말은 변형이 많아서 yet을 사전에서 찾아보면, '아직, 이제, 이미, 벌써' 등등 표현이 많지만 간단히 보세요. 지금 = NOW까지 오지 않았다고 말하면 yet이에요.

그럼 서두르지 말고 기둥 잘 골라 다음 대화를 만들어보세요.

#준비됐어?

→ Are you ready?

#아니, 아직 준비 안 됐어.

→ No, I am not ready yet.

#이제 준비 됐어!

→ I am ready now!

#너 어디 가냐? 지금 가지 마!

→ Where are you going?
Don't go now.

#그래, 얘(남) 말이 맞아. 아직은 가지 마.

→ Yes, he is right. Don't go yet.

상황) 회사에 늦게 도착해서 비서한테 묻습니다.

#A: 나 늦었어? 저분들 시작하셨어, 나 없이?

→ Am I late?
Did they start without me?

#B: 아직 시작 안 하셨어요.

→ They didn't start yet.

줄여서 간단하게도 말할 수 있어요.

#아직요.

→ Not yet.

A: 다행이다!

보통 말하는 "휴~ 다행이다"는 "Good!"이면 되고, 심각하게 고민하다 "다행이다" 할 때는 "That's a relief [*릴'리*프]."

#나 오늘 정말 늦게 일어났잖아!

'일어나다' wake up으로 해볼게요. 불규칙입니다.

wake의 과거는 woke [워우크].
이번 스텝에서 함께 접할 불규칙은 이렇게 [오] 발음으로 바뀌는 것입니다.

만들어보세요.

→ I ( ) woke up really late today.

→ I ( ) woke up so late today.

#알람시계 소리를 못 들었어.

누가 못 들었어요? → I didn't~

집중해서 듣는 게 아니라, 그냥 안 들린 거죠. → hear

extra the alarm clock

→ I didn't hear the alarm clock.

#아직 안 늦으셨어요.

→ You are not late yet.

이 문장을 좀 더 꾸며볼까요?

#운 좋게 아직 안 늦으셨어요.

> '운이 좋은'은 lucky <

늦지 않은 것은 운이 좋아서. 배경처럼 깔아 줘 볼까요?

→ Luckily, you are not late yet.

다른 날치를 익히고 나니, 이젠 설명 없이 바로 연습에 들어갈 수 있죠? 그럼 연습장에서 쭉 만들어보세요.

#아직 준비 안 됐어.

I'm not ready yet.

#아직 운전 못 해요.

I can't drive yet.

#A: 등록했어?

register [*레지스터]=등록하다

Did you register?

#B: 아직 작성 서류 받지도 않았어.

form / get

I didn't even get the form yet.

#아직은 잘 모르겠어. (확신이 없을 때)

sure

I'm not sure yet.

#아직 9시 안 됐어요.

Tip: 조심! 시간이 아직 9시가 안 된 거죠. 카멜레온은?

It's not nine yet.

#택시 아직 안 왔어요. (be 쪽으로)

The taxi isn't here yet.

#아직 시작하지 마!

Don't start yet!

#A: 그 택배 뭐야?

delivery [딜'리*버리]=배달, 택배

What is that delivery?

#B: 나도 아직 몰라.

I don't know yet.

이제 과거가 [오] 발음으로 바뀌는 단어들 직접 만들어보세요.

#사장님께 말해봤어?

> boss / speak <

→ Did you speak to the boss?

#응, 오늘 아침에 말했어.

speak의 과거 [오] 발음 납니다.

→ Yes, I ( ) spoke [스포크] to him.

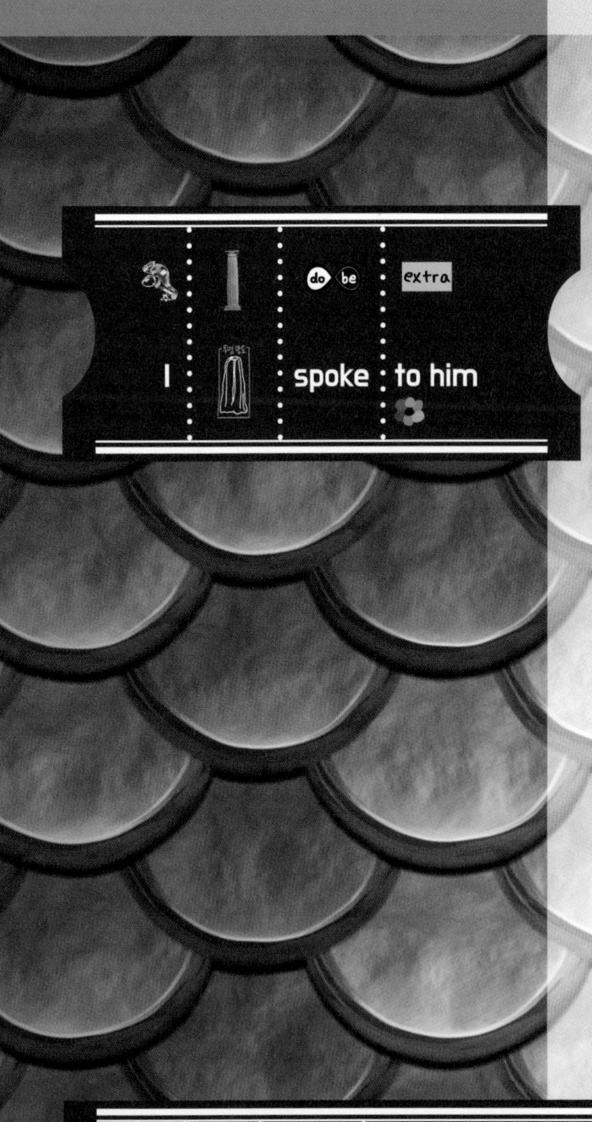

상황) 기계를 파는데,

#나 아직 이거 못 팔아.

> sell [셀] <

→ I can't sell this yet.

#이 부분을 망가뜨렸거든.

> part / break <

break의 과거는 broke [브*로크]

→ I broke this part.

#나 내 반 친구한테서 돈 훔쳤어.

> classmate / steal [스틸] <

steal의 과거 역시 [오] 발음 나게 해서 stole [스톨].

→ I stole money from my classmate.

자, 과거와 yet을 같이 배웠습니다.

yet은 사용법이 다양하기 때문에 먼저 기본적인 것부터 탄탄히 해야 합니다. 이제 마지막으로 대화 만들면서 정리하죠.

#약 받았어?

> medicine [메디쓴] <

→ Did you get the medicine?

#나 약 받았느냐고? 아니, 아직.

→ Did I get the medicine?
No, not yet.

#의사가 처방전은 써줬는데.

> prescription [프*리'스크*립션] /
write의 과거는 wrote [*로트] <

→ Doctor wrote me a prescription.

#약국에 갈 기회가 아직 안 생겼어.

> pharmacy [*파~머씨] / chance [찬스] <

But I didn't get a chance~

약국에 갈 기회가~ TO 다리 연결해서

→ to go to a pharmacy yet

→ But I didn't get a chance to go to a pharmacy yet.

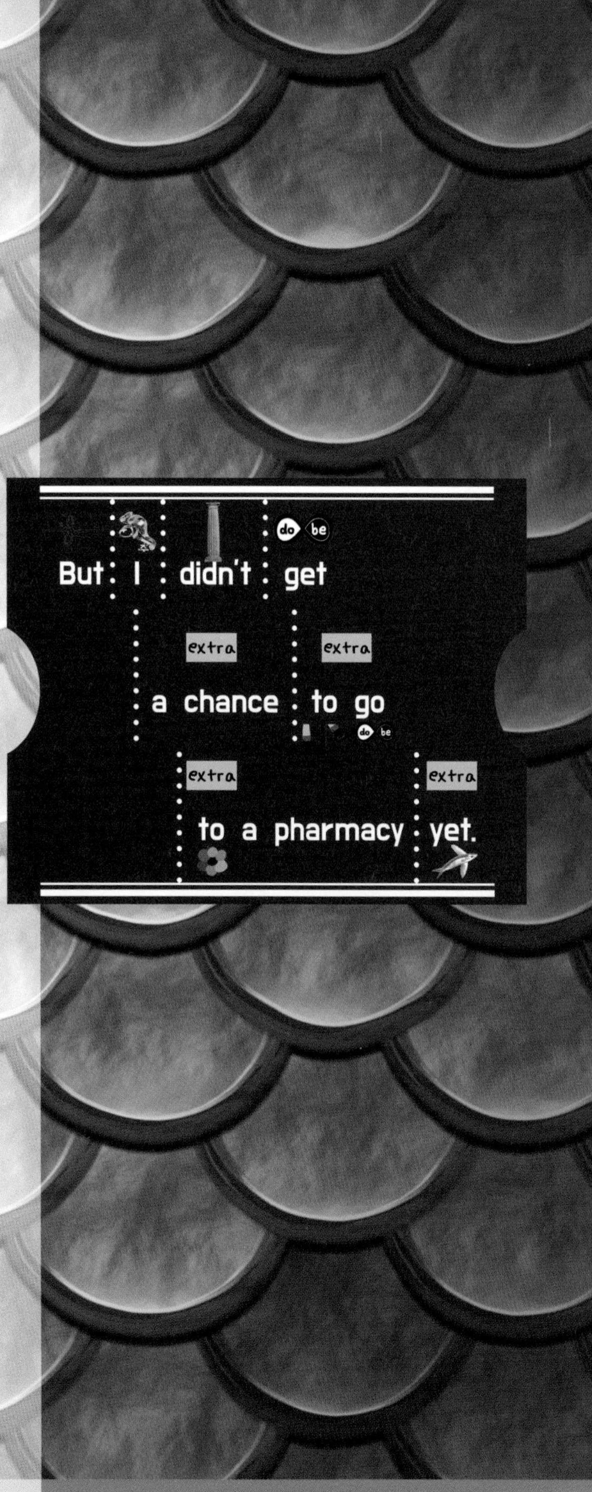

이번 스텝에서 배운 불규칙을 혼자서 아무 때나 문장으로 만들어보세요. 자주 말하면 자기 것이 됩니다.

write	wrote
steal	stole
speak	spoke
wake	woke
break	broke
choose (고르다)	chose
drive (운전하다)	drove
freeze (얼다)	froze

808

혼동되기 쉬운 동사

FIND VS. LOOK FOR

자주 헷갈려 하는 것을 비교하면서 기둥도 다양하게 섞어 만들어보죠. 다음 문장을 말해보세요!

#열쇠 찾아!

> key / find [*파인드] <

→ Find the key!

열쇠 찾으라고 했더니 다른 것을 찾는 것 같아요. 다음 문장 영어로 만들어보세요.

#너 지금 뭐 찾는 중이냐?

'찾다'니까 find 쓰고 기둥 BE + 잉 쓰면 해결? No!

학교 시험에 단골로 나오지만 다들 꾸준히 틀리는 문제입니다.

find는 찾아서 손에 넣으라는 뜻입니다.
하지만 몸을 움직여서 찾는 행위는 손에 넣는 행위가 아니죠. 뒤지고 있는 다른 행위예요.
그래서 영어는 분류합니다.

#나 열쇠 찾고 있어.

이 말을 할 때 내가 지금 하는 행위는 find 한 게 아니라 find를 하기 위해 여기저기 보고 있는 겁니다.
I am looking~
보는 이유가 있죠. 열쇠를 찾기 위해~ 봅니다. 그래서 간단하게 껌딱지 붙입니다. 어떤 것이 좋을까요?
→ for the key
→ I am looking for the key. 이 말이 '나 열쇠 찾고 있어'입니다.

이 둘의 확실한 차이를 감 잡을 수 있도록 말하면서 연습할 겁니다. 다음 문장을 DID 기둥으로 말해보죠.

#열쇠를 찾아봤는데, 못 찾겠어!

→ I ( ) looked for the key, but I can't find it!

look은 지금까지 불규칙으로 나온 적이 없죠? 가르쳐주지 않은 단어들이 예문에 나오면 그냥 다 규칙 [이드]인 겁니다.
찾아보는 행동, look for는 한 거죠. 그런데 find 손에 넣는 행위는 못 한 거죠.

#나 열쇠 찾았어.

find의 과거는 found [*파운드].

→ I found the key.

find	found

이제 연습장에서 행동을 그리면서 find와 look for로 계속 만들어보세요.

연습

#A: 뭐 하냐? 뭐 찾고 있어?

What are you doing?
What are you looking for?

#B: 나 계약서 찾고 있어.

contract [컨트*락트]

I am looking for the contract.

#A: 근로 계약서 찾는 거야?

employment [임플로이먼트] contract

Are you looking for the employment contract?

#B: 응, 내 거.

Yes, mine.

#내 여권 못 찾겠어. 어디에 있는지 아직 모르겠어.

Hint: WH 1입니다. / passport

I can't find my passport.
I don't know where it is yet.

#A: 누굴 찾고 계세요?

Who are you looking for?

#B: 친구 찾는 중이에요.

I am looking for a friend.

#A: 너 뭐 찾고 있니?

What are you looking for?

#B: 자전거를 잃어버렸어요. 이게 제 자물쇠인데 누가 망가뜨리고 제 자전거를 훔쳐갔어요.

bike=자전거 / lose / lock=자물쇠 / break / steal

I ( ) lost my bike. This is my lock and someone broke it and stole my bike.

#애(남)는 어디 있는 거야? 이곳에선 찾을 수가 없잖아!

this place=here

Where is he?
I can't find him in this place!

#저기요. 우체국을 찾고 있는데 어디 있는지 제 폰에서 보여주실 수 있나요?

post office / show

Excuse me. I'm looking for a post office. Can you show me where it is on my phone, please?

#A: 네가 오늘 아침 나한테 전화했을 때 나 뭐 찾는 중이었어.

I was looking for something when you called me this morning.

#B: 뭐 찾고 있었는데?

What were you looking for?

#A: 어, 별거 아냐. 그냥 윗도리 찾고 있었어.

nothing=별거 아냐 / top=윗도리

Oh, nothing. I was just looking for my top.

#A: 내 운동 가방 어디 있어?

gym [쥠] bag

Where is my gym bag?

#B: 몰라, 네 방에서 찾아봤어?

I don't know. Did you look for it in your room?

정리하죠. 두 말을 비교하며 상상해보세요.
누군가가 호수에서 죽었습니다. 경찰이 와서 말하는데

We didn't find the body today.

하면 주위에서 한숨을 쉬지만

We didn't look for the body today.

하면 직무유기라며 난리치겠죠.
차이가 큽니다. 그럼 계속 비교하면서 다양한 기둥으로 연습해보세요.

80일

ly 부사

OBVIOUSLY

find와 look for,
우리말로는 '찾다'로만 번역되어
다른 점이 뻔히 보이지 않죠.
뻔하지 않다, 뻔하다.
'뻔한'은 영어로 obvious
[어*비어스]입니다.

#답이 뻔하네.

→ The answer is obvious.

누군가 이렇게 말합니다. 만들어보세요.

여드름 생기셨네요!

없다 생긴 거죠. get으로 쓰면 되겠네요. **get의 과거는 got** [갓].

Ah! You ( ) got a spot! Ah! You ( ) got a pimple!

여드름은 spot / pimple 다 됩니다.

여드름이 나서 기분이 안 좋은데 sarcastic 발언으로 대꾸해볼까요?

#Thank you for pointing out the obvious stuff.

고맙습니다 / 뭘 위해 고맙냐? / point out, 가리키면서 밖으로 빼내어 지적을 한 것 / 뻔한 stuff를? stuff는 things 같은 것입니다. 뻔한 것들을 지적해준 것에 고맙다.

do be | extra | extra | extra

(I do) : Thank : you : for pointing out : the obvious stuff.

이런 것을 sarcasm이라고 했죠? 진짜 고마운 것이 아니라, 너무 뻔한 것을 말하니까 비꼬며 응수하는 것으로 친한 사람들끼리 농담으로 하는 겁니다.

이런 반응은 영어 하는 사람들이 다 하는 것이 아니라, sarcastic 한 성격을 가진 사람들이 하는 겁니다. 우리도 농담을 잘하는 사람이 있고, 그렇지 않은 사람이 있잖아요?

자! 이제 살짝 한 단계 더 나가서 예문을 좀 더 들여다보죠.

obvious 뒤에 ly를 붙이면 obviously가 되겠죠.

actually처럼 대화할 때 정말 많이 씁니다.

사전에서 obviously는 '분명히, 명백히, 확실히'로 나와 있지만, 실제 그 이상으로 훨씬 더 많이 쓰이기 때문에 저렇게만 알고 있으면 한계에 부딪히게 됩니다.

actually는 말을 정정할 때 쓰면 된다고 했죠?

obviously는 뻔히 보이는 말을 할 때 씁니다.

다음 문장을 만들어보세요.

#우리가 그자한테 돈을 빌려줬는데, 우리를 배신했어!

> lend / betray [비'트*레이]

'빌려주다' lend의 과거는 lent [렌트] 였죠. <

→ We lent money to him, but he betrayed us.

DID 불규칙이 제공 안 된 새로운 단어들은 그냥 규칙입니다.

그러자 누군가 우리가 그자를 믿었느냐고 묻습니다. 뻔한 소리죠? 당연히 믿었으니 돈을 빌려줬겠죠. 대꾸해보세요.

#뭐라고? 우리가 걔를 믿었었느냐고?

> trust [트*러스트] <

→ What? Did we trust him?

보면 몰라! 간단하게 한마디로:

→ Obviously!

누군가 말을 시작합니다. 여러분이 영어로 바꿔서 말해보세요.

#여름은 더워요.

→ Summer is hot.

저렇게 말하면 장난기가 있는 사람들은 머릿속에 sarcasm이 떠오릅니다.

#아, 그런가요? 몰랐어요.

→ Oh, really? I didn't know.

너무 뻔한 것을 말하기 때문이죠. obvious 한 말을 하면 저런 상황이 자주 생깁니다.

하지만 우리말도,

여름은 덥잖아요.

이렇게 말하면 이미 상대방도 알고 있다는 느낌이 같이 전달되죠? 뻔한 내용이지만 언급한다는 느낌이 있습니다. 이렇게 알면서도 말하는 거다, 라고 할 때 영어가 obviously를 써주는 거랍니다.

Summer is obviously hot.

ly이기 때문에 전체적인 문장 상태를 말하는 것이니 다양한 위치로 갈 수 있죠? 배경도 되고 지금까지 했던 것처럼 기둥 앞이나 뒤에 넣어주면 되는 겁니다.

exactly, totally, actually 때 했던 것처럼 똑같은 방식입니다.

그럼 연습장에서 상황 보면서 직접 만들어보세요. 위치가 헷갈리면 가장 초반에 배경 깔듯 붙여버리면 간단하게 해결됩니다!

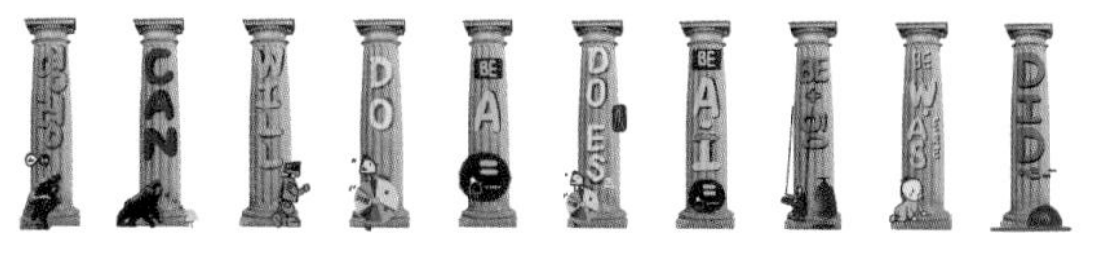

#A: 너 왜 문 안 열고 있어?

door

.... Why are you not opening the door?

#B: (뻔하잖아) 나한테 열쇠가 없는 거지.

.... Obviously, I don't have the key!

#A: 왜 날 쳐다보는데? 나도 열쇠 없어!

Why are you looking at me?

.... I don't have the key either!

#(뻔한 말인 걸 알지만) 물을 마시는 건
당연히 피부에 좋잖아요.

water / drink / skin / good

Drinking water is obviously

.... good for the skin.

#그냥 봐도 저 여자가 도둑이네.

theif [*씨*프]

.... Obviously that woman is the thief.

상황) 멀리서 한 친구가 행복하게 달려옵니다.

#A: 쟤(남) 왜 이리 행복해해?

.... Why is he so happy?

#B: 취업했네, 뻔하잖아.

a new job / get

.... He got a new job, obviously.

#C: 애들아(guys)! 나 취업했어!

.... Guys! I got a new job!

상황) 축구공에 주요 부위를 맞아 아파하는 친구한테 물어봅니다.

#A: 아파?

hurt

.... Does it hurt?

#B: 보면 몰라!

.... Obviously!

영어로 만들어보세요.

상황) 그림에서 할머니를 찾아보라는데 못 찾겠어서 물었더니 이렇게 말합니다.

#제가 이거 전에 보여드렸었는데, 여전히 안 보이시나 봐요?

→ I ( ) showed you this before, but you still don't see it?

어이가 없죠? 안 보이니까 묻는 거죠!

#안 보이니까 이러는 거 아니야!

영어로 이 말을 한 방에 말할 수 있는 겁니다.

→ Obviously!

그리고 자주 농담조로 하는 말 가르쳐드릴게요.

#나 좀 깨우쳐주라, 나도 볼 수 있게.

누군가 나를 바보 취급하면, '그래, 이 미지한 나를 좀 깨워줘 봐라' 식으로 비꼬기도 한답니다.

> 깨우쳐주다. 영어로 enlighten [인'라이튼] <

→ Enlighten me.

→ Enlighten me, so I can see it too~!

enlighten 보면 중앙에 light가 있죠?

light는 빛, lighten 해서 뒤에 [은]을 붙이면 do 동사로 '환하게 하다, 밝게 하다'가 됩니다. 만들어 보세요.

#우린 뭔가 필요해, 공간 좀 환하게 하려면.

> place / lighten <

→ We need something to lighten the place.

이제 그 lighten이란 단어에 en을 붙이면 enlighten → '깨닫게 하다'입니다.

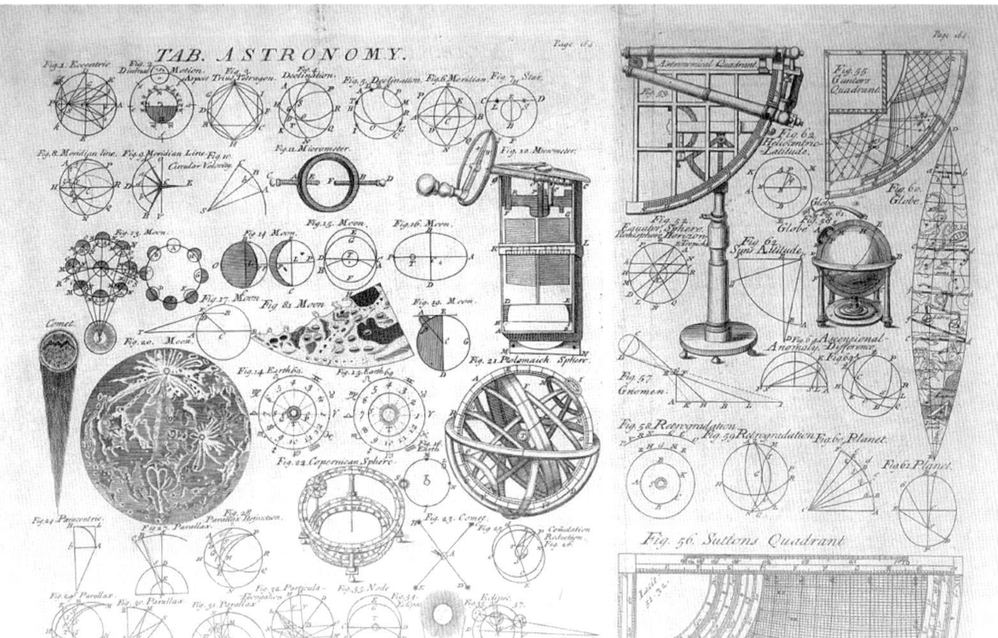

계몽시대 들어보셨죠? 17, 18세기에 서유럽에서 일어난 시대정신으로, 그 전에는 왕과 종교에 대해 무조건적인 복종을 요구했다면, 계몽시대는 논리와 과학적 생각, 이성과 지성으로 무장해 인간의 존엄과 평등, 자유권을 요구했죠! 지금까지 세상을 바라보던 생각 자체를 바꾸는 혁명적인 사고가 시작된 시대예요. #계몽시대를 영어로?

Age of Enlightenment 시대는 시대인데 / 깨달음의 시대

그럼 하나 더 만들어보고 정리하죠.

상황) 술 한잔하고 들어왔는데 째려봅니다.

#A: 왜 나를 그렇게 뚫어지게 쳐다봐?

> stare [스테어] <

→ Why are you staring at me like that?

그러자 묻습니다.

#B: 내 선물 어디 있어?

→ Where is my gift?

#오늘 내 생일이거든.

→ Because today is my birthday.

#까먹었구먼.

> '까먹다, 잊어버리다' forget의 과거는, forgot [*폴'갓] <

→ Obviously, you forgot.

까먹은 것이 뻔히 보인다고 말하는 거죠.

obviously는 우리말로 뻔하게 나와 있지 않으니 이 느낌을 기억하면서 상황을 상상하며 복습하세요.

get	got
forget	forgot

8 10

혼동되기 쉬운 동사

Become

이번 스텝은 좀 쉽게 갑시다.
인터넷 맨 위에 창을 보면 항상 **www.**으로 시작하죠? 무엇의 약자예요?

World Wide Web [*월드 와이드 웹]
World: 세계
Wide: 와이드 TV 할 때 그 와이드. 넓다는 뜻.
그래서 world wide 하면 세계를 포함한 폭인 거죠. 넓은 폭이죠?
Web: 거미줄입니다. 거미줄은 망 같잖아요. 세계를 덮을 만한 큰 거미줄. 큰 망.
World Wide Web 이제 이미지가 그려지나요?

우리는 이 말을 **'세계통신망'**이라고 번역했답니다.
이 www를 만든 사람은 영국 출신인 Tim Berners-Lee로, 이름이 Tim입니다. Tim이 www를 발명해서 그를 'Inventor of the world wide web.'이라고 부른답니다.

inventor는 '발명자'
그럼 #발명하다는 뭘까요?
→ invent (뒤에 [어] 소리 나는 것 뺀 거죠).
#발명품은?
명사로 만들어야 하는데 단어 뒤를 [션]으로 해서
→ invention

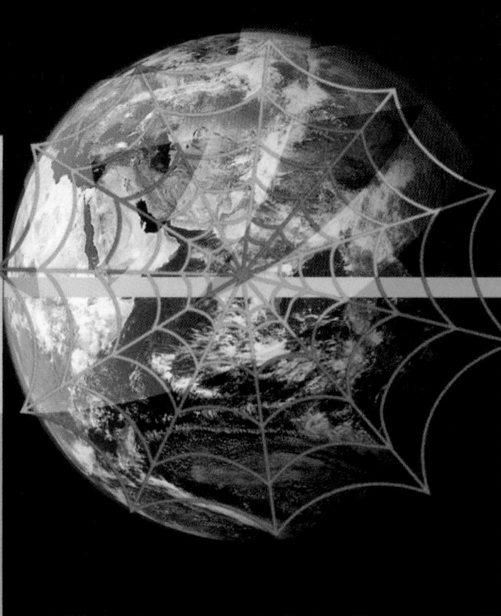

Tim이 www를 발명한 후, 돈을 받고 팔았다면 엄청난 부자가 되었겠지만 그는 특허를 내거나 로열티를 받지 않고 모든 이가 쉽게 사용할 수 있게 세상에 내놓기로 결정합니다. 2012년 런던 올림픽 개막식 때 영국을 대표하는 다양한 분야의 인사들이 소개되었는데 그중 한 명이 Tim이었죠.

그는 개막식 중 SNS 트위터에 글귀를 올리고 그 글귀는 빛으로 스타디움에 비추어졌습니다.
SNS가 가능한 것도 그가 www를 무료로 내놓았기 때문이죠? 상징적인 의미가 있는 행동이었습니다. 전광판에 그가 올린 글귀는 #This is for everyone. 번역해보세요.
이것은 = 모두를 위한 것입니다.

어떤 것이든 궁금할 때는 구글에서 영어로 검색해보면 그 정보의 차이가 어마어마합니다.

예를 들어 영어로 편지를 써보고 싶다, 그럼 친구한테 쓰는 편지부터 사업할 때 쓰는 편지까지 영어로, sample letters to friends 혹은 sample business letters 식으로 검색하면 샘플이 끝없이 나올 겁니다. 그러니 검색 창에 그냥 이것저것 타이핑해보세요.
그리고 간단하게 이미지 버튼을 누르면 훨씬 한눈에 자신이 원하는 것이 들어올 겁니다. 그러면서 보고 배우고, 베껴보기도 하면서 늘리셔야 해요.

우리도 명절 때면 문자로 보내는 좋은 글귀들이 인터넷에 검색 순위로 뜨잖아요. 그렇게 영어로도 찾으면 되는 겁니다. 인터넷을 검색해서 스스로 영어공부 자료를 찾아보는 것과 친해지세요.

#탄생이 영어로 뭐죠?
힌트: 생일 축하 노래 시작이? Happy Birthday~
거기서 birth가 탄생입니다.
우리는 생일을, '태어날 생', '날 일', '인생이 시작되는 날'이라고 지은 것 같죠.

이탈리아 화가 Botticelli [보티첼리]의 명작 #<비너스의 탄생>은 영어로?
→ The Birth of Venus
비너스는 사랑의 여신 이름이라고 했죠? 다음 문장을 영어로 만들어보세요!

#제 친구는 피렌체로 왔어요, <비너스의 탄생>을 보러.

> Florence [*플로렌스]=피렌체의 영어 이름 <

My friend ( )~

do be 오다, come의 과거는 came [케임]

extra 어디로 왔어요? → to Florence

extra '그림을 보러'에서 '보다'는 see니까 연결해야 하니 TO 다리로
→ to see The Birth of Venus.
→ My friend came to Florence to see The Birth of Venus.

come의 과거가 어떻게 변한다고 했죠?
came [에이] 발음으로 변하죠? [에이]로 과거형이 변하는 것을 접해보죠.
임산부가 **아이를 낳는 것**을 'giving a birth'라고 합니다. 탄생을 주는 겁니다. 다음 문장을 만들어보세요.

#801호에 계신 여성분 오늘 아침에 아이 낳으셨어요.

낳았죠? 누가? 여성분이. 801호에 계신 여성분이죠. 영어는 중요한 것부터 말하면 됩니다. 801호가 낳은 게 아니잖아요. The lady 하고 나서 아무 lady가 아니라 801호에 있는 → lady in 801

do be give의 과거는? 마찬가지로 [에이] 발음으로 바꿔서 → gave~

extra a birth~

extra this morning.

801호처럼 800개가 있다는 것이 아니라 그냥 명칭을 수로만 말한 것은 굳이 hundred를 붙이지 않고 편하게 eight-o-one으로 읽으면 돼요. 보통 zero는 중앙에 있으면 발음하기 편하게 o [오우]라고 잘 말합니다. 숫자 0이 알파벳 o처럼 생겨서 똑같이 발음해주는 것입니다.
→ The lady in 801 ( ) gave a birth this morning.

birth를 주면 더 이상 임신부가 아니라, 엄마가 되는 거죠.

#어제 그녀는 임신부였지만 오늘은 엄마가 됐어요.

> pregnant [프*레그넌트] woman <

→ Yesterday she was a pregnant woman, but today~

아이를 낳기 전 여자의 상태인 be에서 아이를 낳으면서 엄마라는 자리로 오게 됩니다, come.
be 상태가 come 된 거라 해서 새 단어: become. 번역하면 '~이 되다'입니다.

그렇지 않던 상태가 변화한다 해서 움직이는 do 동사 쪽입니다.

#오늘 엄마가 됐어요.

Today, she~ 이미 되었죠? become의 과거는 became [비케임], come에서 came과 똑같은 거죠?

→ Today, she became a mother.

→ Yesterday she was a pregnant woman, but today, she became a mother.

어렵지 않았죠?
"오늘 난 대학생이 됐어. 쟤는 오늘 요리사가 됐어.
난 내년에 저 사람처럼 될 거야." 마지막은 like 껌딱지 쓰면 되겠죠?

이 스텝은 쉬웠으니 다음 불규칙 단어들로 문장을 만들어 연습하세요!

come	came
become	became
begin (시작하다)	began
give (주다)	gave
make (만들다)	made
eat (먹다)	ate
drink (마시다)	drank
ring (전화를 걸다)	rang
sit (앉다)	sat

sink (가라앉다)	sank
stink (악취가 나다)	stank
sing (노래하다)	sang
meet (만나다)	met
lead (이끌다)	led
feed (먹이를 주다)	fed
fall (떨어지다)	fell
hold (잡다)	held

8 11

의문사 의문문

WH Q에 들어갑니다.

이제 어떻게 하는지 알죠?

YN Q 만든 후

그 앞에 WH만 붙이면 간단히 해결!

불규칙이랑 섞으면서 천천히

만들어보죠.

다음 문장을 영어로 바꿔보세요.

#오늘 아침 뉴스 봤어?

→ Did you watch the news this morning?

#난 오늘 아침에 들었는데,

> hear의 과거는? heard [허드]입니다. 스펠링으로 인해 발음이 [허드]로 됩니다. <

이번 스텝은 이렇게 [드]로 끝나는 불규칙을 같이 접하며 갈게요.

→ I heard it this morning.

#정말 끔찍하더라.

> horrible [허*러블] <

BE 과거 기둥이죠?

→ And it was horrible.

'공포 영화'를 우리 '호러' 영화라고도 하죠? horrible [허러블]은 '끔찍한'이란 뜻이랍니다.

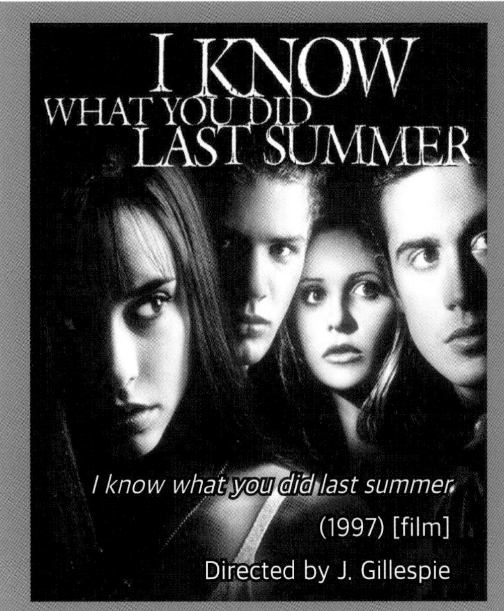

I know what you did last summer
(1997) [film]
Directed by J. Gillespie

#너 작년 여름에 뭐 했어?

DID 기둥 나왔다고 두비 까먹으면 안 돼요.

→ What did you do last summer?

horror movie 중에 이런 영화가 있습니다.

#난 네가 지난여름에 한 일을 알고 있다.

영어로 만들어보세요.

두비는 우리말 맨 뒤에 있는 —'알고 있다.'

누가 알아요? 내가.

기둥은 계속 알고 있다니 DO 기둥.

I ( ) know~

뭘? 네가 지난여름에 한 일. 그게 뭔데요?

질문으로 물어보면

#작년 여름에 뭐 했어?

→ What did you do last summer?

간단하죠? 이제 이걸 WH 1으로 다시 뒤집어서 들어가면 되는 거예요.

→ I know what you did last summer.

WH 1은 항상 이런 식입니다.

#전 딱 50명의 손님만 초대했는데,

> invite [인*바이트] / guests [게스츠] <

→ I ( ) invited only 50 guests,

#but 200 guests turned up at the wedding.

무슨 기둥이에요? DID 기둥이죠. turned 보이잖아요.

200명의 손님이 turn 한 겁니다. turn은 돌리는 거 아닌가 싶죠? 계속 읽어보세요.

Turned up at the wedding.

돌렸는데, 올라왔어요? 돌려 올리다?

확실치 않으면 계속 읽어봐요, at the wedding.

결혼식장에 turn up 한 거다, turn up 뜻은 이미지로 상상해보세요.

예상치 않았는데 뒤돌아보니 내 앞에 있는 겁니다.

turn up. 결혼식장에 예고 없이 나타난 거죠.

→ 200명의 손님들이 결혼식장에 초대 없이 그냥 나타났어.

#내 결혼식에 대해서 어떻게 알아냈지?

> find out [*파인드 아웃] <

→ How did they find out about my wedding?

이제 연습장에서 더 만들어보세요.

연습

#A: 왜 저 사람들 초대했어?

invite [인*바이트]

.... Why did you invite those people?

#B: 누구 얘기하는 거야? 난 저 사람들 누구인지도 몰라.

Who are you talking about?
.... I don't even know who they are.

#이거 당신이 했습니까? 왜 그러셨습니까?

.... Did you do this? Why did you do it?

#왜 아무 말도 안 했어?

say

.... Why didn't you say anything?

#어젯밤에 너 몇 시에 자러 갔어?

.... What time did you go to bed last night?

#몇 시에 TV 껐어?

turn off / TV

.... What time did you turn the TV off?

#이 담배들 어디서 났어?!

cigarette

.... Where did you get these cigarettes?!

#어젯밤에 왜 내 파티에 안 왔어?

.... Why didn't you come to my party last night?

#어떻게 이런 일이 나한테 일어났지?

this=이런 일 / happen

.... How did this happen to me?

#나 얼마나 오래 기다렸어?

wait

.... How long did you wait for me?

#어젯밤에 John이랑 나랑 이상한 소리를 들었어요.

strange [스트*레인지]=이상한 / noise=소리, 소음 / hear [히어]

.... Last night, John and I heard a strange noise.

hear의 과거는 heard였죠?
[드]로 끝나는 과거 단어 좀 더 접하고 정리하죠. 영어로 말해보세요.

#내가 걔(남)한테 우리 비밀 말해줬느냐고?

> secret [씨크*릿] <

→ Did I tell him our secret?

#응, 말해줬어.

Yes, I ( )~ tell의 과거는 told [톨드]입니다.

→ Yes, I ( ) told him.

상황) 잡지사 직원이 다른 팀에 대해서 캐고 다닙니다.

#A: 이달에 저들은 잡지를 몇 권 팔았나요?

> magazine [메거*진] / sell [셀] <

→ How many magazines did they sell this month?

#B: 아무한테도 말하지 말아요!

→ Don't tell anybody!

#138만 권 팔았어요.

> sell의 과거는? sold [솔드] <

→ They ( ) sold 1.38 million.

백만은 million [밀리언]
One point thirty-eight million.

#A: 그걸 어디서 들었죠?

→ Where did you hear that from?

#B: A little bird told me.

작은 새가 told / tell의 과거죠? / 작은 새가 나에게 말해줬다?

Character from The Looney Tunes and Merrie Melodies cartoons produced by Warner Brothers

정보 제공자를 발설하지 않기 위해 “I can’t tell you” 대신 돌려 말하는 겁니다. ‘들리는 풍문으로’ 라는 말이지만, 느낌은 달라요. 타이밍 놓치면 느끼해지고 보통 나이 든 분들이 씁니다. 하지만 이 말에서 생겨난 SNS가 있죠?

누가 발설자인지 모르는 짧은 소식들이 꼬리를 물고 빨리 퍼지는 SNS 회사로 회사 로고가 새!
뭐죠? ‘**트위터**’입니다. 한국에서도 많이 사용하죠.
원래 tweet이란 단어는 새가 지저귀는 소리를 말합니다.

우리가 “짹짹!” 하는 것처럼 영어는 새들이 ‘tweet! tweet!’ 운다고 합니다. 여기서 ‘트위터’란 회사 명칭이 나왔다고 하죠. 그림의 노란 새 보신 적 있죠? 이 새의 이름도 트위티, Tweety랍니다. twitter는 또 다른 ‘짹짹’이란 뜻의 단어입니다.

A little bird told me. 이제 왜 이 사이트가 twitter인지 연관성이 보이나요? 재미있죠?

그럼 아래 단어들로 직접 질문도 만들고 답도 과거로 만들어보면서 아무 때나 연습해보세요.

hear	heard
tell	told
sell	sold

8 12

What kind/sorts

바로 만들어보세요.

#무슨 음악 좋아해?

→ What music do you like?

무슨 종류 음악 좋아해?

'종류'는 영어로? kind [카인드]입니다.

'친절한'의 그 kind와 똑같이 생겼지만 위치가 달라요. **'무슨 종류'**는 영어로 **what kind.**

종류는 종류인데 한 번 더 들어가서 음악의 종류.

껌딱지 뭐가 좋을까요? of!

What kind of music.

이것을 WH 자리에 그대로 넣어주면 됩니다.

→ What kind of music~ do you like?

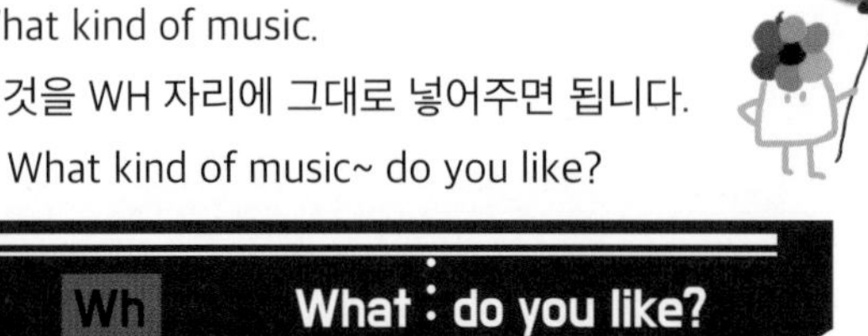

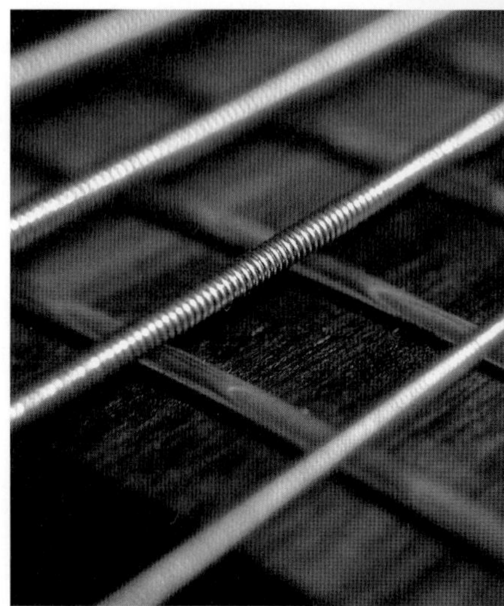

자! kind는 우리말로 '종류, 유형'이었죠?

혈액형도 A형, B형 타입 하듯 type도 kind처럼 쓸 수 있습니다.

What type of music do you like?

편한 것으로 쓰세요. 그럼 만들어볼 테니 감정 넣어서 질문해보세요.

#수영법 뭐 할 줄 알아?

> '수영법' stroke [스트*록] <

→ What kind of strokes can you do?

#B: 나? 접영.

> 접영=butterfly <

나비죠. 왜 이름이 그렇게 붙여졌는지 알겠죠? 선수들끼리는 fly로도 부른다고 합니다.

→ Me? Butterfly.

#어젯밤에 호수에서 친구들하고 수영했었어, 달빛 아래서~

> lake / swim / moonlight <

배경부터 깔아볼까요? 배경이 되는 것

Last night, I~ 수영했죠? swim의 과거는?

[에] 발음으로 들어갑니다. swam [스웸]

엑스트라가 많은데 이미지 떠오르는 대로 편하게 붙여보세요.

수영했죠? **친구들하고 같이 했대요.** → with my friends

어디였죠? **호수에서.** → in the lake

엑스트라 하나 더 있죠? **달빛 아래서**

아래라는 껌딱지 뭐였죠? under → under the moonlight

→ Last night I swam with my friends in the lake under the moonlight.

last night도 배경 말고 뒤로 붙일 수 있어요.

→ I swam with my friends last night in the lake under the moonlight.

엑스트라는 순서 신경 쓰지 말고 그냥 뒤로 계속 붙여 넣으세요. 지금은 생각나는 대로 엑스트라를 붙여 넣을 수 있는 것이 중요합니다.

extra extra extra extra

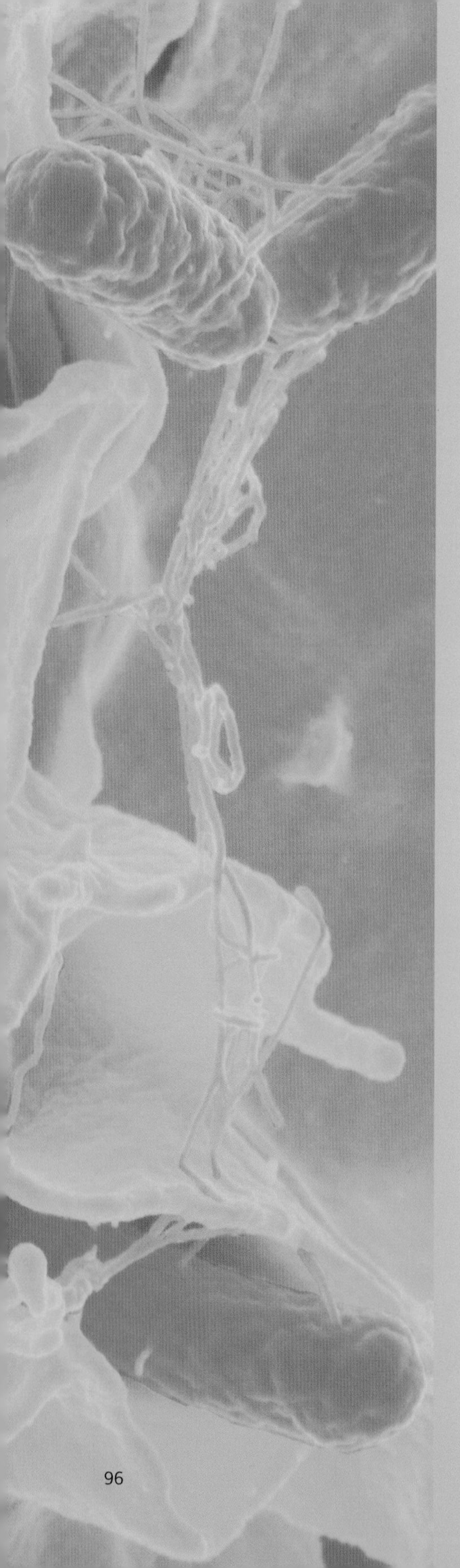

#어떤 종류의 정보를 모으고 있어?

> information / gather [가*더] <

또 '어떤'이라고 how로 생각하면 안 되죠. 항상 한국말로 번역해서 영어를 맞추려고만 하면 안 됩니다. 영어는 한국어를 토대로 만들어진 언어가 아니므로 영어만의 쓰임새가 있습니다.
how는 방법을 묻는 것이지, 무엇이냐고 묻는 게 아니잖아요. 무엇이 궁금하면 what으로 들어갑니다.

정보인데 어떤 종류

→ What kind of information

collect는 수집해서 보관하는 식으로 '모으다'이고 '한곳에 자료를 모으다'라는 단어는 gather

→ What kind of information are you gathering?

다음 문장을 보죠.

#제 연구 자료는 읽으셨나요?

> research [*리써치] <

→ Did you read my research?

#네, 어제 읽었습니다.

> read의 과거는 read [*뤠드] <

스펠링이 같죠? 그럼 스펠링이 똑같은데, 어떻게 아느냐고요?
앞뒤 맥락 보고 알게 되는 겁니다. Did you~로 들어갔으니, [*뤠드]로 읽는 거죠.

→ Yes, I read it yesterday.

#비슷한 종류를 오늘 아침에 읽었어요.

> similar [씨뮬러]=비슷한 <

→ I read a similar kind this morning.

이제 연습장에서 직접 만들어보세요.

#어떤 종류의 음식을 요리할 수 있으세요?
cook

What kind of food can you cook?

#걔(남)는 어떤 종류의 책들을 좋아해?

What kind of books does he like?

#귀여운 강아지네요! 무슨 종류예요?

That is a cute dog! What kind is it?

#무슨 종류의 음식이 건강하지, 먹기에?

What type of food is healthy to eat?

#어떤 종류의 훈련을 받았어?
training [트*레이닝]=훈련

What kind of training did you get?

#그 기사 방금 읽었습니다. 매우 흥미롭더군요.
article [아티클]=기사 / interesting

I just read the article.
It was very interesting.

#어떤 타입의 일을 하고 싶니?
work

What type of work do you want to do?

#너 자동차 보험 무슨 종류야?
car insurance [인'슈*런스]=자동차 보험

What kind of car insurance do you have?

#어떤 종류의 차였어? 이 차였어? 이런 종류의 차였어?

What kind of car was it? Was it this car?
Was it this kind of car?

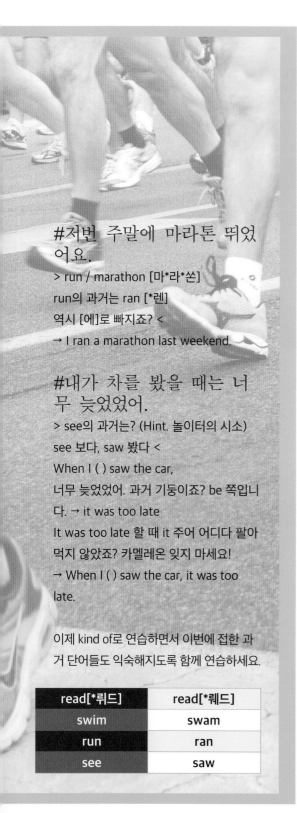

#저번 주말에 마라톤 뛰었어요.

> run / marathon [마*라*쏜]
run의 과거는 ran [*렌]
역시 [에]로 빠지죠? <
→ I ran a marathon last weekend.

#내가 차를 봤을 때는 너무 늦었었어.

> see의 과거는? (Hint. 놀이터의 시소)
see 보다, saw 봤다 <
When I ( ) saw the car,
너무 늦었었어. 과거 기둥이죠? be 쪽입니다. → it was too late
It was too late 할 때 it 주어 어디다 팔아먹지 않았죠? 카멜레온 잊지 마세요!
→ When I ( ) saw the car, it was too late.

이제 kind of로 연습하면서 이번에 접한 과거 단어들도 익숙해지도록 함께 연습하세요.

read[*뤼드]	read[*뤠드]
swim	swam
run	ran
see	saw

8 13

전치사

By 1탄

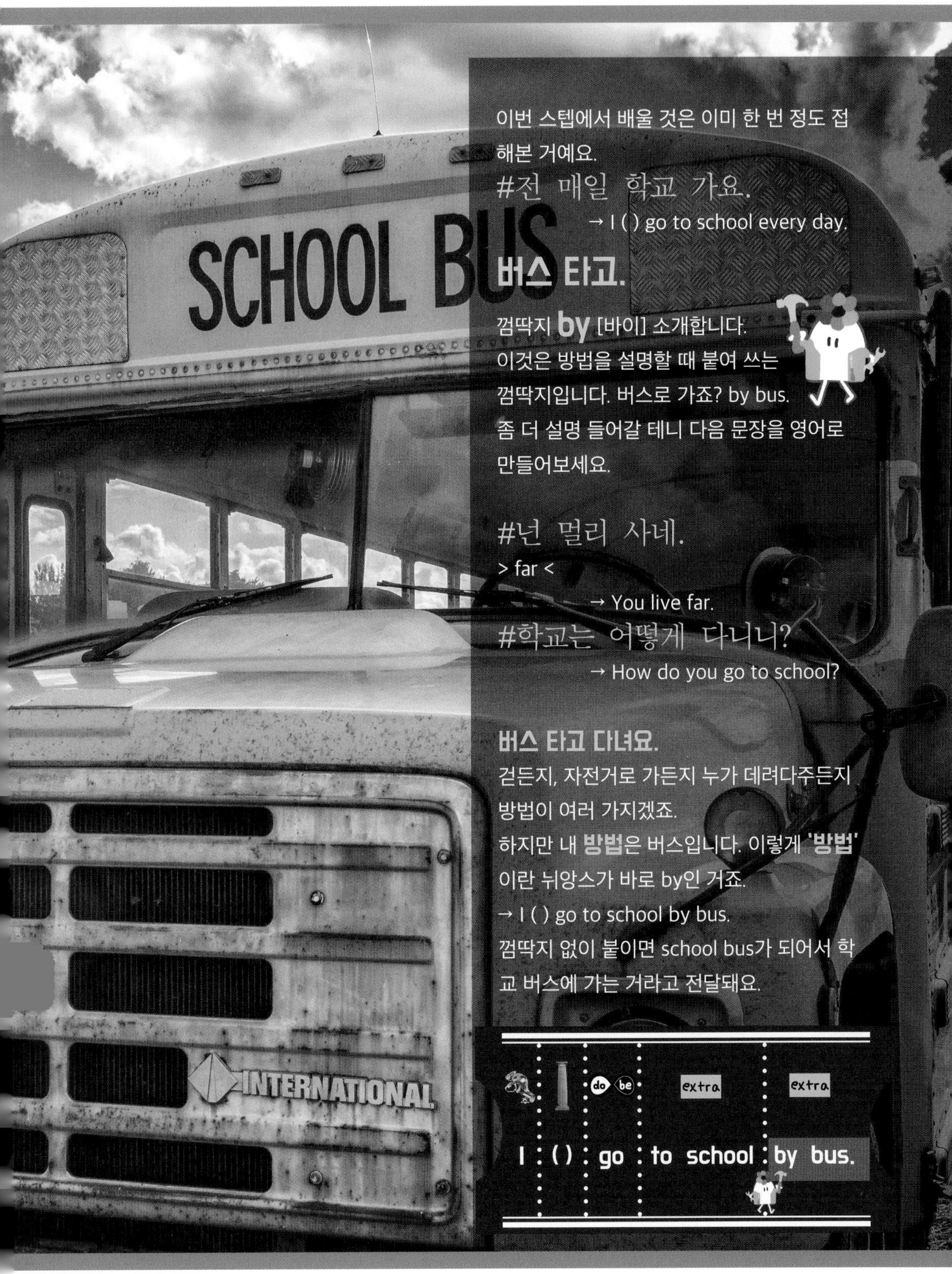

이번 스텝에서 배울 것은 이미 한 번 정도 접해본 거예요.

#전 매일 학교 가요.

→ I ( ) go to school every day.

버스 타고.

껌딱지 **by** [바이] 소개합니다.
이것은 방법을 설명할 때 붙여 쓰는 껌딱지입니다. 버스로 가죠? by bus.
좀 더 설명 들어갈 테니 다음 문장을 영어로 만들어보세요.

#넌 멀리 사네.

> far <

→ You live far.

#학교는 어떻게 다니니?

→ How do you go to school?

버스 타고 다녀요.

걷든지, 자전거로 가든지 누가 데려다주든지 방법이 여러 가지겠죠.
하지만 내 **방법**은 버스입니다. 이렇게 **'방법'**이란 뉘앙스가 바로 by인 거죠.
→ I ( ) go to school by bus.
껌딱지 없이 붙이면 school bus가 되어서 학교 버스에 가는 거라고 전달돼요.

#그런데 어제는 자전거 타고 학교 갔어요.

> bicycle / go의 과거는? went [웬트] 완전히 다르게 변하죠? 기억하세요. <

→ But yesterday, I went to school by bicycle.

go의 불규칙은 크게 변했죠? went 자체에서 go란 단어가 전혀 보이지도 않는데도 말이죠. 이런 경우는 거의 없어요. 왜 쓸데없이 이렇냐고요?
불규칙으로 변하는 단어들은 대부분 일상에서 자주 사용하는 단어들입니다. 매일 쓰다 보니 불규칙이 불편하기는 하지만 다들 금방 적응해버려서 변화의 필요성을 못 느끼고 계속 지속되는 거죠. 여러분도 금방 자신의 것으로 만들게 될 겁니다.

#난 좋아했었는데, 학교에 자전거 타고 가는 것.

> like의 과거는? 안 접한 것이 예문에 나오면 규칙인 겁니다. <

I liked~

extra 뭘? 학교에 자전거 타고 다니는 것을 좋아한 거죠. 간단합니다.
그거 하는 것! 두비 뒤에 [잉]을 붙이면 해결! → going to school by bicycle.
(스텝 07[02])

다시 비교해볼까요?

#난 좋아했어 → I liked it.
#난 좋아했어, 자전거 타고 학교 가는 것.

→ I liked going to school by bicycle.

#걷는 것은 피곤했죠.

'걷다'는 walk, '걷는 것'은 walking. (스텝 07[02])
walking이 나를 계속 피곤하게 했던 거죠.

→ Walking was tiring.

tire는 상대를 지치게 만든다는 뜻. bore가 상대방을 지루하게 만든다는 거였죠?
그래서 항상 지루하고 재미없는 것은 "It is boring" 하는 것처럼 "It is tiring" 이라고 말하면 할 때마다 '그것이 날 피곤하게 한다'입니다. 과거에 있던 일이니 "It WAS tiring"으로 기둥만 바꾸면 되죠.

"피곤했죠"라는 말은 "I am tiring"으로 가면 안 됩니다. 이건 내가 누군가를 피곤하게 만드는 겁니다. 내가 피곤한 사람인 거죠. "I am boring." "나 재미없는 사람이에요"와 똑같은 식이에요.

#저희 집은 멀었는데, 전 그래도 학교에 걸어 다녔어요.

> '걸어 다니다'는 walk to school <

굳이 go 필요 없이 walk로 간단하게 끝나죠?

이렇게 말해도 전혀 틀린 것 아닙니다.

→ My house was far, but I still walked to school.

방향까지 보여주니 학교로 걸어가는 것이죠.

학교 수업에서는 go만 나오는 경우가 있는데요, 이렇게 walk도 잘 쓰인답니다.

그런데 여러분이 "걸어 다녔어요" 하는데 말하다 보니 I walked to school로 안 하고

I went to school로 먼저 말이 튀어나왔어요.

그러면 굳이 고칠 필요 없이 by로 이어 붙이면 되는 거죠. 걸어 다녔는데 무슨 방법으로? 어떤 도구로 걸은 거죠?

발이죠. #발은 영어로? foot!

by foot! 이렇게 말하면 되는 겁니다.

→ I went to school by foot.

feet이라고 하지 않는 이유는 이 말은 발의 '수'가 중요한 것이 아니라, 발 자체를 말하는 것이기 때문이에요. 외발 장애인도 걸어 다닐 수 있잖아요. 사용하기 간편하죠?

학교 영어수업 때 꼭 나오는 것도 구경해보죠.

자, 장애가 있지 않으면 걷기는 자연스럽게 하게 되어 있잖아요.

그런 면이 있어서인지 굳이 방법과 도구라고 하기보다 foot만큼은 또 다른 껌딱지로도 잘 쓰입니다.

이미 아는 껌딱지인데 뭘 것 같아요?

'걷다'는 발이 땅에 닿아야지 가능한 거죠? 표면에 닿을 때 쓰는 껌딱지는?

on! 그래서 → I go to school on foot.

이라고도 합니다. 이래서 껌딱지를 크게 보라는 겁니다.

더 만들어보죠.

#A: 오늘 차 안 가지고 갔네!

> take <

→ You didn't take the car today!

#자전거 타고 일 갔어?

> ride <

→ Did you ride a bike to work?

#안 멀었어?

> far <

→ Wasn't it far?

#얼마나 걸렸어?

시간이 걸리다~ 기억나나요?

→ How long did it take?

#B: 2시간 걸렸어.

> take의 과거는? took [투크] 불규칙이죠? <

→ It took 2 hours.

다시 한번 더 말해보세요!

> 영어책에서 by를 배우면 꼭 이렇게 '교통수단'이 가장 첫 설명으로 나옵니다.
> 하지만 말에는 정말 다양한 방식의 메시지 전달 방법이 있죠.
> "I walk to school"이 되는 것처럼 다른 것들도 두비 단어를 잘 쓰면 설명이 쉽게 됩니다. 여러분도 이제 만들 줄 알 거예요. 다음을 영어로 만들어보세요.

상황) 가게에서 지불하면서,

#카드로 내도 될까요?

Can I pay~ 엑스트라 나옵니다. 카드로! 돈 낼 수 있는 방법은 다양하죠?
신용카드, 현금 등 그 수단 중 카드로 하겠다는 거죠, by credit card.

→ Can I pay by credit card?

#죄송합니다만 저희는 현금만 받습니다.

> cash / accept [억'쎕트] <

→ I am sorry but~ 현금만 받습니다. 무슨 기둥이죠?

항상 현금만 받는 것이니 DO 기둥으로 가면 되죠? → We ( ) only accept cash.

→ I am sorry but we only accept cash.

by는 도구나 방법이에요. 하나만 더 하고 정리하죠.

#내가 너 도와줄게.

→ I will help you.

#어떻게? 내가 후원자를 찾아줄게.

> sponsor [스폰서] <

→ How? I will find you a sponsor.

#내가 너 도와줄게, 방법: 후원자를 찾아줌으로써.

by는 껌딱지이기 때문에 작아서 명사만 붙일 수 있어요.
두비를 명사로 만드는 것은 쉽죠? 뒤에 [잉]만 붙이면 끝! → Finding you a sponsor. (스텝 07[02])

→ I will help you by finding you a sponsor.

by에 익숙해지세요. 그럼 이제 연습장에서 만들어보세요.

연습

#우린 버스 타고 거기 갔어.

We went there by bus. / We took a bus there.

#신용카드로 계산해도 될까요?

credit card [크*레딧 카드] / pay [페이]

Can I pay by credit card?

#가장 좋은 방법은 지하철 타는 건데, 가장 싼 방법은 걸어가는 거지.

subway / cheap [췹]

The best way is by subway, but the cheapest way is by foot.

#너희 9호선 타니?

line 9 / take

Do they take line 9?

#저는 걸어서 등교해요.

I walk to school. / I go to school by foot. / I go to school on foot.

#영수증은 팩스로 보내드리겠습니다.

receipt [*뤼씨~트]=영수증 / fax / send

I will send the receipt by fax. / I will fax the receipt.

by는 위의 예문들에 익숙해지면 됩니다. 그럼 불규칙들로 문장들을 더 만들어 DID 기둥을 연습해보세요.

go	went
take	took
understand	understood
shake (흔들다)	shook
stand (서다)	stood
win (이기다)	won

once. three times. all the time

One Two Three Four

#이것을 한국말로 어떻게 하죠?

이 말을 영어로 해보세요.

→ How do you say these in Korean?

일, 이, 삼, 사

하나, 둘, 셋, 넷

우리말로는 두 방법으로 나뉘죠.

1등, 2등, 3등, 4등, 5등

#이것은 영어로 어떻게 말하죠? 다시 영어로 하면?

→ How do you say these in English?

First, Second, Third, Fourth, Fifth

첫째 둘째 셋째만 외우면 되고 나머지는 다 th [*스] 발음으로 끝난다고 했죠.

줄여서

1st 2nd 3rd 4th 5th

그래서 #21세기는 21번째 세기라고 했잖아요.
→ 21st century

이번 스텝은 수와 관련된 마지막입니다.

한 번 두 번 세 번 네 번 다섯 번

숫자로 배우는 것이 많다고 헷갈릴 필요 없습니다. '그냥 다 거기서 거기 아닌가?' 싶나요? 직접 확인해보시죠.

여러분이 외국인에게 한국어를 가르쳐주는데 우리 집에 놀러 와서 두 번째 대신, "저 여기 둘째 온 거예요"라고 말하더니 "지금 오 시 반이네요"라고 말해요. 이해는 됐지만 수 세팅이 잘못되어 있죠? 서로 다른 사용법이 우리말처럼 영어에도 있는 겁니다.

하지만 이번 것은 가장 간단합니다.
몇 번을 했나 말할 때 사용하는 것으로,
딱 2개만 외우면 됩니다.

once [원스] **twice** [투와이스]

once가 한 번, twice가 두 번

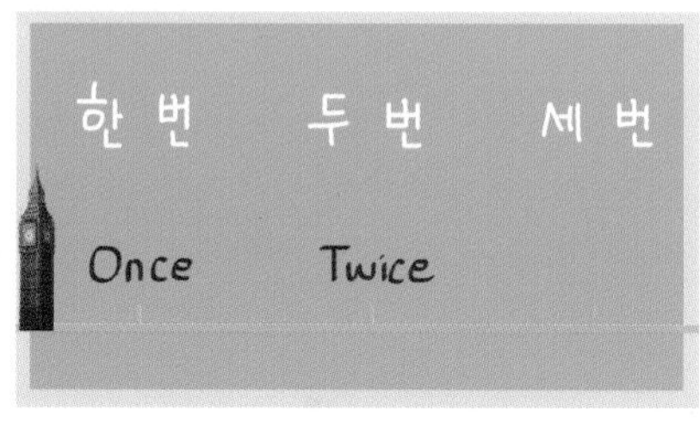

once, twice 이후 나머지는 다 같은 패턴입니다.
세 번 - three times
네 번 - four times
21번 - twenty-one times

once, twice 빼면 나머지는 다 뒤에 times만 붙이면 되죠. 그럼 곧바로 만들어보죠.

#저희는 그 작가분 한 번 만나봤어요.

→ We met that writer once.

#전 독일에 네 번 갔었어요.

→ I went to Germany four times.

#저분(남)이 이 전화기를 세 번 떨어뜨렸는데, 그래도 안 깨졌어.

> phone / drop / break <

That guy~ '떨어뜨리다'는 drop이죠. 규칙이어서 [드롭트], 대신 스펠링에 p가 한 번 더 붙어요.

→ That guy dropped this phone three times, but it still didn't break.

상황) 설명을 하다 말고 상대방이 갑자기 저에게 소리를 지릅니다.

#A: 왜 소리를 지르고 그러세요?

> yell [옐] <

BE + 잉 기둥이죠?

→ Why are you yelling?

#B; 내가 이거 백번은 말했잖아!

> tell 의 과거는? told <

→ I told you this a hundred times!

#A: (오버하는 것을 멈추기 위해 정정해주면서) 아니, 저한테 두 번 말씀하셨거든요.

하나만 접하고 연습장 가죠.

'때때로'를 sometimes라고 하잖아요.

잘 보세요.

5번 하고 5 times

20번 하고 20 times

정확하게 수를 안 세어서 때때로 sometimes

이제 왜 저렇게 생겼는지 보이죠?

상황) 누군가 일을 엉망으로 만들어놓았습니다.

안 돼! 너 이 짓 또 했어! 넌 맨날 이래!

→ No! You did this again! You do this every time!

every time은 상황이 생길 때마다 그러는 겁니다. 비교해보세요.

안 돼! 너 이 짓 또 했어! 넌 항상 이래!!

→ No! You did this again! You do this all

연습

#너한테 이거 한 번만 물어볼 거야.

ask

I will ask you this once.

#A: 이거 몇 번 일어난 거야?

happen

How many times did this happen?

#B: 한 번 일어났어.

It happened once.

#A: 운전면허시험 몇 번 봤어?

driving test

How many times did you take the driving test?

#B: 세 번.

3 times. / I took it 3 times.

#당신은 딱 한 번 삽니다. (인생은 한 번뿐입니다.)

You only live once. / You live only once.

#John이랑 나는 항상 땡땡이쳐. 어제도 땡땡이쳤는데.

skip [스킵]=몰래 빠져나가다

John and I skip school all the time. We skipped school even yesterday. / Even yesterday, we skipped school.

#난 절대 수업 안 빠지는데.

I never skip classes.

#매번 널 볼 때마다, 난 실패를 봤단다.

look / failure [*페일리어]=실패 / see

Every time I looked at you, I saw failure.

8 15

Enough

이번 스텝은 쉽습니다. 바로 만들어보세요.

#A: 너 돈 있어?

→ Do you have money?

#B: 응. 있어.

→ Yes, I have money.

#A: 많이 있어?

> a lot <

→ Do you have a lot?

그러자 대답을

I have enough [인어프]라고 합니다.

I have enough money!

enough는 '충분한'이란 뜻이 있습니다. 스펠링이 특이하죠?

much money는 돈이 많고

enough money는 필요한 만큼은 충분히 있다는 뜻입니다. **"쓸 만큼은 있어"**가 잘 어울리겠죠.

간단하니 불규칙도 새롭게 들어가볼게요.

상황) 놀러가서 식사 준비를 하는데 쌀이 모자랄 것 같아요.

#A: 우리 쌀 있나?

> rice [*라이스] <

→ Do we have rice?

이렇게 질문해도 되고요.

#우리 쌀 충분하나?

→ Do we have enough rice?

#B: 충분했는데.

충분히 가지고 있었다는 거죠.

have의 과거는? 이 단어는 불규칙입니다. 많이들 알죠? 바로 had [해드], 기억하세요!

→ We had enough.

#A: 확인해봐!

→ Check it!

이럴 줄 알았어! 영어로 어떻게 말하는지 아세요?

이미 알고 있었다는 거죠? I know를 과거로 말하면 된답니다.

know의 과거도 불규칙으로 knew [뉴]로 바뀝니다.

I knew~ 뭘 알아요? '이럴 줄 안 건데' 영어는 간단히 줄여서 it으로 말해요.

I knew it!

이번 스텝에서 접할 불규칙은 이렇게 [유, 우] 식의 발음으로 바뀌는 단어랍니다.

이것으론 부족할걸.

'부족하다'고 하지만 영어는 'enough 하지 않다'는 말로 더 잘 표현한답니다. '모른다'를 '알지 않는다'고 말하는 것과 비슷한 거죠.

→ This won't be enough!

#더 필요해.

→ We need more.

상황) 식물을 심었는데 너무 자라서 농담으로 말합니다.

#너 왜 자라는 것을 멈추지를 않냐? 그만 자라라!

> grow [그*로우]=자라다 <

자라는 것 = growing이겠죠?

→ Why don't you stop growing? Stop growing!

#이제 충분히 자랐어!

> grow의 과거는? knew처럼 grew [그*루] <

기둥은? 이미 자랐으니 DID 기둥

→ You grew enough!

#그것으로 충분해!

→ That is enough!

enough 는 어렵지 않습니다. much 대신 그 자리에 넣어준다고 보면 되니 연습장에서 더 만들어보세요.

#나 어제 돈 없었어.

money

I didn't have money yesterday.

#나 돈 충분치 않았어.

I didn't have enough money.

#2천만 원으로는 충분하지가 않아요.

20,000,000 won

20 million won is not enough.

#시간은 충분히 있었어?

time

Did you have enough time?

#걔(남) 돈 충분히 벌지 않아? 얼마나 더 원하는 거야?

earn=벌다

Does he not earn enough money?
How much more does he want?

#A: 너 왜 말했어?!
내가 너한테 100만 원 줬잖아 — 조용히 있으라고!

pay=돈을 내다 / keep quiet

Why did you talk?!
I paid you 1 million won to keep quiet.

#B: 보시다시피, 충분치 않았던 거죠.

Obviously, it wasn't enough.

눈싸움을 하는데 나한테 불만이 있는지 세게 던집니다. **"야!"** 하고 부를 때, 보통은 "Hey!"

#야! 이거 진짜 싸움 아니거든!

→ Hey! This is not a real fight! 그런데 또 던집니다.

아야! → Ouch [아우치]!

#이건 좀 공격적인 것 같은데!

> aggressive [어그'*레씨*브] / seem <

그런 느낌이라고 할 때 seem이라 말하면 됩니다.

"You look happy. You seem happy"처럼

→ This ( ) seems quite aggressive.

do be extra

You seem happy.

This seems aggressive.

DOES

#충분히 던졌어! 그만해!

> '던지다' throw의 과거는 threw [*쓰*루] <

→ You threw enough!

또 해보죠.

미국은 한국 나이로 22세가 되어야 음주가 가능하답니다. 영국은 19세가 되면 가능하고요. 한국에서 성인이 되어 미국에 갔는데 나보고 아직 나이가 안 되었답니다.

저 충분히 나이 됐는데요.

I am old enough.

이렇게 붙여주면 되는 겁니다.

저 나이 들었는데요.

"I am old"라는 말 뒤에 붙인 거죠?

enough는 much처럼 날치입니다. 그래서 어느 위치든 다양하게 날아다닐 수 있는 겁니다.

"I am old"면 나이가 든 겁니다.

저 말은 나이가 많이 들기 전까지 잘못 말하면 눈총 받는 말이죠. 네가 나이가 든 거면, 나는 고목이냐? 할 수 있으니까요.

하지만 **"I am old enough!"**는 세 살짜리 아이도 할 수 있는 말인 거죠. 바로 적용해보세요.

#저 1시간만 더 늦게 자도 돼요?

→ Can I go to bed one hour later, please?

#저도 이제 나이 됐잖아요!

→ I am old enough now!

#로고를 그리고 또 그렸는데, 여전히 충분히 좋지가 않아.

> draw의 과거는? drew [드*루] <

→ I drew the logo again and again, but it is still not good enough.

#이건 탈 수 없겠네. 너 키가 안 된다.

> ride [*라이드] <

→ You can't ride on this. You are not tall enough.

상황) 누군가 커피를 따라주는데, 엄청 큰 잔에 가득 담습니다.

아. 그거면 됐습니다. 고맙습니다. 간단하게 → Ah, that's enough, thank you.

#잔소리 그만해!

→ Stop nagging!

#그만하라고!

→ Enough!

Stop it!도 되고 Enough!도 이렇게 쓰여요.

참다, 참다 더 이상은 못 참겠어요. 그럴 때 쓰는 말!

#Enough is enough!

enough란 말 자체도 이제 충분히 enough란 거죠.

더 이상은 안 돼! 이제 할 만큼 했어!

어떤 느낌인지 알겠죠? 그럼 느낌 살리면서 감정 실어 연기해보세요. 그리고 불규칙 단어들로 기둥 문장들을 만들어보세요!

have	had
know	knew
grow	grew
throw	threw
draw	drew
fly (날다)	flew
blow (불다)	blew

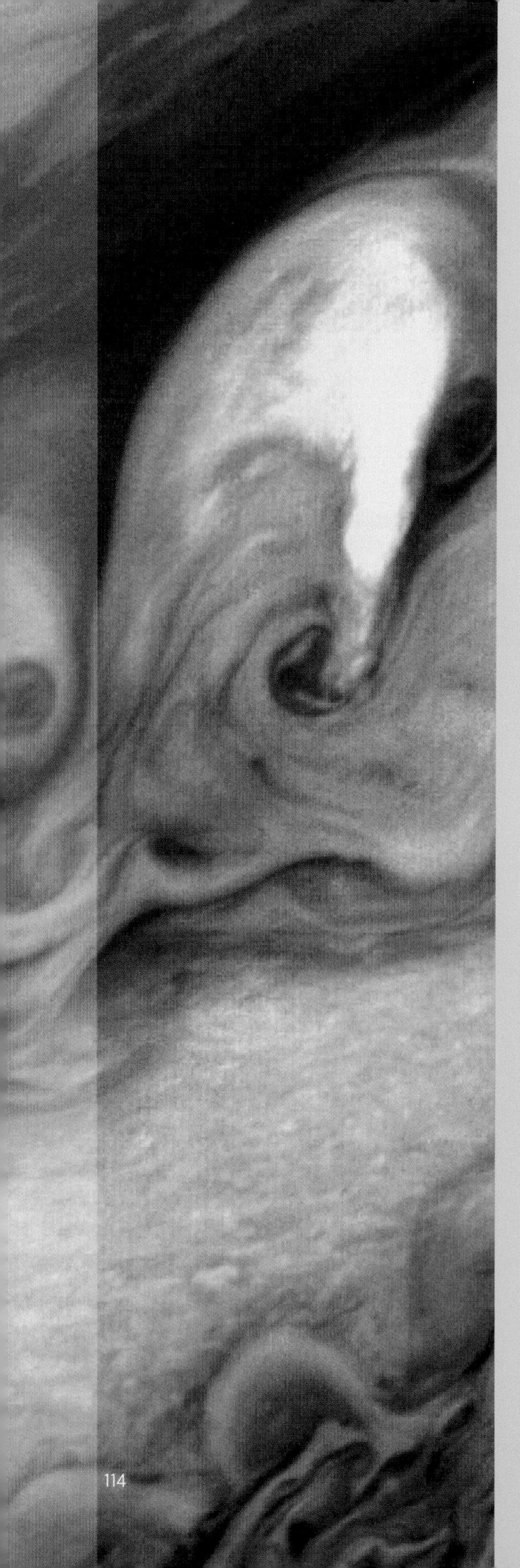

816

종속접속사 that

THAT

오랜만에
Planet 하나 더
들어가볼까요?
이번 것은 간단하고
쉽답니다.

언어는 보면 일렬로 계속 이어지는 것이죠?

그렇다고 길게 말한다 해서 또 좋은 말은 아닙니다.
줄~줄~ 자장가 소리처럼 말하는 경우도 있으니까요.
말하면서 언제 끝마침을 할지 마침표 자리를 설정하는 것은 말하는 사람의 마음입니다.

영어 같은 경우는 말의 요점을 가장 앞에 말하게 되어 있죠!
그다음 더 할 말은 엑스트라처럼 뒤로 계속 붙일 수 있게 구성되어 있습니다.
앞으로 엑스트라들이 나올 때도 있지만 그건 배경을 깔아주기 위해 하는 것이었죠?

extra extra extra

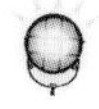

엑스트라는 그냥 나와도 되지만 필요할 때는 다른 것과 연결되어 쓰여졌습니다. 그 연결 도구들을 우리가 접한 순서대로 되짚어볼까요?
먼저 연결끈이 있었죠? 껌딱지도 있었고요. 날치는 문장에서 '날아다니면서' 위치를 달리해서 붙는 액세서리로 편하게 보면 된다고 했습니다. 스포트라이트 경향이 있는 것도 있었죠?

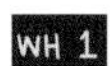

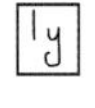

엑스트라 자리에는 WH 1 같은 행성도 붙을 수 있었고 이것은 카멜레온 자리에도 갈 수 있었습니다.
그리고 ly가 있었네요. 엑스트라로 붙는 것보다는 '형용사' 단어 뒤에 붙는 것이죠?
TO 다리의 경우는 또 다른 행성이었습니다. 이것 역시 카멜레온 자리에 갈 수 있었습니다. 아직 감을 키우고 있죠?

그리고 리본! 연결끈처럼 행동하지만 차이점은 리본처럼 쉽게 풀려서 배경 자리에 통째로 올 수도 있었습니다.
그리고 동명사 [잉] 역시 단어 뒤에 붙는 것으로 카멜레온 자리에도 갈 수 있었죠?

여러분이 많은 스텝을 거치면서 별의별 말을 다 만들어냈지만 결국 다 이 틀 속에서 만들어진 것뿐입니다. 열 손가락 안에 들어가는 도구들인 거죠. 이 명칭들은 문법 용어보다 이 자체가 어떤 느낌으로 사용되는지를 기억할 수 있게 도와주기 위한 것입니다. 각자의 틀을 정확히 알고 벽돌처럼 단어 바꿔치기를 하면 되는 겁니다. 바꿔치기가 쉬우려면 그만큼 기본 틀을 빠르고 쉽게 입 밖으로 낼 줄 알아야겠죠?

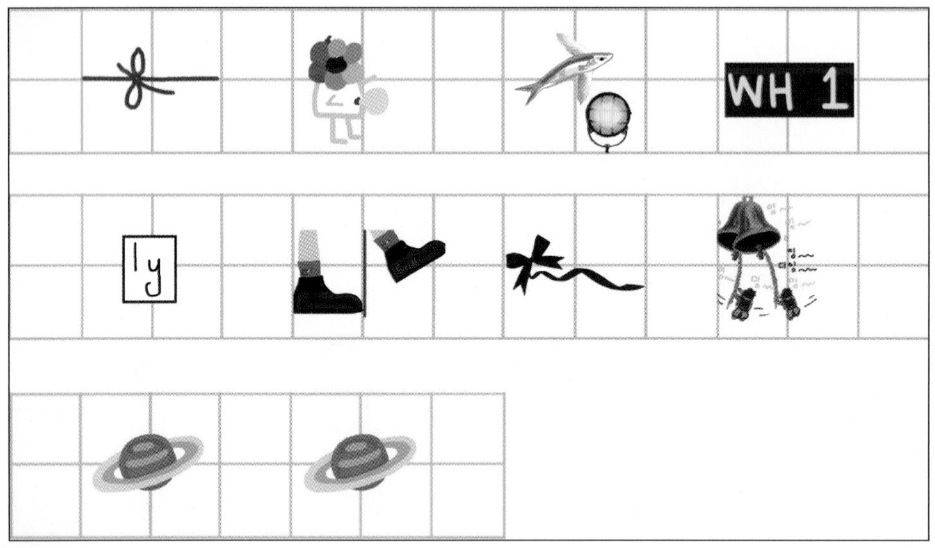

정말 우리가 지금까지 한 말들이 이 8개의 틀로 다 되는 겁니다. 그럼 남은 스텝이 아직 많은데, 이것이 다냐고요? 딱 2개 더 남았습니다! 정말 별로 없죠?
이러니 반복해야 하는 횟수의 차이만 있을 뿐 어느 누구든지 마음만 먹으면 영어를 다 할 수 있답니다.

그럼 오늘 새로운 도구를 또 하나 접해볼까요?
아주 쉬운 것입니다.
바로 들어가죠. 다음 말들을 영어로 만들어보세요.

#잊지 마라!

> forget [*폴겟] <

→ Don't forget!

#과거를 잊지 마라!

> past [파스트/페스트] <

→ Don't forget the past.

명령 기둥 문장들이죠.

계속 만들어보세요.

#너는 죽을 것이다.

두비에서 뭐죠? 원하면 죽을 수 있죠. 행동이 가능하니 do 쪽으로 **죽다** = die [다이]

미래 기둥이니 WILL 기둥에 맞춰서,

→ You will die.

자! 그럼 이 두 문장을 **붙여주고** 싶으면요?

네가 죽을 것임을 잊지 마라.

먼저 메시지를 생각하고 말해보세요. 우리 말 맨 끝을 보니 잊지 말래요. 명령 기둥이죠?

Don't forget.

하고 나머지 말하면 되죠.

extra 뭘 잊지 말래요? 네가 죽을 것임을.

자! 이 말을 만약 TO 다리로 연결해버리면 '네가 죽어야 하는 거 — 잊지 마!' 식으로 그 행동하는 것을 잊지 말라고 하니 결국 죽으라고 하는 겁니다.

청소하는 거 까먹지 마! 식이죠.

Don't forget to clean!

이번 것은 간단하게 잊지 마라 — 네가 죽을 것이다, 라는 기둥만 연결하면 되거든요.

THAT으로 붙여주면 끝!

Don't forget **that** you will die!

Don't forget to die?!
죽는 거 잊지 마?!
Don't forget
t
you will die!
that

손가락으로 포인트 하는 그 THAT과 스펠링과 발음이 같지만 배, 배, 배이고 서로 전혀 다른 기능이니, 정확하게 나눠서 볼 줄 알아야 하는데 알아보기 쉽습니다.
이 THAT은 기둥 문장에 달라붙으니 쉽게 알아챌 수 있답니다. 뭔가 말하고 그 뒤에 다시 기둥 문장 통째를 오게 하려면 THAT을 붙여서 말하면 되는 거죠.

껌딱지로는 명사를 붙일 수 있지만 '무거운' 기둥 문장 전체를 다 붙일 때는 껌딱지로는 안 되니 하나 더 만든 것입니다. 'THAT 딱지'처럼 생각하세요.
여러분이 알아볼 수 있게 이미지는 t로 작게 표시될 것입니다.

문법 용어로 THAT은 '명사절을 이끄는 접속사'같이 불립니다. 그런데 이러면 또 감이 곶감 되니 먼저 영어로 THAT 기능부터 완벽하게 익히세요.

THAT 딱지는 껌딱지 같은데 대신 기둥 문장을 붙일 수 있다는 것.
그러니 지금까지 8개의 기둥을 탄탄히 해놓았다면 이번 Planet은 매우 쉽겠죠?
그럼 예문으로 만들어보죠.

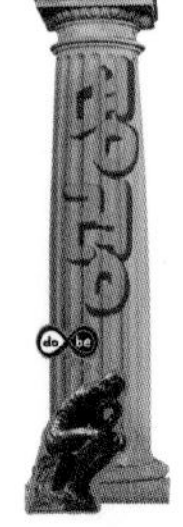

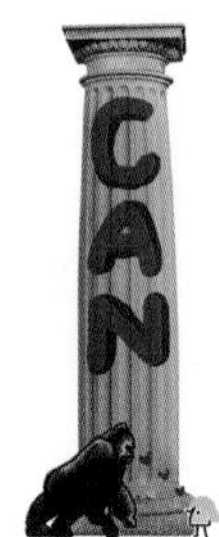

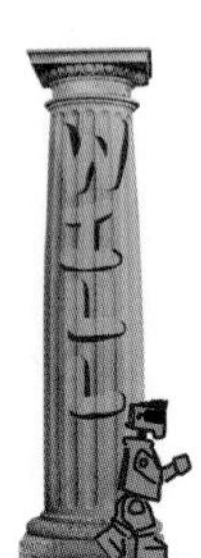

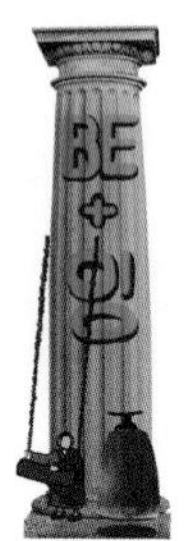

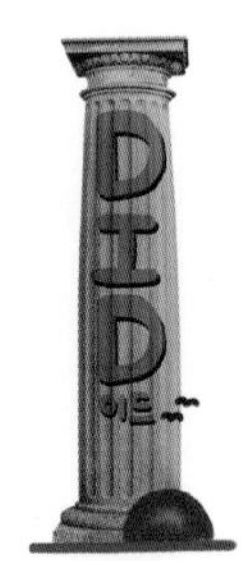

상황) 상대가 거짓말을 하는 게 보입니다.

#너 지금 거짓말하고 있는 거 나 알아!

우리 말 맨 뒤를 보세요. 알아! 누가? 내가 I know.

extra 뭘요? 네가 거짓말하고 있는 것을.
현재 상대가 하고 있는 중이죠. 무슨 기둥? BE + 잉 기둥이죠. THAT 말하고 그대로 말하면 되는 거예요.
→ I know that you are lying!

간단하죠? 기둥 문장이 붙는다는 것이 보이죠? 그래서 실제 자주 THAT 딱지를 말하지 않고 생략해서 넘겨버린답니다. 하지만 지금 여러분은 틀을 연습해야 하니 먼저 full sentence로 익숙해지세요.

#A: 그녀가 유죄라고 믿으세요?

> guilty [길티] / believe <

믿으세요? '알다, 믿다' 식으로 뇌가 하는 것은 do 쪽. 믿으면 계속 믿는 것이니 DO 기둥.

Do you believe~

이렇게 두비 찾으면 카멜레온, 기둥은 쉽게 나오기 때문에 문장의 요점은 대부분 커버되죠. 여기까지 말한 후에 생각하면서 나머지 엑스트라 채워 넣으면 되는 겁니다.

extra 뭘 믿어요? 그녀가 유죄라는 것을 믿느냐는 거죠?

그녀가 유죄다. 유죄 guilty [길티], 무죄 innocent [이노센트] 유죄는 행동으로 할 수 없죠. BE 기둥 써서 → She is guilty.

이게 다 엑스트라니까 that으로 붙여서

→ Do you believe that she is guilty?

이게 다입니다. 기둥 바꿔볼까요?

#B: 난 그 여자가 무죄인 줄 알았어!

> innocent / think <

번역만 고민 말고 문장을 읽은 후 잠깐 생각하면서 메시지를 이해하세요. 전에 그런 줄 알았다고 하니 지금 전인 과거를 말하는 거죠. DID 기둥 쓰면 되겠죠? 우리는 '알았다'는 표현을 잘 쓰지만 실제 '안 것'이 아니라 그렇게 생각했던 거죠. 그래서 영어는 구분해서 말합니다.

난 생각했다! I thought [*쏘우트]

extra ... that ... she was innocent

→ I thought that she was innocent!

그 전에 innocent 했다고 생각해서 그것 역시 과거 기둥인 WAS로 쓴 것입니다. 난 그렇게 생각했는데, 그럼 상대에게 전에도 그녀가 유죄라 믿었었느냐고 물어볼까요?

#넌 전에도 그녀가 유죄였다고 믿었어?

과거에 믿었었느냐고 묻는 거죠.

Did you believe~ 하고 나머지 맞춰서 붙이면 되겠죠?

→ Did you believe that she was guilty before?

Do you believe t she is guilty?

Did you believe t she was guilty?

다음 문장을 만들어보죠.

#그 애(여)는 상을 탈 거야.

> prize [프*라이*즈] / win [윈] <

→ She will win the prize.

#그 애가 상 탈 거라는 것을 확신해.

> sure [슈어] <

sure는 두비에서 be 쪽이었죠?

→ I am sure that she will win the prize.

I am sure that she will win the prize.

THAT을 접하니 이렇게 되면 지금까지 배운 I am sure, I think, I know, I believe 등이, 자신이 하는 말을 좀 더 꾸며주는 데 유용할 수 있겠죠? 하나 더 해볼까요?

#그것은 실수였어.

> mistake [미'스테이크] <

→ That was a mistake.

#그것은 실수였나 보군.

> 확실치 않은 것이니 **guess** '때려 맞힌다'는 느낌의 단어가 이런 말에 잘 어울립니다. <

→ I guess that that was a mistake.

that that 단어가 나란히 연속으로 나오죠? 그런데도 영어에서는 상관없습니다. 전혀 다른 기능의 that이란 것을 알기 때문에 거슬리지 않거든요. 단어로만 영어를 바라보면 이상하게 보일 수 있겠죠? 발음할 때 THAT 딱지는 뜻 자체가 없는 연결이기 때문에 좀 빨리 말하게 된답니다. 하지만 이것도 룰은 아닙니다. 뜸 들이고 말한다면 길어질 것이고요.

I guess that that was a mistake.

그럼 that으로 기둥 문장을 붙이는 것에 익숙해지게끔 연습장에서 만들어보세요.

#다들 이게 나쁘다는 건 알아.
bad / know

Everybody knows that this is bad. /
Everyone knows (that) this is bad.

#근데 아무도 바꾸려고 시도하지 않고 있어.
change / try

But nobody is trying to change it.

#우린 저게 곰인 줄 알았어.
bear / think

We thought that that was a bear. /
We thought (that) that was a bear.

#이 심리학 강의가 쉽다고 들었어요.
psychology course [싸이'콜로지 코스] / hear

I heard that this psychology course was easy. /
I heard (that) this psychology class was easy.

#내 생각엔 저분(남) 자기 실수를 이제 깨달은 거 같은데.
mistake / realize=깨닫다

I think that he realized his mistake now. /
I think he realized his mistake now.

#그걸 가지고 오는 걸 네가 까먹었다니 믿기지가 않는다!
bring / forget / believe

I can't believe that you forgot to bring that!

#내 생각엔 우리 고모가 답을 알 거야.
aunt / answer

I think that my aunt will know the answer.

#전 제 아이들이 건강해서 너무 행복해요.

....I'm so happy that my children are healthy.

#넌 다음에 더 잘할 거야. (확신해)

Hint: well - better - best

....I'm sure that you will do better next time.

#위층에 가셔서 접수원한테 Snow 씨 보러 왔다고 말하세요.

upstairs [업스테어즈] / receptionist [*리'셉셔니스트]

Go upstairs and tell the receptionist that you are here to see Mr. Snow. /
Go upstairs and tell the receptionist that you came to see Mr. Snow.

지금부터는 천천히 문장을 만들어보세요. 쓰면서 하는 것도 도움이 될 겁니다.

#내가 누군지 알아?

→ Do you know who I am?

#넌 네가 뭘 아는지 알아?

→ Do you know what you know?

Socrates [소크*라티~스]

서양철학의 위대한 인물. 우리는 '소크라테스'라고 하죠? 이렇게 발음이 살짝 달라서 처음에 못 알아듣는 경우가 저도 있었답니다.

소크라테스는 끊임없이 질문을 던져서 사람들이 답변을 하다가 자신의 답변 안에서 스스로 깨닫게 했죠. 이런 방식에 대해 사람들이 질문하면,

"나는 내가 아무것도 모른다는 사실을 알고 있다"고 대답했다고 합니다. 영어로 말해볼까요?

I know that I know nothing.

그럼 다음 질문을 해보죠.

#넌 네가 아무것도 모르고 있다는 것 알아?

알아? Do you know~ 해서 앞만 뒤집고 나머지 그대로 내려오면 되는 거죠? 간단합니다.

→ Do you know that you know nothing?

다음 것 만들어보죠.

#어떻게 너는 네가 아무것도 모른다는 것을 알아?

이미 한 YN Q 질문에서 WH Q로 질문한 것뿐이죠. 그럼 맨 앞에 WH만 붙이고 나머지 그대로 질문하면 되는 겁니다.

How 하고 나머지 그대로!

→ How do you know that you know nothing?

다 기둥 규칙 그대로 움직이는 것뿐입니다.
그럼 직접 문장을 쌓아서 더 만들어보세요.

연습

#A: 우리 선생님(남)은 나의 때가 올 거라고 생각하셔.

teacher / time

.... My teacher thinks that my time will come.

#B: 선생님이 너의 때가 올 거라고 생각하셔?
언제 올 거라고 생각하셔?

Does your teacher think that your time will come?
.... When does he think that it will come?

#A: 내 생각에 주방장이 이탈리아 출신인 것 같아.

chef [셰프] / Italy

.... I think that the chef is from Italy.

#B: 네 생각에는 이탈리아인인 것 같아?

.... Do you think that he is Italian?

#A: 왜? 네 생각에는 주방장이 어디 출신인 거 같은데?

Why? Where do you think
.... (that) he is from?

자! 재미있는 것으로 번역 한번 해볼까요?
영화 〈The Princess Bride〉에 나오는 말입니다.

상황) 누군가 자꾸 단어를 잘못 사용합니다.
그러자 상대가 말합니다.

#You keep using that word. I do not think it means what you think it means.

앞에서부터 이미지 그리면서,

You keep using that word.

무슨 기둥이죠? DO 기둥이죠.
너 계속 사용하는데 그 단어를.

I do not think it means what you think it means.

정신없어 보이죠? 구조를 같이 봅시다!

I don't think that it means~

THAT 딱지가 숨겨져 있는 겁니다. 어떻게 알죠?
It means~ mean이 [즈]로 끝나잖아요.
DOES 기둥인 거죠. 계속 이어가보죠.

It means what you think it means.

이건 또 뭐죠? 직접 문장을 쌓아서 가볼까요?
만들어보세요.

#1. 이것의 뜻은 A이다.
→ This means A.

#2. 너는 뜻이 A라고 생각한다.
→ You think (that) it means A.

#3. 너는 뜻이 A라고 생각해?
→ Do you think (that) it means A?

#4. 넌 뜻이 뭐라고 생각해?
→ What do you think (that) it means?

What : do you think : (that) it means?
WH 1
What : you ( ) think : (that) it means.

#5. 뜻은 네가 생각한 그 뜻이야.
→ It means what you think (that) it means.

What do you think it means? 를 WH 1으로 바꿔준 거죠. 이 문장에서 엑스트라를 간단하게 변경해보죠.

#6. 뜻은 이거야.
→ It means this.

결국 위 구조에서 쌓아진 겁니다.

#내 생각에 그 뜻이 네가 생각한 그 뜻이 아닌 것 같은데.
→ I don't think (that) it means what you think (that) it means.

I don't think (that) it means what you think (that) it means.

이렇게 쌓인 거죠.
단어는 다 쉬운데 구조가 꼬여 있죠. 이런 구조에 조금 더 어려운 단어들이 섞이는 것이 고급 영어입니다. 틀을 확실히 꿰차고 나면 고급 레벨로 가는 것은 어렵지 않겠죠? 조금만 노력하면 이룰 수 있습니다. 지금은 쉬운 단어로 틀부터 탄탄하게 만듭시다. 그럼 마지막으로 해보죠.

상황) 누가 내 미래에 대해 참견합니다.

#Who do you think you are?

쌓아보죠.

#1. 네가 내 엄마야?

→ Are you my mother?

#2. 넌 네가 내 엄마라 생각하는구나.

→ You think that you are my mother.

→ You think (that) you are my mother.

#3. 넌 네가 내 엄마라 생각해?

→ Do you think (that) you are my mother?

#4. 넌 네가 누구라 생각하냐?

→ Who do you think (that) you are?

Do you think (that) you are my mother?
Who : do you think (that) you are?

자연스러운 우리말은 "네가 뭔데 나한테 이래라저래라야?"라는 느낌 정도 됩니다.

Planet은 이해하고 나면 별것 없습니다. 연습에 연습!

스텝이 진행되면서 또 반복될 겁니다. 영어를 엮는 것에도 점점 더 익숙해지게 될 것이고요. 잘 엮으려면 단순히 배우는 것에서 끝이 아닌 말로 계속 만들어봐야 한다는 것. 스스로 느껴지죠? 이래서 스텝을 다양하게 나눈 것이랍니다.

그럼 먼저 이 안에 있는 예문들로 계속 반복해 만들면서 익숙해지세요.

817

부사

think / believe so

저번 스텝에서 배운 것을 문장으로 만들어보세요.

#네 생각엔 이게 사고였을 거라 생각해?

> accident [엑씨던트] <

→ Do you think that this was an accident?

엑스트라에 기둥 문장 전체를 붙이고 싶으면 that으로 붙이면 되죠? 복잡한 것 없습니다.

그런 것 같아. 그렇게 생각해.

상대가 한 말에, 그렇게 생각한다는 거죠.

영어로 **I think so.**

이렇게 so를 붙이면, 방금 말한 대로 '그렇게'라는 뜻이 됩니다.

지금까지 우리 연결끈 so와 "Thank you so much!"의 so까지 배웠죠? 이것이 마지막입니다. 배~배~배일 뿐 고민 마세요! 서로 비교하면서 배우면 헷갈리겠지만, 결국 필요할 때는 그것만 생각하고 꺼내 쓰게 되니까 헷갈리는 상황이 생기지 않게 됩니다. 이번 것도 적응하기만 하면 돼요. 다음 문장을 따라 해보세요.

#이게 맞아?

> correct [커*렉트] <

→ Is this correct?

그런 것 같아.

이번에는 생각이 아니라, 몰라서 추측한다면 '그런 것 같다'고 할 때, "I guess so"라고 말합니다. think에서 guess로 바뀐 거죠? 우리말은 차이가 별로 없이 둘 다 "그런 것 같아" 하고 표정을 달리하지만 영어는 단어로도 달리할 뿐입니다.

직접 만들어보세요.

#A: 제럴드 씨 어디 있나요?

→ Where is Gerald?

#왜 여기 안 계시죠?

→ Why is he not here?

#아픈 걸까요? 상대가 그렇게 생각하느냐 묻는 거죠?

→ Do you think (that) he is sick?

#B: (추측) 그런가 보죠.

→ I guess so.

자! 생각한다는 "I think so"가 있었고, 때려 맞히는 "I guess so"가 있다면, 이번에는 확실한 느낌이 들 때, 난 그렇게 믿는다는 뜻의 '그런 것 같아요'는 어떻게 말할까요?

I believe so.

만들어보세요.

#A: 선생님은 저 사람(남)이 무죄라 생각하세요?

> innocent <

→ Do you think (that) he is innocent?

#B: 전 그렇다고 생각합니다.

우리는 '생각합니다, 그렇다고 봅니다' 식으로 말하지 굳이 '믿습니다, 그렇다고 추측합니다' 식으로 말하지 않아요. 말투나 얼굴 표정으로 전달하죠. 영어는 단어로도 분류하니 확신을 가지고 그렇다 생각한다면?

→ I believe so.

I think so, I believe so, I guess so, 다 DO 기둥인 거죠? 기둥 안 보이니 숨은 거잖아요. 마지막 하나!

희망하면서 네가 말한 대로 '그러길 바라'.

#그러길 바라.

hope라는 단어가 잘 쓰입니다.

→ I hope so.

우리말로 "그런 것 같아요" "그러길 바라요" "그런가 보죠" 보면 guess나 hope가 뚜렷하게 보이지 않잖아요. 굉장히 숨어 있죠? 하지만 영어로는 hope, guess, think, believe 등의 단어로 자신의 느낌과 생각을 다르게 전달하죠? 이제 여러분은 저 영어 단어 느낌을 알고 있으니 자신의 감정에 맞는 단어로 꺼내 쓰면 되는 겁니다. 그럼 이번에는 다른 기둥으로도 만들어볼까요?

#A: 이거 성공할 거야.

> succeed [썩'시~드] <

→ This will succeed.

#B: 그렇게 생각해?

질문이죠. "You think so"를 질문으로 만들면 해결!

→ Do you think so?

#난 그렇게 생각하지 않아!

부정이니 DO 기둥에 not 넣으면 되는 거죠.

→ I don't think so!

어느 기둥이든 다 가능해요.

#A: 난 재가 쿨하다고 생각했는데.

그 전에 그렇게 생각한 거죠. think의 과거 뭐였죠? Hint. '생각'이 영어로? thought [*쏘우트] 과거도 똑같이 생겼습니다.

→ I ( ) thought that he was cool.

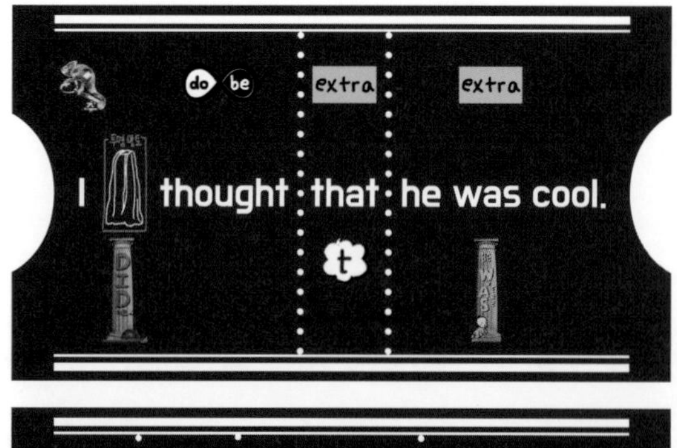

#B: 나도 그렇게 생각했었어.

→ I ( ) thought so, too.

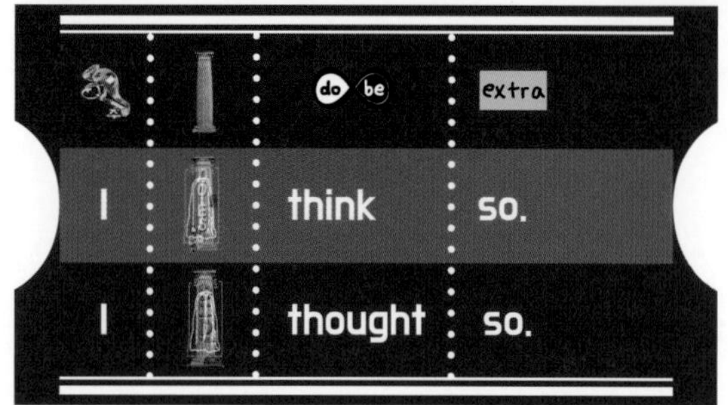

이제 연습장에서 만들어보세요. 실생활에서 혼자 있을 때 상황을 상상해서 자꾸 영어로 말해보세요. 궁시렁거리는 것이 외국어 습득에 좋고, 뇌에도 좋으니 자꾸 말하면서 소리 내어 연기하세요!

#A: 저분(남) 내 이메일을 읽은 것 같은데.
그럼 날 무시하고 있는 거야?

read / ignore=무시하다

I think he read my email.
Then is he ignoring me?

#B: 그런 거 같아.

I think so.

#A: 이게 성공할 것 같나요?

succeed

Do you think this will succeed?

#B: 그러길 바라요. (희망한다는 느낌)

I hope so.

#A: 저를 그냥 믿으세요. 이게 다 끝나면
기분이 나아질 거예요.

trust / over / better

Trust me. When this is over, you will feel better.

#B: 정말 그렇게 생각해요?

Do you really think so?

#A: 확실해요.

certain [썰튼]=확실한 / sure=확신하는

I am certain. / I am sure.

상황) 가게에서 계산하려던 친구가 말합니다.

#A: 나 돈이 충분치 않은데. 10,000원 있어?

I don't have enough money.
Do you have 10,000won?

#B: 그럴걸. (생각한다는 느낌으로)

I think so.

8 18

I said that

I said

" "

Alice in Wonderland (2010) [film]

Directed by T. Burton

바로 만들어보세요.
남자아이가 길에서 울면서 말합니다.

#남자아이: 집에 가고 싶어요!

→ I want to go home!

못 알아듣겠어서 다시 물어요.

#나: 다시 말해줄 수 있니?

→ Can you say it again?

그러자 옆에 있던 누군가 말합니다.
"집에 가고 싶어요"라고 하네요.
간단하게 인용부호 써서 얘가 말하네요, 하고 한 말 그대로 말하면 됩니다.
→ **He says, "I want to go home."**

자! 그런데 우리도 꼭 따옴표 안 쓰고
얘가 집에 가고 싶다고 하네요.
라고도 말하잖아요? 여러분 이미 저 말 만들 줄 압니다.
→ He says that he wants to go home.
말하네요 / 집에 가고 싶어해요.
기둥 문장 2개가 연결되니 THAT으로 붙여 준 것뿐입니다. 엑스트라에 기둥이 빤히 보여 THAT 딱지가 숨겨지는 경우가 많답니다. 다시 해보죠.
→ He says (that) he wants to go home.

따옴표 안에 넣을 때는 아이가 한 말을 단어마다 그대로 말해서 전달하지만 메시지만 전달할 때는 당연히 I가 아니라 he로 간 거죠. 내가 가고 싶은 것이 아니니까요. 우리말과 마찬가지로 상식적으로 알 수 있는 겁니다.

인용부호, 따옴표로 말을 그대로 전달하는 것은 동화책을 읽어줄 때 잘하죠? 성대모사까지 해줄 때도 있고요. 그럼 유명한 동화책《이상한 나라의 앨리스》를 읽어볼까요?

#앨리스가 "내가 미쳤는지 어떻게 알아?"라고 말했어요.
> mad / say - said [세드] <
이미 앨리스가 말했죠? → Alice
say의 과거는? 뒤에 [이드] 소리 붙이면 되는데, [세이드]로 하지 않고 간단하게 [세드]라고 합니다. y는 스펠링 중앙에 가지 않으니 y [와이]와 소리가 비슷한 i [아이]로 바꿔서 said [세드].

→ Alice said, "How do you know (that) I am mad?"

문학책에서는 설명 부분이 훨씬 더 많아서 등장인물의 말이 나올 때는 성대모사 하듯이 따옴표(" ")로 직접 말을 먼저 하고 그렇게 말했어요 식으로 said를 뒤에 가게 하는 경우가 더 많답니다.
"내가 미쳤는지 어떻게 알아?"라고 앨리스가 말했어요.
성대모사를 해보세요. → "How do you know I am mad?" said Alice.
하지만 실제 대화는 위처럼 Alice said, I said 식이 먼저 나온답니다.

그럼 집에 돌아가고 싶다던 그 아이의 말로 돌아가보죠. 아까 아이가 뭐라고 했죠?
#집에 가고 싶다고 했어요.
누가 그랬죠? 그가 말했던 거죠. → He said,
집에 가고 싶다고 했죠? → that he wanted to go home.
과거로 말해줍니다. 과거에 말한 내용을 알려주는 거죠.

→ He said that he WANTED to go home.

DID 기둥으로 했죠? 전에 했던 말처럼 전달해주는 겁니다. 이런 것을 backshift라 한답니다. shift는 기둥 움직일 때 사용했죠? backshift는 시간을 뒤로 돌려 보내주는 것이죠. 하지만 현재도 사실인 것을 말할 때는 backshift가 의무는 아니랍니다.
지금도 가길 원하는 것을 알 때는, He said that he wants to go home. 이렇게 말하면 됩니다.

다음 상황을 볼까요?

상황) 친구가 문제를 풀더니 말합니다.

#친구: 저 도움이 필요해요.

→ I need help.

#선생님: 재가 뭔가 말했니?

→ Did he say something?

#재가 뭐라고 했니?

→ What did he say?

#나: 도움이 필요하다고 했어요.

→ He said (that) he needed help.

만약 지금도 도움이 필요한 것을 알고 있다면?

#도움이 필요하대요.

→ He said (that) he needs help.

성대모사까지는 필요 없어도 그대로 말해줄 수도 있겠죠.

#나: '도움이 필요한데요'라고 말했어요.

→ He said, "I need help."

이렇게 따옴표로 쓴 것과 그렇지 않은 것을 학교에서는 비교하며 배운답니다. 하지만 실제 대화에서는 따옴표 식의 말을 우리도 잘 쓰죠? 그러니 여기서는 THAT으로 연결하는 것에 더 집중해보죠. 다음 예문들을 만들어보세요.

#친구: 난 여기 있기 싫어!

→ I don't want to be here!

#3자: 재(남) 지금 뭐라고 하는 거니?

→ What is he saying now?

#나: 재 여기 있기 싫다고 했어요.

→ He said (that) he doesn't want to be here. / He said (that) he didn't want to be here.

이튿날 친구에게 물어봅니다.

#나: 그래서 어제 일찍 갔어?

> leave [리*브] <

→ So did you leave early yesterday?

#네가 어제 거기 싫다고 말했잖아.

어제 있었던 일을 말하는 거죠.

→ You said (that) you didn't want to be there yesterday.

이것을 어제 한 말 그대로 성대모사 하듯 말한다면?

#어제 네가 "난 여기 있기 싫어"라고 했잖아.

→ Yesterday you said, "I don't want to be here!"

상황이랑 시간이 바뀌었으니 거기에 맞게 단어들도 바뀌죠? here가 there로 바뀌고, don't want가 didn't want로 바뀌듯 너무 당연한 건데 이런 것을 학교에서는 룰로 제공해요. 이런 건 논리적으로 생각하면 룰을 몰라도 스스로 바꿀 수 있다는 것을 알게 될 겁니다. 그럼 연습장에서 다른 사람의 말을 전달하는 상황을 상상하며 편하게 말해보세요.

연습

상황) 만나는 사람마다 "You have your mother's eyes"라고 말합니다.

#다들 제가 제 엄마의 눈을 가졌다고 말하죠.

Everyone says that I have my mom's eyes.

상황) 룸메이트(여)가 새벽에 배가 아프다며 기절했습니다.
얘가 마지막으로 뭘 먹었는지 아는 사람이 있는지 물었습니다.

#얘 어젯밤에 자기 가족이랑 회 먹었다고 했어요!

raw fish [*로 *피쉬]=회

She said that she had raw fish with her family last night!

#A: 야! 나 방금 밖에서 네 여친 봤어!

see

Hey! I just saw your girlfriend outside!

상황) 밖에 나왔는데 아무도 없습니다.

#B: 네가 여기서 봤다고 말했잖아!

think / see

You said (that) you saw her here.

상황) 친구 둘을 소개해줬습니다. 그 후 여자 쪽에 어땠는지 물어봅니다.

#친구(여): 난 전화 했었는데 안 받았고, 걔(남)가 다시 전화를 안 하더라고.

call back

I called him, but he didn't answer, and he never called me back.

상황) 남자 쪽에 가서 묻습니다.

#나: 걔(여)가 자기는 전화했는데 네가 다시 전화를 안 했다고 하던데!

She said that she called you, but you never called back!

상황) 누나가 좋은 소식이 있다며 문자를 했습니다. 귀가 후 물어봅니다.

#동생: 좋은 소식 있다고 했잖아. 뭔데?

news / have

You said you had good news. What is it?

상황) 돌아가신 할머니를 회상하며 말합니다.

#할머니는 항상 내가 반에서 가장 큰 애였다고 하셨지.

Grandma always said that I was the biggest kid in the class.

#어떤 이들은 말하지 인생은 의미가 없다고.

Hint: '어떤 이들'은 some이라는 단어 하나로 됩니다.

meaning [미닝]=의미

Some say (that) life has no meaning. / Some people say (that) life has no meaning.

상황) 애니메이션 <Up>의 한 장면
길에서 한 강아지를 만났는데, 강아지가 "Hi, there!"라고 말했습니다.
놀란 주인공이 말합니다.

#저 개가 방금 "거기, 안녕하세요"라고 말했니?

Did that dog just say "Hi there"?

짧게 한 마디, 두 마디씩 할 때 쓰는 '말하다'는 영어로?

힌트: **내 이름 말해봐!**

Say my name!

제가 여러분에게 "Say your name!"이라 말하면? 여러분의 이름을 말해야 하죠.

#미안하다고 말해!

Say "sorry"!

이렇게 말하면 여러분에게 'Sorry'라고 말하라는 거죠.

say는 이렇게 한 마디씩 하는 말을 사용할 때 썼습니다.

하지만 영어가 우리말과 다른 것 중 하나가 카테고리대로 분류하는 것을 좋아한다고 했죠? 인체의 기능을 봐도, '말한다'고 해서 다 똑같이 말하는 것이 아니었잖아요. (스텝 04[18])

그중 상대를 '듣는 입장'으로 만들어 이야기를 하듯 말하는 것은 say가 아닌 tell을 썼습니다. 이 스텝에서 잠깐 접하고만 갑시다. 상대가 한 '말'을 다시 전달할 때 그 애가 say 했다고 말하는 만큼 잘 나오는 단어가 tell입니다.

상황에 들어가 3명으로 나눠보죠. 이번에는 사람을 상상할 수 있게 자주 보는 영어 이름으로 볼게요.

#Alex[알렉스]: 나 웃겨 보이지, 그렇지?

→ I look funny, don't I?

#Ben[벤]: 아니, 괜찮아 보여.

→ No, you look fine.

시간이 지난 후

#Charlie[찰리]: 오늘 Alex 데이트 있어?

→ Does Alex have a date today?

#계속 거울 보던데.

> mirror [미*러] <

→ He keeps looking at a mirror.

Ben: 내가 "괜찮아 보여"라고 말해줬는데!

이럴 때 "I said, 'You look fine!'"이라고만 하면 말이 약간 이상하죠? Alex가 그 자리에 없잖아요. 그래서 껌딱지로 방향을 더해줍니다.

→ I said to him, "You look fine!"

to 껌딱지를 붙여 방향을 Alex에게 맞추는 거죠. 그런데 더 간단하게 말하는 다른 방법!

Ben: 내가 괜찮아 보인다고 말해줬는데!

따옴표 없이 갈 수 있죠? 대신 내가 그에게 그렇게 "말해줬다!"는 느낌을 전달하기 위해서 '말하다'를 tell로 잘 씁니다.

→ I told him that he looked fine!

tell의 과거는 told.

우리말로 비교해보세요.

내가 "괜찮아 보여"라고 말해줬는데!
내가 괜찮아 보인다고 말해줬는데!

이 차이일 뿐입니다. 결국 별것 없는 차이를 배우고 있는 거죠? 영어가 '말하다'를 분류한 바람에 괜히 뭔가 있는 것처럼 보이지만 별 볼 일 없는 차이인 거죠. 그럼 또 해볼게요.

상황) 부모님께 말씀드립니다.

#선생님이 나한테 "너 잘하고 있어"라고 하셨어.

→ The teacher said to me, "You are doing well."

따옴표 없이 가봅시다.

#선생님이 나 잘하고 있다고 하셨어.

→ The teacher told me I am doing well.

내가 지금도 잘하고 있다고 생각 안 하고, 어제 말한 것을 그대로 옮기려면 과거로 말해도 되죠.

→ The teacher told me I was doing well.

기둥이 나란히 있지만 저 사이에 THAT 딱지가 붙어 있는 겁니다. 좀 더 해보죠.

상황) 상사가 나쁜 소식을 듣고 불안해합니다.

#A: 괜찮으세요?

→ Are you okay?

#B: 응. 괜찮아요.

→ Yes, I am fine.

#A: 확실히요? 안 좋아 보이시거든요.

→ Are you sure? Because you don't look fine.

#B: 괜찮다니까요!

이 말은 내가 이미 그렇게 말하지 않았냐! 하는 거죠?

→ I said, "I am fine!"

→ I said (that) I am fine!

이 말을 **"I told you I am fine!"**이라 한다면?

tell을 썼으니 내가 상대를 제대로 듣게 하고 말해준 만큼 확실히 전달되었다는 좀 더 세고 강한 느낌이 듭니다. "괜찮다고 말했잖아" 정도로 강해지는 거죠.

say와 tell의 차이를 너무 고민하진 마세요. 초반에는 모르고 그냥 말하게 된답니다. 다른 사람이 왜 그렇게 분류해서 말하는지 이해할 수 있게 설명드리는 겁니다.

이제 혼자서 쟤가 이렇게 말했고, 그래서 내가 이렇게 말했고 하면서 말을 전달하는 연습을 해보세요.

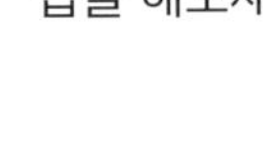

영어로 말해보세요.

#몇 살이야?

→ How old are you?

#열아홉 살이에요.

→ I am 19 years old.

미성년자들이 자주 하는 말.

열아홉 살 거의 다 됐어요.

이미 성인의 몸이 된 것 같은데 제지를 하니 거의 성인이 다 되었다며 주장하는 거죠.

영국도 한국처럼 만 19세가 되면 성인입니다.

19세가 얼마 안 남아서, '거의' 다 됐다고 할 때 붙여주는 것이 **almost [얼모스트] 19**.

→ **I am almost 19 years old.** 간단하죠?

서양은 나이를 1이 아닌 0부터 시작해서 1day 식으로 세기 때문에 한 살이 줄어듭니다.

#우리는 이제 거의 열여덟 살 됐어요!

→ We are almost 18 years old now!

'거의 19세'와 '19세'는 다르죠?

영국은 나이트나 술집 입구마다 덩치 큰 사람들이 서 있습니다. 영어로는 bouncer [바운서]라고 부릅니다.

'통통 튀다'를 bounce [바운스]라 하는데, 미성년자들을 퉁~~ 문제 일으키는 사람을 퉁퉁~~ bounce 시키는 사람들인 거죠. 다음 문장을 만들어보세요.

#넌 못 들어와.

→ You can't come in.

#거의 열아홉 살이잖아. 그건 아직 열아홉 살이 아니라고.

→ You are almost 19. That's not 19 yet.

자, 다음 것은 쉬운데 많은 분들이 잘못 말하는 표현입니다. 바로,

숙제 거의 했어요.

다 못 끝냈다는 이야기인데, 학생들이 이 말에 almost를 쓰는 경우가 자주 있습니다.
I almost did my homework.
이건 안 한 겁니다. 레벨이 did까지 가지 않은 거죠.
거의 할 뻔했지만, 안 한 겁니다.
"숙제를 거의 할 뻔했는데" 식의 웃긴 말이 전달된답니다.
almost did이지 did가 아닌 거죠. 왜 이런 실수가 생길까요?

우리말 때문입니다. 우리말은 '거의'라는 단어 하나를 다양하게 쓰거든요.
영어로는 전혀 다르게 들리게 되죠. 볼까요?

#That famous lady almost lived.

그럼 이 여자 살았나요? 죽었나요?
죽었습니다. lived가 있는데, 거기까지 거의 갔지만 도달하지 못한 겁니다.

그럼 #거의 죽을 뻔했다라는 말은? 간단해요.

→ She almost died.

1970년대 미국 록 음악과 관련된 영화 제목
〈Almost Famous〉
famous와 almost famous도 전혀 다른 스토리죠?
많은 음악 밴드 중 거의 유명할 뻔했던 그룹들 많죠.

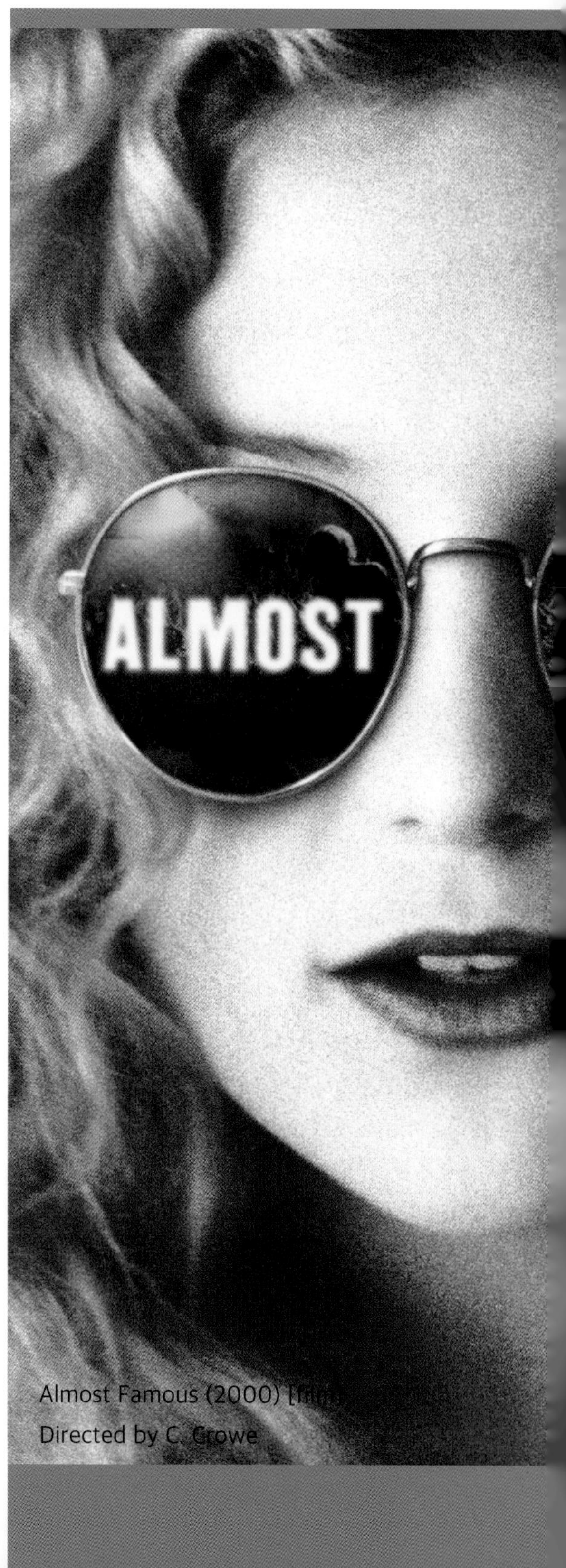

Almost Famous (2000) [film]
Directed by C. Crowe

대화 한번 들어가볼까요? 영어로 만들어보세요.

#A: 아빠! 이 밴드들 누구예요?

→ Dad, who are these bands?

#B: 이 밴드는 아빠가 제일 좋아하는 밴드였지, 아빠 20대였을 때.

> favorite [*페이*버*릿] <

→ This band was my favorite band when I was in my twenties.

#그 밴드는 거의 유명해졌었는데, 그러다 무슨 일이 일어나더니,

→ That band ( ) became almost famous, then something happened,

#결국 해체됐어.

> eventually [이'*벤츌리] / break up <

'결국'이란 단어에는 eventually가 어울려요. finally [*파이널리]로 꾸미려는 분들. 그건 사람들이 '기다리는' 느낌입니다. 그래서 '드디어 해체됐다!'는 느낌이 전달돼요. '피날레'도 스펠링이 finale, 앞에 final 보이죠? '이 일 저 일 일어나더니 결국은'이라 할 때는 eventually, event 단어 보이죠? event는 예상치 않은 중요한 사건을 말할 때 사용합니다. '시간이 지나면서 여러 가지 일들이 얽히고설키더니 결국은'이란 느낌은 eventually가 어울린답니다. 연결끈과 같이 말해주죠.

→ And eventually they ( ) broke up.

totally처럼 ly 하나 접해봤습니다.

다시 말해보세요.

#그 밴드는 거의 유명해졌었는데, 그러다 무슨 일이 일어나더니 결국 해체됐어.

That band became almost famous,
then something happened,
and eventually they broke up.

→ That band ( ) became almost famous, then something happened, and eventually they ( ) broke up.

그럼 연습장에서 직접 만들어보세요.

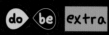

연습

#어두웠어.

dark

It was dark.

#거의 어두웠어요.

It was almost dark.

#우리가 싱가포르에 도착했을 때 거의 어두웠어요.

It was almost dark when we arrived in Singapore.

#네가 내 고막 터트렸어!

eardrum [이어드*럼]=고막 / bust [버스트]=부수다, 고장내다

You busted my eardrums!

#조심히 해! 너 내 고막 터트릴 뻔했잖아.

careful

Be careful! You almost busted my eardrums.

#거의 자정이다. (밤 12시)

midnight [미드나잇]=자정

It's almost midnight.

#당신의 진단이 이 여성을 죽였어요!

diagnosis [다이그노시스]=진단 / kill

Your diagnosis killed this woman!

#당신의 진단이 이 여성을 거의 죽일 뻔했어요.

Your diagnosis almost killed this woman.

#빨리! 4시가 거의 다 됐어!

.... Come on, it's almost four!

#오늘 아침에 회사에 늦었었어.

work

.... I was late for work this morning.

#오늘 아침에 회사에 거의 늦을 뻔했어.

.... I was almost late for work this morning.

#이거 얼마나 비싼 거야?

expensive

.... How expensive is this?

#이게 얼마나 비싼 건지 거의 잊을 뻔했었네.

forget

.... I almost forgot how expensive this is.

8 20 mean

혼동되기 쉬운 동사

이번 스텝에서는 자주 사용하는 말을 자세히 접해보죠.
'뜻하다, 의미하다'의 mean [민]은 두비에서 be 쪽일 것 같지만, do로 갑니다. 신체의 기능을 do 쪽으로 넣는 것처럼 언어의 기능을 말하는 단어여서 do로 분류한 것 같아요.
외국어를 말할 때 가장 자주 사용하는 말 중 하나.

"무슨 뜻이죠? 무슨 의미죠?"

전부 다 What do you mean?
당신 말이 무엇을 의미하느냐고 묻는 겁니다.
이번에는 카멜레온 자리의 단어를 바꿔보죠.
직접 만들어보세요.

#이건 무슨 의미죠?
→ What does this mean?

#이 단어는 무슨 뜻이죠?
→ What does this word mean?

이번에는 대화로 만들어볼게요.

#A: 미안해.

→ I am sorry.

B: 진심이야?

네가 한 말이 의미가 담긴 진심이냐고 물을 때

→ Do you mean it? 따라 해보세요.

A: 당연히 진심이지.

→ Of course I mean it.

다음 대화를 만들어보세요.

새 남자 친구가 묻습니다.

#A: 걔(남)랑 헤어졌어?

> break up <

→ Did you break up with him?

#B: 아니, 거의 헤어졌어.

→ No, I almost broke up with him.

#A: 뭔 소리야, '거의'라니?

뭔 소리야? 무슨 의미냐는 거죠?

→ What do you mean, 'almost'?

장난해?

화가 나서 대꾸하는 '장난해?'란 말은 영어로

→ Are you kidding me?

상황) 상대가 칭찬처럼 들리지만 교묘하게 흉을 보는 발언을 했어요. 화가 나서 되묻습니다.

#A: 무슨 뜻이셨어요?

방금 전에 한 말이 난 아직 궁금하니 다시 되돌아간다는 느낌으로 DID 기둥으로 질문해도 된답니다.

→ What did you mean?

그러자 상대가 당황하며 다시 묻습니다.

B: 네? "Sorry?"도 되고 "Pardon?"도 됩니다.

pardon은 살짝 격식적인 느낌이 들어가고 sorry는 실제 정말 많이 쓰입니다.

A: 그 말을 한 게 무슨 의미셨느냐고요?

What did you mean by that?

보세요. by가 붙어서 가죠?

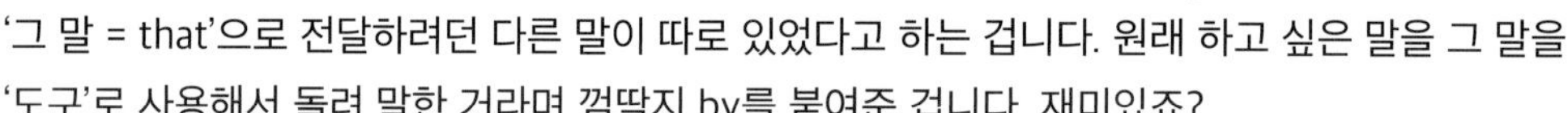

'그 말 = that'으로 전달하려던 다른 말이 따로 있었다고 하는 겁니다. 원래 하고 싶은 말을 그 말을 '도구'로 사용해서 돌려 말한 거라며 껌딱지 by를 붙여준 겁니다. 재미있죠?

#B: 아, 제 말은 좀 불안해 보이신다고요.

> nervous [널*버스] / mean의 과거가 meant [멘트] <

자기가 한 말의 뜻을 다시 설명하는 거죠. 원래 무슨 의미였는지 말하는 겁니다.

I meant + 당신이 불안해 보인다.

→ I meant you seemed little nervous.

또 만들어보죠.

#A: 넌 햄스터처럼 일하는데 아무도 고마워하지 않잖아!

> hamster / appreciate [어프*리'씨에이트] <

→ You work like a hamster but nobody ( ) appreaciates it!

당황스러운 친구가 지금 이게 무슨 뜻으로 말하는 거냐고 되물어요.

#B: 그게 뭔 말이야?

→ What do you mean by that?

이번에는 DID 기둥으로 말 안 했죠? 되돌아가는 토픽이 아닌 그냥 계속 진행되는 말이니 DO 기둥을 써준 겁니다.

#A: 아니, 그냥 네가 행복해 보이지 않는다고.

→ No, I mean that you don't look happy.

#넌 내 친구잖아. 난 네가 더 행복하길 바라.

> wish <

→ You are my friend. I wish that you are happier.

그럼 이제 연습장에서 기본적인 것으로 더 다양하게 만들어보죠.

연습

#A: 무슨 말이야?

.... What do you mean?

#B: 내 말뜻은 우리 정말 가난했었다고.

poor

.... I mean that we were really poor.

상황) 애니메이션 <UP>을 보다가 아들이 물어봅니다.

#A: [주얼러쥐]가 무슨 뜻이에요?

zoology

.... What does 'zoology' mean?

#B: [주얼러쥐]는 동물에 관한 과목이야.

animal / subject

.... Zoology is a subject about animals. / Zoology is a subject on animals.

#A: 그럼, 그냥 과목이네? 수학처럼?

maths [마*스]

So, it is just a subject? Like maths? /
So, is it just a subject? Like maths?

#B: 그렇지!

Exactly! / Yes!

상황) 한국말을 처음 들어보는 외국 친구가 묻습니다.

#A: '행복하다'가 무슨 말이야?

What does '행복하다' mean?

#B: 'I am happy'란 뜻이야.

It means 'I am happy'.

상황) 손가락으로 옛 친구의 사진을 가리키면서 물어봅니다.

#A: 얘는 누구야?

Who is this?

#B: 뭔 소리야, "얘는 누구야"라니? 기억 안 나?

What do you mean "who is this"?
You don't remember?

상황) 바비큐 파티에서 스테이크가 얼마나 걸리는지 물어봤는데 5분 걸린다고 합니다.

"5분"이라니 뭔 말이야? 네가 10분 전에 5분이랬잖아.

Hint: 너가 말했잖아 —"5분이라고"—10분 전에.

What do you mean "5 minutes"?
You said "5 minutes" 10 minutes ago.

프랑스의 수도, 파리

인류의 위대한 유산 중 하나는 건축물이죠. 그런 건축물을 landmark라고 합니다. 땅에 mark가 남겨진 거죠. 프랑스 파리도 landmark를 나열하면 많아요. 구글로 검색해서 이미지를 누르면 볼 수 있답니다.

히틀러의 총애를 받던 한 나치 장군은 독일이 무너져갈 때 히틀러에게서 파리의 landmark를 폭파하라는 명령을 받습니다. 군인으로서 명령을 지켜야 하는 갈등 속에서 결국 파리를 지키기로 결심한 장군은 히틀러에게 허위보고를 하며 명령을 따르지 않았고 그렇게 항복을 합니다. 그 후 재판 때 파리를 불바다로 만들지 않은 공을 인정받아 가석방되고, 감사장과 명예시민증까지 받게 됩니다.

그는 '인류의 위대한 유산이 있는 이 아름다운 도시를 파괴한다면 씻을 수 없는 죄를 짓게 되는 것이며 후세에 파리를 파괴한 사람으로 기억되고 싶지 않았다'라고 밝혔다고 합니다.
그렇게 살아남은 도시. 파리. 그중 한 landmark인 노트르담 성당.

《노트르담의 꼽추》 이야기 들어봤나요? 《레미제라블》을 쓴 작가 빅토르 위고의 책. 그 '노르트담' 입니다. 영어로 'Hunchback of Notre Dame'.
그 'Notre Dame', 무슨 뜻이죠? 영어로 물어보세요.

#A: 노트르담의 뜻이 뭐죠?

→ What does Notre Dame mean?

대답도 영어로 만들어보세요.

#B: Notre는 '우리의'란 뜻이고요.

→ Notre means 'Our'.

#Dame은 'lady'란 뜻입니다.

→ Dame means 'lady'.

lady는 여성을 정중하게 부르는 호칭으로 'Ladies first' 들어봤죠?
영국은 어디를 가든 문을 열 때 여성이 있으면 어떤 나이의 남자든 무조건 먼저 길을 양보합니다. Ladies first 정신인 거죠. 영부인은 'The First Lady' 라고 부르죠? 국가의 지도자가 여성인 경우는 남편을 'The First Gentleman'이라 부른답니다. 다음 문장을 만들어 보세요.

#A: 그럼 노트르담은 '우리의 여성'이라는 뜻이네요.

→ So Notre Dame means Our lady.

'우리의 여성'이라니 무슨 의미죠?

→ What does it mean by 'Our Lady'?

#B: 알아맞힐 수 있어요! 대성당이잖아요.

> guess / cathedral [카'*씨드*럴] <

→ You can guess it! It is a cathedral.

#성모 마리아를 뜻해요.

> Mother Mary [메*리] <

→ It means Mother Mary.

상황) 책을 읽다가 모르는 문장이 나와서 옆에 있는 외국인 친구한테 묻습니다.

#A: 'She was in agony', 이 문장이 무슨 뜻이야?

> sentence [센턴스] <

→ 'She was in agony', what does this sentence mean?

#B: 그녀가 매우 아팠다는 뜻이야.

It means~ 문장 전체에 붙이니 THAT 접착제! that she was very sick.

→ It means (that) she was very sick.

기둥 문장이 뻔히 보일 때는 접착제를 생략 가능하다고 했죠?

→ It means she was very sick.

mean은 '의미하다, 뜻하다'라는 뜻이죠.

난 그럴 뜻은 아니었어. / 그럴 의도는 아니었어.

I didn't mean it.

무슨 뜻?

널 기분 상하게 할 의도는 아니었어.

간단하게 TO 다리 연결하면 메시지 전달됩니다.

I didn't mean to upset you.

더 만들어볼까요?

상황) 공을 차려다 실수로 누군가를 찼어요.

#아! 미안!

→ Ah! I am sorry!

#널 차려던 게 아니었는데!

우리말은 꼭 "뜻이 아니었는데"라고 안 합니다.
우리말이 다양하게 변하는 것 알죠? 내 진심은
그게 아니었던 것이라고 말하는 거니까 영어로 간단하게:

→ I didn't mean to kick you!

#공 차려던 거였어!

→ I ( ) meant to kick the ball!

어때요? 모르는 단어의 의미를 물어보는 것은 전에도 했었지만, 이렇게 TO 다리로 원래 의도를 말하는 것은 처음이죠? 하지만 결국 다 같은 느낌으로 사용하는 겁니다. 이번 스텝에서 배운 것을 한 번씩 다시 훑어보면서 연극을 하듯 익히면 도움이 될 겁니다.
이해가 안 간다는 느낌을 살려서 계속 말해보세요. What do you mean? By that?

8 21

의문사 의문문

WH 주어

간단하니 바로 들어가죠. WH 주어는 어떻게 만드는지 알죠?
주어인 카멜레온을 모르니 뒤집을 필요 없이 그 자리에 WH 바로 들어가면 되잖아요.
예문 만들어보세요.

#난 30만 원 기부했어.
> donate [도네이트] / 300,000won <
→ I donated 300,000won.

#이건 누가 기부했어?
기부한 사람 자체를 모르니 카멜레온 자리에 WH 들어가면 되죠.
→ Who donated this?

항상 하던 식으로 똑같은 방식입니다.
숨겨진 기둥 빼면
→ Who did donate this?

안 보이는 분들을 위해 기본으로 다시 만들어 보죠.

#이거 내가 했어.
→ I did this.

#이거 누가 했어?
→ Who did this?

보이나요?

WH 주어 스텝은 항상 이런 식입니다. 어려운 것이 아니니 불규칙 하나 더 들어가보죠.
누가 뭔가를 반복할 때, "그만해!"라고 하는 말 중 "Stop it!" 말고 "Cut it out!"도 있습니다.
cut이 자르라는 거죠? 잘라서 out 시켜버리라는 겁니다. 더 이상 그 행동을 연장시키지 말라는 거죠. **cut의 과거? 그대로 cut입니다.** 그럼 만들어보세요.

#누가 네 머리 잘랐냐?

→ Who ( ) cut your hair?

cut처럼 짧게 생긴 단어들: put, hit, shut 전부 다 똑같이 과거도 같답니다. 그럼 사용해서 만들어보죠.

#누가 테이블 세팅했어?

테이블 세팅은 수저랑 컵 등을 놓는 거죠.

→ Who ( ) set the table?

단어가 짧죠? cut의 과거가 cut인 것처럼 set 역시 set.

#누가 이걸 가스레인지 위에 올려놨어?!

> stove [스토*브] / '올려놓다' put, put의 과거도 put <

→ Who ( ) put this on the stove?!

#누가 창문 닫았어?

→ Who ( ) shut the window?

그럼 연습장에서 WH 주어를 만들어보세요.

연습

#이거 네가 혼자 했어? 누가 너 도와줬니?

alone / help

.... Did you do this alone? Who helped you?

#누가 너 초대했어? 난 안 했는데.

invite [인*바이트]

.... Who invited you? I didn't.

#네가 날 선택하게 만들었잖아.

choose / make

.... You made me choose.

#무엇이 학생에게 이 학교를 선택하게 했나요?

choose / make

.... What made you choose this school?

#이 편지 누가 보낸 거예요?

letter / send

.... Who sent this letter?

#누가 너한테 영어 가르쳐준 거야?

English / teach

.... Who taught you English?

#뭔 일 일어났어? 이거 누가 잘랐어?

cut

.... What happened? Who cut this?

상황) 손님들이 오기 전에 식탁 상태를 확인했는데 너무 멋집니다.

#A: 누가 식탁 차렸어?

set

.... Who set the table?

#B: 내가. 왜?

I did. Why?

#A: 환상적이야! 완전 마음에 들어!

fantastic

It's fantastic! I love it!

이번 예문은 문장을 쌓아서 가보죠.

#이 바이러스는 사람들을 죽이지 않아.

> virus [*바이*러스] / kill <

→ This virus doesn't kill people.

#뭐가 너를 죽이지 않는다고?

→ What doesn't kill you?

다음 문장 번역해보세요.

#What doesn't kill you makes you stronger.

너를 죽이지 않는 것은 WH 1이죠.
카멜레온에 이게 다 들어간 겁니다.
What doesn't kill you.
너를 죽이지 않는 것은, makes you stronger.
DOES 기둥 숨었죠. make가 makes가 되었잖아요. 만들어준다, 너를. 더 강하게.

'시련이 너를 죽이지만 않는다면 너를 더 강하게 만들어준다.' 이 문구는 독일 철학자 니체가 말한 것인데 그 이후로 다양한 곳에서 인용되는 글귀입니다.

#나를 파괴하지 않는 것은 나를 강하게 만든다.

> destroy [디'스트*로이] <

→ What doesn't destroy me makes me stronger.

WH 1을 WH 주어에 넣는 것을 적지 않고 머릿속에서 '암산'으로만 하여 말하는 것은 시간이 걸릴 겁니다. 그러니 앉아서 직접 문장으로 단어만 바꿔치기하며 써보면서 만들어보세요. 수학처럼 직접 손으로 풀면 풀수록 암산하는 법도 빨라진답니다. WH 1이 실제 영어에서 더 많이 쓰이지만, 간단하게 단어만으로도 말할 수 있겠죠?

#시련은 우리를 강하게 만든다. 영어로?

> '시련'은 adversity [아드'*벌씨티] <

→ Adversity makes us stronger.

이제 불규칙으로 더 연습해보세요!

cut	cut
set	set
shut	shut
put	put
hurt (다치게 하다)	hurt
hit (때리다)	hit
cost (경비가 들다)	cost
burst (터지다)	burst

ANYWAY BY THE WAY

actually, obviously도 스텝에서 따로 배웠죠?
말할 때 참 많이 쓰이는 것들이에요.
이번 스텝에서 이런 식의 라이브 용어를 더 해보죠.

'어쨌든', '그건 그렇고'.
신문에서는 보기 힘든 말이지만 실제 생활에서
굉장히 많이 사용하죠. 이제 영어로도 말해볼게요.

상황) 집 근처에서 오랜만에 알던 사람을 만났는데, 보자마자 한다는 말이 "어머! 머리가 많이 빠지셨네요!" 기분이 확 나빠졌지만 좋게 정리하려 합니다.

네. 하하. 아무튼 잘 지내시죠?

아무튼! 앞에서 한 말을 정리하면서, 다음 말을 할 때 사용하죠?
우리말로는 다양하게 쓰입니다.
아무튼, 여하튼, 하여간, 어쨌든, 어찌 되었든 등.
결국 다 같은 뜻이죠!
다음 말 시작! 이럴 때 사용하는 것입니다.

영어로 간단하게
anyway [에니웨이]
그럼 예문에 들어가볼까요?

어쩌고저쩌고. 하여튼.
영어로 어쩌고저쩌고를 표현할 때
blah blah [블라 블라]라고 말한답니다.
Blah Blah, Anyway,

anyway는 기둥 문장 앞에도 붙을 수 있고, 맨 뒤에도 붙을 수 있습니다. 대신 정리하는 느낌이어서 콤마랑 잘 다녀요.

#어찌 되었든, 그것에 대해선 걱정 마.
> worry [*워*리] <
→ Anyway, don't worry about that!
→ Don't worry about that, anyway.

Anyway, don't worry about that.
Don't worry about that, anyway.

상황) 누군가 비밀을 궁금해하며 물어봐서 답합니다.

#왜 이것에 대해 궁금해해?
> curious [큐*리어스] <
→ Why are you curious about this?

#어쨌든 난 못 말해줘.
→ Anyway, I can't tell you.

이번엔 직접 만들어보세요.

#시험 어려웠어. 어쨌든 넌 괜찮을 거야!

> text / hard / fine <

→ The test was hard. Anyway, you will be fine!

#넌 이거 잘하잖아!

be 쪽으로 말해보세요.

→ You are good at this! 이렇게 잘 쓴다고 했죠?

이 anyway는 다른 곳에서 비슷하게 사용되는 것이 하나 더 있습니다. 먼저, 이번에 배운 것이 탄탄해지고 나면 다른 스텝에서 만나게 될 겁니다.
이제 대화에서 자주 쓰는 것 하나만 더 배워보죠. 머리 빠졌다고 말해주는 이웃과의 대화를 정리하면서 질문해보세요.

#어쨌든 다들 잘 지내시나요?

→ Anyway, is everyone alright?

또 잘 쓰는 인사 질문으로 "How is everyone?" "How are you?"처럼 다들 어떤지 묻는 거죠.

BE + 잉 기둥으로도 물을 수 있습니다. 만들어보세요.

→ How is everyone doing?

"자! 상대방이 또 blah blah 대답하더니,
갑자기 **아! 그건 그렇고.** 내일 반상회 오실 거예요?
말하다 말고 생각나서 잠깐 옆길로 새줄 때~
우리말로는 "아, 맞다! 아! 그건 그렇고!" 등등
영어로는 **by the way** [바이더웨이].

한국 편의점 중 Buy the Way 있었죠. buy는 '사다'입니다. 집으로 들어가는 길, 이 말 저 말 하다가 편의점을 보고

#A: 아! 맞다! 우리 배터리 필요하지 않아?

→ Ah, by the way, don't we need batteries?

만약 리모컨 배터리를 필요로 하는 경우는 찾는 것이 배터리예요, 아니면 리모컨이에요? 배터리죠. 그래서 영어는 보통 batteries를 먼저 말하고 그 뒤에 리모컨을 붙여주는 겁니다. 껌딱지 잘 생각하세요! 여러분은 찾아낼 수 있습니다. 껌딱지가 많아서 기억이 안 나면 차례를 확인해보세요!

#A: 아! 맞다! 우리 리모컨 배터리 필요하지 않아?

> the remote control [*리못 컨트*롤] <

→ By the way, don't we need batteries for the remote control?

#B: 아니야, 내가 어제 몇 개 사놨어.

> buy <

→ No, I bought some yesterday.

#하여튼, 우리 아까 무슨 얘기 하는 중이었지?

→ Anyway, what were we talking about before?

#A: 네가 네 아들이랑 토요일에 놀아주겠다고 약속했다고 말했었어.

> promise / say <

'약속하다'는 promise, 뭐 하기로? 놀기로, to play. 노는 걸로 향해서 약속한 것이니 TO 다리로 연결하면 되겠죠.

→ You said you promised to play with your son on Saturday.

자! 다음 문장에서는 새로운 불규칙 녀석이 나옵니다.

#B: 어, 나한테 맹세까지 하게 했어.

> swear [스웨어] <

→ Yes, he made me swear.

#A: 그래서 맹세했구나.

> swear의 과거는 swore <

→ So you swore.

swear	swore
tear (찢다, 뜯다)	tore
wear (입다)	wore

짧은 대화 안에서도 토픽이 바뀔 때마다 anyway, by the way 쓰이죠? 정말 자주 쓰는 것들입니다. 그럼 이제 원맨쇼 하면서 연기해보세요. 상황을 상상해서 아무 때고 연기하면서 말로 뱉으세요! 말할 때 맞나, 틀리나 고민 말고, 자신이 아는 어휘 안에서 메시지 전달을 하는 것이 가장 중요합니다.

823

숙어

Did you

#야! 이거 사용해!

→ Hey! Use this!

#내 아이디어 사용하지 마!

→ Don't use my idea!

use라는 단어는 두비 중 행동하는 do 쪽 동사로 '사용하다, 이용하다'란 뜻입니다.
이 스텝에서는 이 use를 살짝 돌려서 사용할 거예요. 먼저 다음 문장을 만들어보죠.

상황) 친구가 새 남자 친구 사진을 보여주는데, 알고 보니 제가 오래전에 사귀었던 남자입니다. 당황하는 내 얼굴을 보고 친구가 묻습니다.

#A: 너 얘 알아? 어떻게?

→ Do you know him? How?

다음 문장 만들어보세요.

.

B: 예전에 데이트했었어.

지금은 전혀 데이트 안 하는 거죠. 옛날에 하고 끝!

이전에는 했는데 더 이상 안 한다고 말하고 싶을 때!

예전에 데이트했었어.

I used~

use가 '사용하다'잖아요. DID 과거로 써버리면서, '사용했었다, 이전에 그랬었다'라는 뉘앙스를 풍기는 거죠.

예전에 그랬었다. 뭘?

to date him. 데이트했었다.

데이트를 다 사용한 거죠. 사용 끝! 더 이상 사용 안 함. → **I used to date him.**

이 문장이 무슨 기둥이죠?

DID 기둥이죠.

만약 숨겨진 DID 기둥을 끄집어내면

"I did use to date him"으로 바뀌겠죠.

기둥 숨기면, I ( ) used to date him.

use to

DID 기둥에 TO 다리 붙은 거죠?

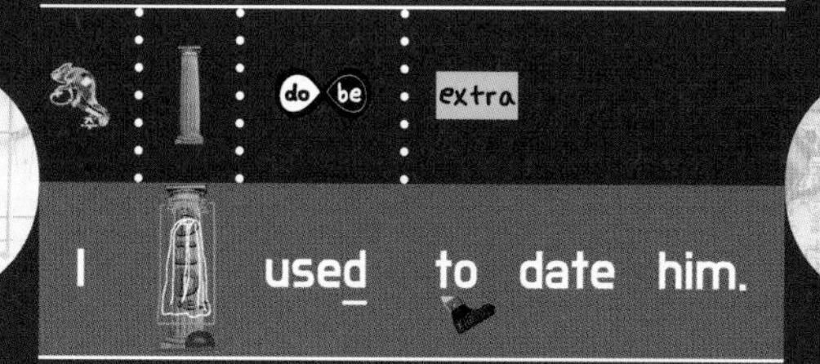

학교에서 배울 때는 이 문장을 분석하지 않고 그냥 뜻으로만 연결해서 외워버립니다. 뜻은 '~하곤 했다. 과거 한때는 [예전에는] ~이었다 [했다]' 하면서 used to 하고 끝내버리죠.

그런 후 이것과 굉장히 비슷하게 생긴 것을 동시에 배우면서 헷갈릴 수밖에 없는 상황에 들어갑니다. 결국 대다수 학생이 둘 다 제대로 못 건지고 잘못 말하는 경우가 많죠.
구조를 이해하고, 하나씩 탄탄히!
여러분은 이제 used to가 왜 DID 기둥인지 알겠죠?

더 만들어보죠.

#같은 동네에서 살았었어.

→ We used to live in the same area.

#우리 전에 친구였었어.

used to 다 나온 다음에 TO 다리 뒤라서 두비 들어가는 겁니다. → be friends

→ We used to be friends.

자! “We used to live”와 “We lived”의 차이?

used to면 다 해버린 겁니다. 더 이상 하지 않는 거죠. ‘전에는 그랬었어, 지금은 아니고’라는 메시지가 확실히 전달되죠.

상황) 거울을 보며 말합니다.

#나한테 뭔 일이 일어난 거야?

→ What happened to me?

#예전에는 날씬했었는데.

> slim [슬림] <

날씬한 것은 두비에서 be 쪽이죠?

→ I used to be slim.

결국 used to는 폼일 뿐이고, 실제 두비는 TO 다리 뒤에 나오죠? used to는 이전에 그랬었다~라는 시간만을 세팅해주는 것뿐이죠. 통째로 기억하는 것이 편하답니다.

그럼 이제 연습장에서 쉬운 것들로 해보세요. 느낌은 이전에 그랬다는 것! 더 이상은 그렇지 않다는 것.

#예전에 여기서 매일 낚시했었는데.
fish=낚시하다

I used to fish here every day.

#요즘은 술 안 마시는데 예전에 마셨었지.
drink

I don't drink these days, but I used to (drink).

#걔(남)가 내가 예쁜 남자라고 했어(말했어).
say

He said that I was a pretty man.

#걔(남)가 한때 내가 예쁜 남자였다고 그랬었는데 난 그 말이 맘에 안 들었지.

He used to say I was a pretty man and I didn't like it.

#사람들은 예전에 9시 전에 일 시작했었어.

People used to start work before 9 o'clock.

#내 학교는 안 좋은 명성이 있었어.
reputation [*레퓨'테이션]=명성

My school used to have a bad reputation.

#난 네가 멍청이라고 생각해!
idiot [이디엇]

I think you are an idiot!

#예전에 난 네가 멍청이라고 생각했었는데.

I used to think that you were an idiot.

#난 매우 작았었어—내가 애였을 때는.
small / kid

I ( ) used to be very small when I was a kid.

#재(남자)랑 사귀었었는데—내가 스무 살 때.
go out

I used to go out with him when I was 20.

#예전에 바닷가에 매일 갔었는데.
beach

I used to go to the beach every day.

#제리(Jerry)는 한때 중국어 공부했었는데.
Chinese [차이니즈]

Jerry used to study Chinese.

#크리스틴(Christine)은 예전엔 고기를 먹었는데 지금은 채식주의자야.
meat / vegetarian [*베쥐'테*리언]

Christine used to eat meat, but now she is a vegetarian.

#난 한때 파리에 살았고, 저 여자랑 나랑 체스 같은 게임을 하곤 했었는데.

I used to live in Paris, and she and I used to play games like chess.

#예전에는 이것저것 다(things) 심플했었는데—내가 네 나이였을 때.

Things used to be simple when I was your age.

USED TO는 결국 DID 기둥에서 만들어진 것이죠?
그럼 이제 부정 NOT도 해볼까요?

#예전에는 이런 식으로 운동을 안 했었어요.

→ I didn't use to exercise like this.

부정이니까 NOT을 세 번째에 넣어야 해서 숨어 있던 DID 기둥이 튀어나오죠. 그래서 do 동사에 붙었던 use의 ed는 사라지는 겁니다. used가 다시 use가 된다는 것, 이제 그 이유는 잘 알겠죠?

그런데 이 used to는 워낙 통째로 쓰는 것이다 보니, 원어민들도 이제는 그냥 I didn't used to exercise로 아예 둘 다 더블 과거를 써버리는 경우도 상당히 많습니다.
원래는 없는 것이 맞지만, 지금은 양쪽 다 허용됩니다. 옥스퍼드 영어책을 보면
I didn't use(d) to like opera, but now I do.
이런 식으로 설명이 나온답니다.

언어는 언어를 사용하는 사람들이 룰을 변형시킨다고 말씀드렸죠? 역사에 이름을 남긴 작가들의 대부분은 문법의 룰을 일부러 깨뜨렸다고 했습니다. 그럼 하나만 더 만들어보죠.

예문) 길을 걷다가 오래전에 대학에서 같은 수업을 들은 것 같은 사람을 봐서 말을 걸어봅니다.

#A: 실례합니다, 방해해서 미안한데요.

> bother [버*더] <

→ Excuse me, I'm sorry to bother you.

#근데 전에 MIT에 다니지 않으셨나요?

DID 기둥이죠? 똑같이 뒤집으면 됩니다!

→ But didn't you use to go to MIT?

#B: MIT가 뭔데요?

→ What's MIT?

#A: 아, 대학교예요. 방해해서 죄송합니다.

> college [컬리쥐] <

→ Ah, it's a college. Sorry to bother you.

그럼 이제 used to를 가지고 지금은 아니지만 이전에 사실이었던 내용을 생각하면서 영어로 만들어보세요.

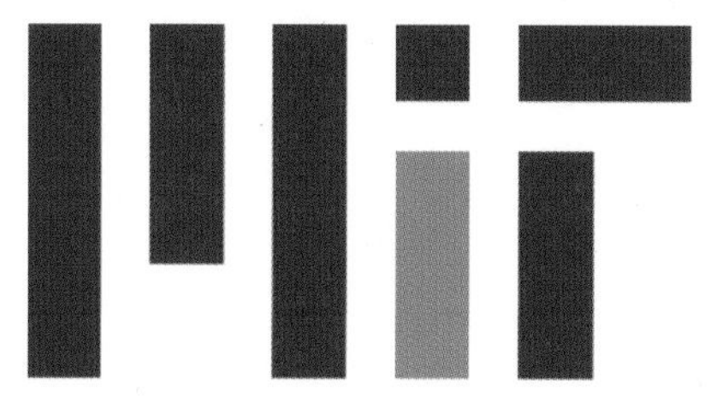

Massachusetts Institute of Technology

8 24
부가의문문

축하드립니다! DID 기둥 마지막 스텝입니다.
더 이상 숨는 기둥은 나오지 않을 겁니다!!!
어려운 고비는 다 넘겼어요.

Tag Question은 쉬우니 어휘력도 좀 넓히면서 진행해보죠.

#너 나에 대해 생각했었지, 그렇지? (너 내 생각 했었지, 그렇지?)

> think <

You ( ) thought about me,

다시 확인하는 질문이니, 기둥을 풀어서 질문해야 하죠? →

didn't you?

DO 기둥으로 하던 방식과 똑같은 겁니다.

→ You ( ) thought about me, didn't you?

#제가 떠났다고 생각하셨죠? (그렇죠?)

> leave의 과거는 left였죠. <

누가? You ( ) thought~

뭘 생각해요? 내가 떠났다고. 기둥 문장 통째로 붙으려면

that I ( ) left.

→ You thought that I left.

→ You ( ) thought that I ( ) left, didn't you?

여기 'didn't you?'는 다시 질문한 겁니다.

그렇게 생각하셨죠? Didn't you?

#영화 마음에 들었어?

→ Did you like the movie?

#너 또 잠들었었지, 그렇지?

> fall asleep <

fall은 떨어지다, fall in love는 사랑에 빠지다.

asleep은 '잠이 든'이라고 해서 형용사예요. I am asleep은 내가 잠이 든 상태라고 말하는 겁니다. 잠이 든 상태에 빠지는 거죠 = 잠들다.

fall의 과거는?

→ You fell asleep again, didn't you?

외국어 리스닝 테스트를 하는데 너무 빨라서 학생들이 하나도 못 알아들은 것 같습니다. 질문해보세요.

#너무 빨랐죠, 그렇죠?

→ It was too fast, wasn't it?

#괜찮으세요?

→ Are you alright?

#기분이 안 좋아 보이시는데.

> down <

“You look upset”은 화가 나거나 기분이 상해 있을 때 쓰면 되고 축 처져 있을 때는 down을 잘 씁니다.

→ You look down.

#고객님들이 다시 연락 안 하셨구나, 그렇죠?

> client [클라이언트] / contact <

내가 contact를 했는데 그쪽에서 다시 하는 것은 contact back으로 쓰면 간단하죠? call back이라고 해도 됩니다.

→ Your clients didn't contact back, did they?

#그분들 계획은 성공 못 했지?

> plan / succeed <

→ Their plan didn't succeed, did it?

succeed 대신 work로도 잘 씁니다. work가 되면, 계획이 잘 작동된 겁니다. 다시 만들어보세요.

→ Their plan did not work, did it?

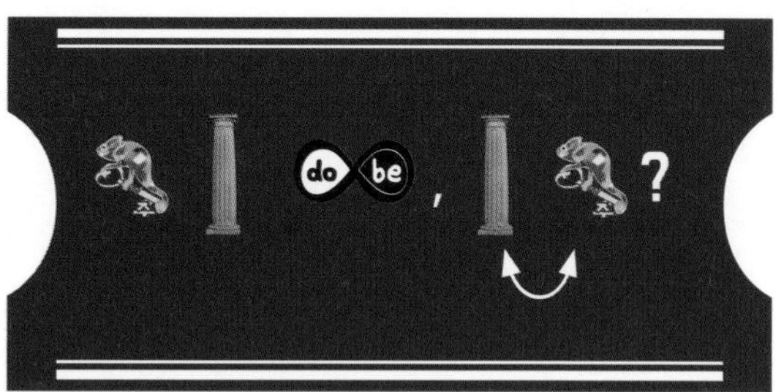

내 그럴 줄 알았어.

아주 간단하게 말할 수 있어요.

→ I knew it.

#A: 걔네 우리 때문에 떠난 거 아니지? (내 말 틀린 거 아니지?)

→ They didn't leave because of us, right?

because 다음에 us로 가기 위해 of 껌딱지 붙인 것 보이죠?

B: 아니야. 왜 이렇게 다른 사람이 어떻게 생각할까 고민해?

우리 이런 말 쓰죠? 사람들의 시선에 불안해하거나 자신감이 없는 사람들.
영어는 이런 성격을 단어 하나로 표현합니다. → insecure [인씨'큐어]
실상에서 많이 쓰이는 단어입니다.

→ No, Stop being insecure!

insecure 하게 구는 것을 멈추라는 거죠. be에 [잉] 붙여서 동명사로 쓴 겁니다.

다른 대화도 보죠.

#A: 저희 시어머니는 피해망상에다 사람들의 시선을 신경 쓰곤 했었어요.

> mother-in-law / paranoid [파*라노이드] / insecure <

전에 그랬다가 지금은 안 그러면 used to로 가면 되죠?

→ My mother-in-law used to be paranoid and insecure.

paranoid는 별것도 아닌 것을 의심하는 성격으로 영어에서 쉽게 잘 쓰는 단어입니다.

#B: 맞다, 약물치료 하셨었죠?

> medication <

'감기, 두통약'은 medicine [메디쓴]을 take 하는 것이지만, 약물요법처럼 꾸준히 먹는 것은 on medication이라고 합니다. 왜 on을 쓰는지 이제는 이해되시죠?

→ Right, she used to be on medication, didn't she?

Tag Question 자체를 만드는 것은 어렵지 않지만
어휘까지 생각하고 used to까지 섞으니 정신없죠?
항상 '암산'이 안 되면 먼저 글로 쓰면서 구조를 익히고
다시 말로 만들어보세요. 그럼 점점 더 쉬워질 겁니다.
이제 연습장에서 Tag로 직접 만들어보세요.

연습

#잠을 잘 못 잤구나, 그렇지?

.... You didn't sleep well, did you?

#그가 이거 1925년에 쓴 거죠? (맞죠?)

.... He wrote this in 1925, right?

#이반(Evan, 남)이 내 선물 좋아했지, 그렇지?

present [프*레즌트]

.... Evan liked my present, didn't he?

#재(여) 웃었지, 그렇지?!

smile

.... She smiled, didn't she?!

#감기 걸렸군?

catch a cold=감기 걸리다

.... You caught a cold, didn't you?

#걔(남) 이틀 전에 떠났지, 아냐?

.... He left two days ago, didn't he?

#네가 어제 날씨 확인했지? (그렇지?)

weather / check

.... You checked the weather yesterday, didn't you?

#애들(여학생들)이 팀을 좋아하지 않았군, 그렇지?

.... The girls didn't like the team, did they?

이제 마지막으로 불규칙 스타일 2개!
직접 평서문, 질문, 부정, WH 질문, 꼬리표 질문 등으로 다양하게 만들어보세요.
이것으로 불규칙은 끝입니다!

bite (물다)	bit
hide (숨다)	hid
slide (미끄러지다)	slid

dig (땅을 파다)	dug
spin (회전하다)	spun
sting (곤충이 쏘다)	stung
swing (흔들리다)	swung
hang (걸다, 매달다)	hung
stick (찌르다, 붙이다)	stuck

수고하셨습니다! 이제 DID 기둥도 끝내셨어요!
두비 기둥이 한동안 크게 나눠졌었죠?
BE 기둥과 DO 기둥.
이것들의 과거가 WAS 기둥과 DID 기둥이었습니다!
더 이상 이렇게 나눠는 기둥들은 안 나오니 안심하세요.

큰 고비 다 넘기신 겁니다.

이제부터는 쉬운 기둥들이 계속 나올 거예요. 지금까지 배운 것을 편하게 탄탄히 그리고 다양하게 말하는 연습을 키우면서, 새로운 기둥들을 배울 겁니다.

1번부터 8번까지의 말들을 배웠는데, 계속하면 별의별 말을 만들 수 있을 것 같죠? 드디어 9번 문으로 들어갑니다.

9번 문을 지나면 기둥들의 스텝은 현저히 줄어들 거예요. 그때부터는 배운 것을 다양한 구조로 엮으면서 말하는 연습을 할 겁니다.

정말 영어를 하는 것처럼 말이죠.

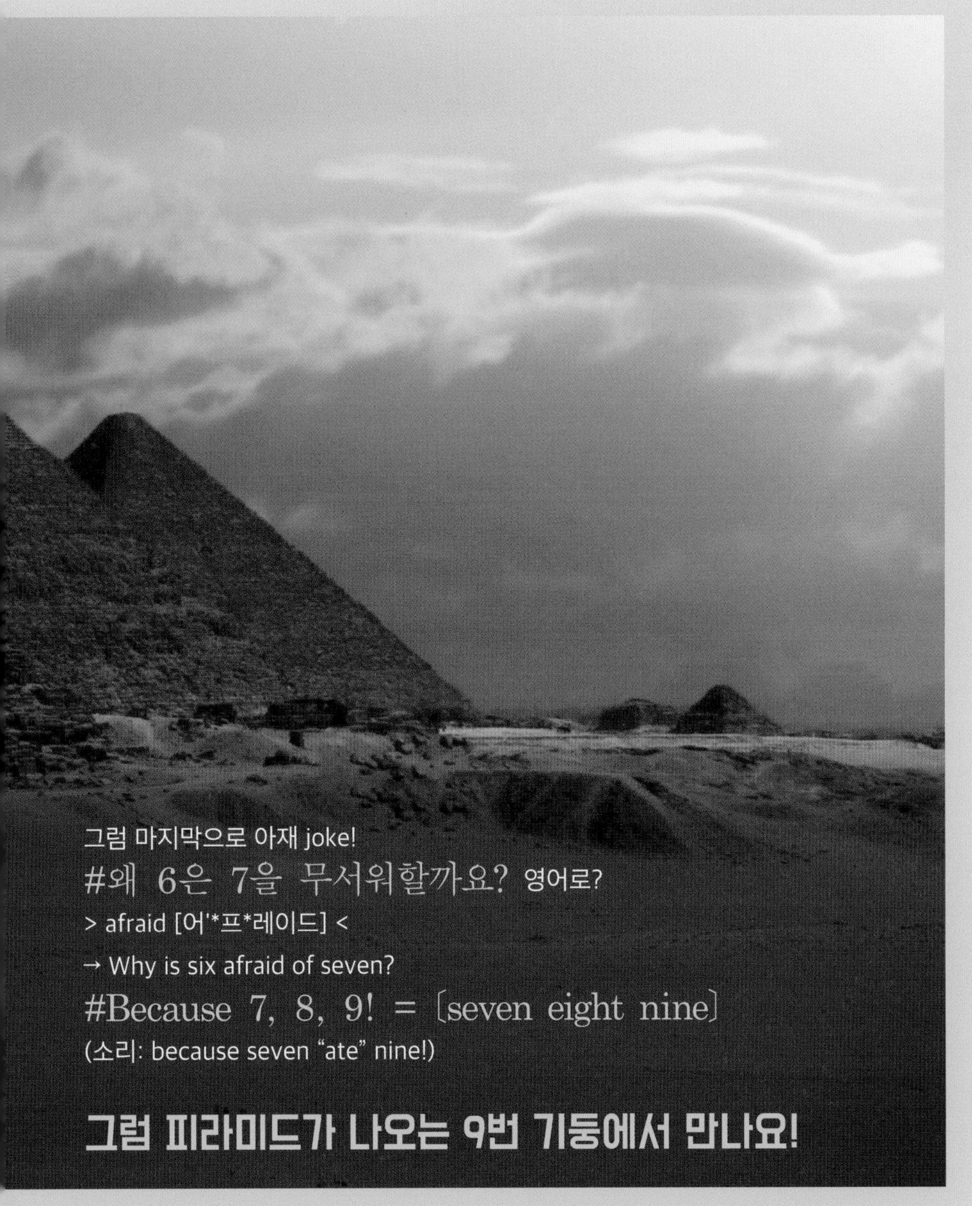

그럼 마지막으로 아재 joke!

#왜 6은 7을 무서워할까요? 영어로?

> afraid [어'*프*레이드] <

→ Why is six afraid of seven?

#Because 7, 8, 9! = 〔seven eight nine〕

(소리: because seven "ate" nine!)

그럼 피라미드가 나오는 9번 기둥에서 만나요!

THERE 기둥

09

9이

THERE / 의문문

There / YN Q

9번 트랙에 오신 것을 환영합니다.

Welcome to the 9th track!

영어 할 때 중요한 것 중 하나가 말이 막혔을 때의 대처법입니다. 못 알아듣거나 단어가 생각나지 않을 경우 멈추지 말고 쉬운 말로 풀어가세요!
대화를 끊기지 않게 이끌어가는 것이 외국어를 하는 중요한 스킬입니다. 그럼 9번 기둥 들어가보죠!

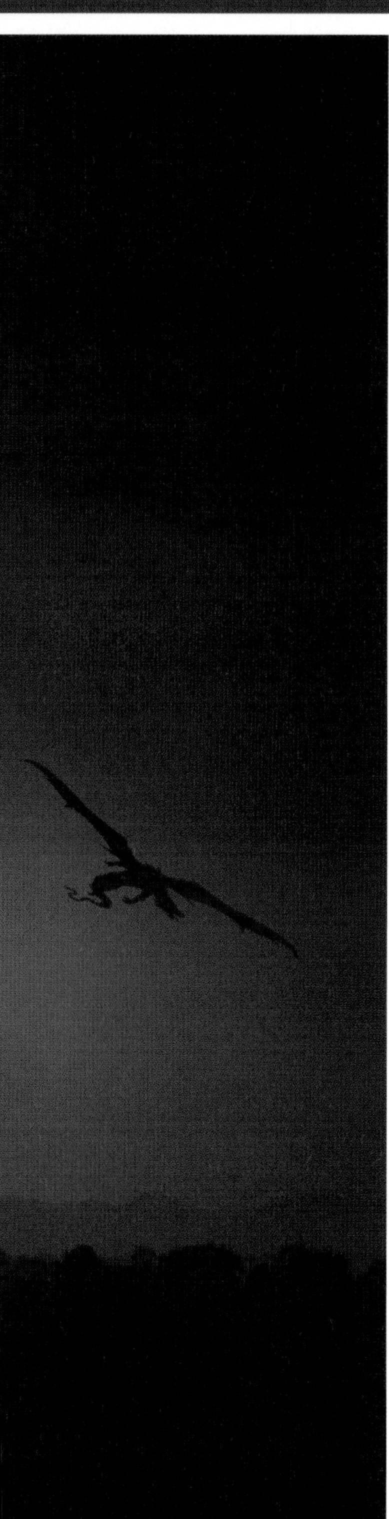

용은 존재한다, 존재하지 않는다.
지옥이 있나요, 없나요?

어딘가에 뭐가 있다, 없다.

누가 가지고 있다, 없다는 HAVE로 말하면 되지만
용이나, 지옥 같은 것은 누가 가지고 있는 것이 아니죠?

이렇게 이 세상에, 어떤 공간에 '있다, 없다'의 말을 할 때 사용하는 기둥을 소개합니다.

바로 **THERE** [데어] 기둥입니다.

'저기'의 there, 그 단어를 재활용하는 겁니다.
그럼 만들어볼까요?

상황) 도로에 피가 고여 있습니다.

피 있다!

→ **There is blood.** 끝!
BE 기둥과 기둥 구조가 똑같아요. 간단하죠.
'존재한다, 안 한다', '있다, 없다'의 상태만을 말하는 거여서
BE 기둥 카멜레온 자리에 there만 들어간 거죠.

#도로에 피가 있어!
There is blood~ 하고 나머지 할 말을 엑스트라로 계속 붙여주면 돼요. 도로 표면에 있죠? 껌딱지 뭐요? on!
→ There is blood on the road!
#뭔가가 있어, 밖에.
→ There is something outside.
기둥 구조만 알고 나면 나머지 설명은 필요 없죠.

#피라미드 위에 누가 있다!
→ There is someone on the pyramid!
#피라미드 꼭대기 위에!
꼭대기를 먼저 말하는 것이니 "On the top" 하고 한 번 더 들어가서 of the pyramid!
→ On the top of the pyramid!

예문들 보면 '저기에'라는 말이 없는데 영어는 다 THERE 기둥으로 들어갔죠? 영어는 카멜레온이 들어가야 하는 언어입니다. 우리말에선 숨으니 끄집어내야 해요. 그럼 계속 예문을 접해보죠.

상황) 가방을 열었는데, 못 본 편지가 놓여 있습니다.

#가방 안에 편지가 있네.

→ There is a letter in my bag.

많은 분이 THERE 기둥을 사용하지 않고 "I have a letter in my bag" 식으로 have로 가는 경우가 많아요. 하지만 I have는 '내가 가지고 있는'이란 느낌이 들어서 이미 편지가 있는 것을 내가 아는 등의 개인적인 연관성이 느껴집니다.

좀 더 늘려볼까요? 가방을 열었는데 편지가 여러 개라면 어떻게 할 것 같아요?

→ **There are letters in my bag.** 끝!

왜 are로 들어가는지 보이나요? BE 기둥처럼 움직이는 거죠.

We are, They are처럼 여러 명을 이야기할 때는 are로 바뀌었잖아요. 그 룰 그대로 가는 겁니다. 외우지 않고 조금만 생각해도 지금까지 배운 것들을 사용해서 알아맞힐 수 있어요.
하나만 더 해보죠.

#다음 주에 선거가 있어.

> election [일'렉션] <

→ There is an election next week.

#투표하는 거 잊지 마.

> vote / forget <

Don't forget ~

뭘 잊지 마요? 투표하는 행동. '투표하다'는 vote인데, 바로 못 나오니 연결해야죠. 뭐로? TO 다리~

→ Don't forget to vote.

이번 기둥은 쉬우니 질문도 같이 나갈 겁니다. 당연히 1번 2번 뒤집으면 됩니다!

#신이 있나요?

→ Is there a God?

신은 이름처럼 대문자로 써줍니다.
더 만들어보죠.

#신을 믿나요?
> believe [빌'리*브] <
Do you believe~

extra 신의 존재를 믿느냐는 거죠?
신의 안에서 믿음이 생기냐고 해서
껌딱지? in

→ Do you believe in God?

#무신론자인가요?
> atheist [에이*씨스트] <
→ Are you an atheist?

#달에 물이 있나요?
있느냐 없느냐 묻는 거죠?
Is there water~

extra 어디에요? 달에. 달 속이 아닌 표
면에 물이 있느냐 묻는 것이니 무
슨 껌딱지?
표면에 닿는 껌딱지 on.

→ Is there water on the moon?

#저 책상 위에 너한테 온 택배 있다.
> package [팩키쥐] <
→ You have a package on that desk.

이렇게 말해도 되고 THERE 기둥으로 쓰면?
→ There is a package for you on that desk.

'있다' 해서 I have와 THERE 기둥이 헷갈릴 수 있습니다. 봐보죠.

#너한테 여동생 있어?
→ Do you have a sister?

#너한테 문제 있어?
→ Do you have a problem?

이런 식으로 네가 '문제'를 가지고 있느냐고 하면 네 문제라는 느낌이 강하지만 이걸 THERE 기둥으로 바꿔서

Is there a problem?

이렇게 말하면, "너 문제 있어?"가 되어 문제가 네 거냐 묻는 것이 아니라 그냥 문제가 있느냐고 묻는 겁니다.

다음 상황을 비교해보세요.
상황) 출입국 관리소에서 내 서류를 보더니 얼굴을 찡그립니다. 물어봅시다.

무슨 문제 있나요?

"Is there a problem?" 하면 "문제가 있나요?"인데 거기다 대고
"Do you have a problem?"이라 하면 지금 당신 뭔가 문제 있느냐고 묻는 겁니다.

개인적인 질문이 되기 때문에 순간 감정이 섞이죠.
THERE 기둥으로 만들어보세요. 뭔가 있다~

#문제가 있나요?
→ Is there a problem?

#네, 있네요.
→ Yes, there is.

THERE 기둥 어렵지 않죠? 그럼 연습장에서 기본과 질문까지 섞어서 같이 만들어보세요.

연습

#큰 문제가 있습니다.

problem

..........There is a big problem.

#공원에 사람들이 많이 있네요.

park / people

There are many people in the park. /
..........There are a lot of people in the park.

#저희 학교에는 아름다운 연못이 있어요.

beautiful / pond [폰드]

..........There is a beautiful pond in my school.

#저 같은 여자들은 많아요.

..........There are many women like me.

#밖에 사람들 있어?

.... Are there people outside?

#여기 의사분 계신가요?

doctor

.... Is there a doctor here?

#이 기차역에 대기실이 있나요?

train station [트*레인 스테이션] / waiting room [웨이팅 *룸]

..........Is there a waiting room in this train station?

#너희 학교로 가는 버스가 있어? 여기서부터?

..........Is there a bus to your school from here?

#놀이터에 애들 있어?

playground / children

.... Are there children on the playground?

#새 프로젝트에는 항상 위험성이 있습니다.
하지만 큰 가능성도 있죠.

risk [*리스크]=위험성 / great=큰 / potential [포'텐셜]

There is always a risk in a new project.
But there is great potential too.

#A: 이 사진 좀 봐봐. 차이점 보여?

picture / difference [디*프*런스]=차이점

Look at this picture. Can you see a difference?

#B: 응, 다른 점이 있네.

Yeah, there is a difference.

다음 문장을 만들어보세요.

#A: 저 동굴 안에 들어가지 마.

> cave [케이*브] <

→ Don't go into that cave.

#용이 있어.

> dragon <

→ There is a dragon.

#B: 뭐라고?

→ What?

#A: 저기에 용이 있다고!

There is a dragon. 자! 여기까지 말하면 '용이 있어'라고만 말하는 겁니다.
'저기에' 용이 있다고 할 때는 엑스트라 붙여줘야죠. 무슨 엑스트라?

extra There!

→ There is a dragon there!

모르는 눈으로 보면 반복처럼 보일지 몰라도, 영어는 구조대로 단어를 넣으니 어색하지 않습니다.

#B: 저 안에?

→ In there?

또 해보죠.

#서두르지 마. 시간이 있을 거야.

> rush <

'There is time'은 '시간이 있어'지만 '시간이 있을 거야'라고 미래를 말하려면 어떻게 쓸까요? 기둥 바꾸는 겁니다. WILL 기둥으로 바꿔서: There will be time.

기둥 꼬였죠? "He is happy"에서 "He will be happy"와 똑같은 구조로 변하는 것뿐이니 복잡하게 생각 마세요.

→ Do not rush. There will be time.

"We will have time"이라 해도 메시지는 전달됩니다. 이 말은 '우리'한테 시간이 있을 거라고 말하는 것이고, 그 상황에 시간이 있을 거라고 할 때는

There will be time.

자! 번역 전에 먼저 말부터~

#쟤 행복하네.

→ She is happy.

#쟤 행복해 보이네.

look은 겉모습만 그렇게 보이고

seem은 전체적으로 happy 해 보인다는 겁니다.

→ She seems (to be) happy.

#There seems to be a problem.

There is a problem에서 바뀐 거죠?

문제가 있는 것처럼 보이네요.

There is만 했지만 There만 카멜레온에 두고 다른 기둥들과도 꼬일 수 있는 거죠. 점점 더 접하게 될 겁니다.

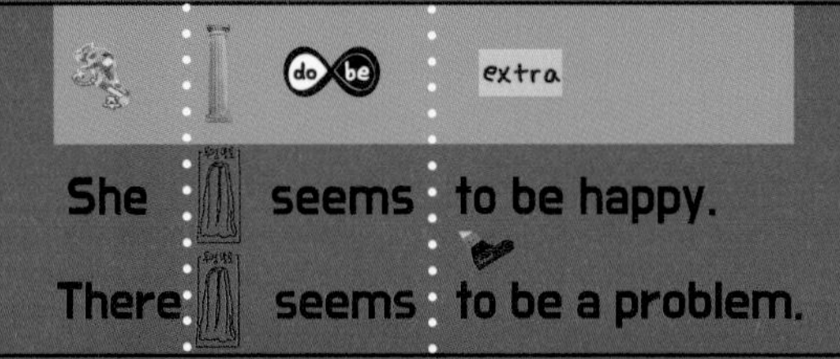

그럼 이제 느낌을 기억하며 예문들을 소리내서 여러 번 반복해보세요.

902

전치사 / 부사

IN FRONT OF / BACK OF

2개로 비교하면서 들어갈 겁니다. 영어로 바꿔보세요.

상황) 통화를 하며 집에 돌아오는 길. 도착하니 작은 그림자가 문 앞에 있습니다.

#A: 저거 뭐야? 어, 고양이가 있네.

→ What is that? Oh, There is a cat.

전화 반대편에서 묻습니다.

#B: 어디?

→ Where?

#A: 집 앞에.

앞! 영어로?

호텔이나 빌딩 1층 로비에 데스크, 뭐라고 부르죠? 프런트 데스크. 그 front가 앞이라는 뜻입니다.

front office desk나 reception [*리셉션]이라고 잘 말합니다.

집 앞에 공간이 있는데, 그 공간 안에 고양이가 있어서 in front.

자, 앞은 앞인데, 어디 앞? 집 앞! 한 번 더 들어가서 of the house!

→ In front of the house.

#고양이가 집 앞에 있네.

→ There is a cat in front of the house.

그런데 못 들었는지 다시 묻습니다.

#B: 집 뒤에 있다고?

뒤는 영어로? back

집 뒤에 있다고? 똑같이 front처럼 쓰세요.

뭐가 뒤에 있어? 고양이. 성을 모르니, it is

extra 뒤에, in the back

extra 뒤는 뒤인데, 어디 뒤? 집 뒤! of the house

→ It is in the back of the house?

다른 상황을 해보죠.

상황) 잠에서 깨어나니 밖인데 어디인지는 모르겠습니다. 영어로 말해보세요.

#나 지금 어디에 있는 거야?

→ Where am I?

#이곳이 어디지?

→ Where is this place?

그때 누군가 대답합니다.

#당신 지금 제 집 앞에 있습니다.

→ You are in front of my house.

#정확하게 말하면 현관 앞에 있어요!

in fact 배웠죠? '팩트, 사실'대로 말한다면,

→ In fact, you are in front of the gate!

현관은 좀 더 포인트로 좁아지게 되잖아요. 그래서 in이 아닌, at으로도 사용할 수 있겠죠?

→ In fact, you are at the front gate!

껌딱지는 꼭 한 가지 룰로만 정해져 있지 않아요.

누군가 저에게 묻네요.

너 어디야? 앞마당이야 뒷마당이야?

#나 뒷마당에 있어. 할 때 위치를 포인트로 말하고 싶으면

→ **I am at the back yard.**

그냥 '뒷마당이란 공간 안에 있다'라는 느낌으로 말하고 싶으면

→ **I am in the back yard.**

이러나저러나 난 뒷마당에 있는 거죠.

#국회의사당 앞에 많은 사람이 있어요.

> The National Assembly [어'쎔블리]=국회의사당 <

영국의 Big Ben. 이 건물은 영국 국회의사당의 일부입니다.

영국은 국회의사당을 House of Parliament [팔러먼트]라고 부릅니다.

→ There are lots of people in front of the National Assembly.

#템스강이 있습니다, 영국 국회의사당 앞에.

> River Thames [템즈] <

→ There is the River Thames in front of the House of Parliament.

이제 연습장에서 예문을 만들어보세요.

#내 앞에서 달리지 마!

run

Do not run in front of me!

#산타 앞에 애들이 많이 있네.

Santa / kids

There are lots of kids in front of Santa. / Lots of kids are in front of Santa.

#네 여자 친구가 어떤 남자랑 택시 뒷좌석에 있던데. 둘이 같이 행복해 보이더라.

Your girlfriend was with some guy in the back of a taxi. They looked happy together.

#누군가 네 앞에서 칼을 들고 있어. 어떻게 할 거야?

Hint: Will 기둥도 되지만, 저런 상황 때마다 어떻게 할 것이냐 해서 영화 대본처럼 DO 기둥으로 잘 물어봅니다. WH 조심. 뭘 할 거냐 묻는 겁니다.

knife [나이*프]

Somebody is in front of you with a knife. What do you do? / What will you do?

#우린 보트 뒤쪽에 앉았어.

boat / sit

We sat in the back of the boat. / We sat at the back of the boat.

#정답들은 책 뒤쪽에 있습니다.

answer

The answers are in the back of the book. / There are answers on the back of the book.

#우리 앞에 밝은 미래가 있습니다.
bright=밝은 / future

There is a bright future in front of us. /
A bright future is in front of us.

#A: 뭐가 자네 앞에 있나?

What is in front of you?

#B: 기회가 제 앞에 있습니다.
opportunity [어포'츄니티]=기회

There is an opportunity in front of me. /
An opportunity is in front of me.

#가격표는 앨범 뒤에 있습니다.
price tag [프*라이스 택]=가격표

The price tag is on the back of the album. /
There is the price tag on the back of the album.

#TV 앞에서 밥 먹지 말고, 식탁에서 먹어!

Don't eat in front of the TV, eat at the table!

903

부정문

Not / No

'있다'를 했으니 이제
'없다'는 부정 NOT을
넣어볼까요? 위치는?
당연히 세 번째죠.

#문이 없어.

→ There is not a door.

이 기둥은 워낙 간단해서 대화할 때는 'There is not~'까지 가지도 않고 그냥 줄여서 'There isn't'란 말을 더 자주 씁니다.

→ There isn't a door.

공간에 그 존재 자체가 있다~ 없다~라고 말할 때 이 기둥을 쓰잖아요.
ship이 한 척 있다는 a ship.
ship이 없을 때는 no ship.
기억나죠?
이래서 이 기둥은 부정을 말할 때 NOT보다 NO를 더 자주 사용한답니다.
"There isn't a door"란 말보다
There is no door.
더 정확하게 메시지 전달이 되는 거죠.
직역해보면 재미있어요.

원래 a door라는 건 문 한 짝이잖아요. 뭔가 셀 수 있는 존재가 있는 거죠. 그 a마저 빼버리고 그 자리에 그냥 no를 붙여서 아예 셀 수 있는 것이 없음, 그 자체가 없다고 말하는 거죠.
존재 없음. No door.

There is a door.
(공간에) = 문 한 짝이 있다.
There is no door.
(공간에) = 문 자체가 아예 없다.
이해했죠?

		NOT 3	
There	is	not	a door.
There	is		no door.

그럼 다음을 영어로 말해보세요.

#목말라! 냉장고 어디 있어?

> thirsty [*썰스티] / fridge [*프리쥐] <

→ I am thirsty! Where is the fridge?

왜 BE 기둥으로 가는지 보이나요? 두비에서 be 쪽이고 현재를 말하니 BE 기둥으로 해결!

이번엔 냉장고 문을 열어보니,

#뭐야? 물이 없잖아!

→ What? There is no water.

더 만들어보죠.

#사람들이 많이 있어요.

There~ 여럿일 때는 is가 아니라 are로 갔죠?

→ There are many people.

이번엔 반대로 만들어보세요.

#사람들이 없어요.

한 명도 없는 것이니

→ There is nobody.

간단하죠? somebody를 someone이라고 할 수 있는 것처럼 no one이라고 말해도 됩니다. 잘 읽히기 위해 띄어 쓰는 것이니 헷갈려 하지 마세요.

또 만들어보죠.

#여기 아무것도 없어.

→ There is nothing here.

간단하죠?

THERE 기둥에서 there는 '저기, 저리'가 아니니 정확히 기억하세요.

여기 아무것도 없어.

이때 '여기'는 엑스트라로 들어가는 겁니다.

그냥 "Here is nothing"이라고 말하면 여기는 아무것도 아니라는 것으로 별 볼 일 없는 곳이라는 거죠.

그럼 연습장 들어가서 no로 만들어보세요.

이미지로 상상하면서 감을 잡으세요.

#이탈리아 국기에는 파란색이 없어요.

Italian flag [*플라그]

.... There is no blue in the Italian flag.

#이 질병을 위한 약은 없습니다.

disease [디'*지~*즈]=질병 / medicine [메디쓴]

.... There is no medicine for this disease.

#여전히 이 질병을 위한 약은 없습니다.

.... There is still no medicine for this disease.

#바다에 물고기들이 더 이상 없어요!
sea / fish

There are no more fish in the sea!

#복사본 더 이상 없는데요.
copy=복사본

There are no more copies.

#우연은 없어요.
accident [엑씨던트]=우연

There are no accidents. / There is no accident.

#널 위한 돈은 없어!

There is no money for you!

#너 줄 돈 나한테 전혀 없어!

I don't have any money for you!

#여기는 초과근무 수당이 없습니다.
overtime [오버타임] / pay

There is no overtime pay here.

#내일도 없고, 다음 주도 없고, 내년도 없어!

There is no tomorrow, no next week, no next year!

#아무것도 없어!

There is nothing!

#돼지 저금통 안에 돈이 없잖아!

> piggy bank [피기 뱅크] <

→ There is no money in the piggy bank!

만약 열기 전부터 없었던 거라고 말하고 싶으면?

#돈이 안에 없었잖아!

기둥만 과거로 바꿔주면 되죠.

→ There was no money in it!

설명 없어도 이해가 가죠? 그럼 시간대만 좀 더 바꿔보죠.

#시간이 없었어요.

과거로 만들면?

→ There was no time.

#거기서 안 먹었어요. 자리가 없었거든요.

→ We didn't eat there. There was no seat.

이제 스스로 기둥 시간대를 바꿔가면서 만들어보세요.

904 소유격

#엄마와 엄마 차. 영어로?

→ Mom and her car.

핸드폰과 핸드폰 충전기

핸드폰은 he, she가 아닌 it 이잖아요. 다시 핸드폰이란 말을 반복하지 않을 때는 **its** charger 라고 합니다.

스펠링 주의! its 입니다. 우리말에 따로 없어서 그렇지 영어로 보면 별거 아니에요.
my charger, your charger처럼 its charger라고 만들어준 것일 뿐.
핸드폰에 속해 있는 충전기인 거죠.

#한 로봇이 있는데,

→ There is a robot,

#전 이 로봇의 영혼을 감지할 수 있어요.

> soul / sense <

내 영혼이면 my soul. 로봇의 영혼은? 이미 robot이라 한번 말했으니 줄여서 its soul. 성이 없으니 it으로 해결.

→ I can sense its soul.

남성, 여성 할 때 그 성이 영어로 뭔지 아세요?
sex랍니다. 입국신고서에 보면 성별 부분은 sex라고 쓰여 있어요.
여성은 f로 시작하는 female [*피메일],
남성은 m으로 시작하는 male [메일].
여러분이 아는 다른 단어: 유니섹스, unisex
남녀공용이란 뜻이죠.

Sex 성별
M male 남성
F female 여성

성차별주의자들을 sexist [쎅시스트]라고 부릅니다.
인종차별주의자가 racist [*레이씨스트]였죠.
race를 따지는 사람들. sexist는 sex를 따지는 사람들인 거죠.
sex가 없는 것이 it이고, 그것의 뭔가를 말할 때 its로 들어가는 겁니다.

BE 기둥의 'It is'와는 전혀 다른 것이니 헷갈리지 마세요.
원어민 중 모국어 잘 못하는 사람들이 잘 틀리는 것.
'It is'를 묶으면 'It's'죠. its head랑은 전혀 다른데 It's에 어포 안 붙이는 원어민들도 꽤 있답니다.
우리가 봤을 때는 그런 쉬운 문법을? 하고 놀랄 수 있지만 한국에서 '다른'을 '틀린'으로 말하는 사람들이 많은 것과 비슷한 거죠.

그럼 정리하고 연습장 들어가볼까요?

#재(여) 연필 → her pencil

#재(남) 모자 → his cap

cap은 야구모자, hat은 그냥 모자.

#그거 손잡이 → its handle

연습

#이 회사의 로고가 회사 명칭보다 더 낫네.

company / logo / name

This company's logo is better than its name.

#까치가 다리를 다쳤어, 그래서 우리가 도와줬지.

magpie [맥파이]=까치 / hurt

A magpie hurt its leg, so we helped.

#회사는 회사의 약점을 알고 있었어요.

company [컴파니] / weakness [위크너스]=약점

The company knew its weakness.

#그 동영상 봤어요? 흑곰이 로드킬로부터 자기 새끼를 구했잖아요.

video / black bear [베어]=흑곰 / road kill / cub [컵]=새끼

Did you watch that video? The black bear saved its cub from road kill.

#저 회사는 직원들에게 임금인상을 약속하지 않을 겁니다.

company / workers / raise [*레이즈]=임금인상 / promise

That company will not promise a raise to its workers. / The company will not promise its workers a raise.

#이 개구리 좀 봐! 이거 꼬리가 이상해!

frog [*프*로그] / tail [테일]=꼬리 / weird [위어드]

Look at this frog! Its tail is weird!

영어는 세계의 공용어가 되었죠. 영어를 한다면 한 국적과만의 소통이 아닌 다양한 국적과 소통할 수 있는 확률이 훨씬 더 높아집니다.

영어는 그리 어려운 언어가 아닙니다. 새해에 외국어를 시작하자고 다짐하는 분 많죠? 그런 다짐, 결의를 영어로 resolution [*레졸*루션]이라고 한답니다.
앞에 re를 빼면 solution [솔'루션]은 '문제 해결'을 뜻해요.
resolution의 발음은 머리에 re가 붙으면서 더 자연스러운 발음인 [*레졸*루션]으로 바뀐 것뿐.

resolution에서 [션] 꼬리 빠지면 형용사인 resolute, '(꿈을 좇는) 단호한, 확고한'이란 뜻이 있어요. 이렇게 사용되죠.

단호한 지도력
resolute leadership
확고함이 있는 국제적인 리더
resolute international leader

그 유명한 백악관 대통령 집무실에 있는 'The Resolute Desk' 책상.
1850년대 초 영국의 북극 탐험선 레졸루트가 캐나다와 그린란드 사이에서 조난을 당했고 선원들은 모두 구조되었지만 배는 난파되어 종적을 감췄다고 해요. 그리고 2년 후에 미국 고래잡이배에 의해 발견. 미국 정부가 그 배를 사들이고는 영국의 빅토리아 여왕에게 선물로 보냈다고 합니다.

그런 후 백악관으로 어선 한 척 크기의 선물이 도착했어요!
영국이 탐험선을 해체하여 그 나무로 화려한 책상을 만들어 여왕의 친서와 함께 미국에 선물로 보낸 거죠. 그 책상은 미국 대통령 집무실에 놓이면서 그 이후로 많은 대통령이 그 책상에서 국사를 챙겼답니다.
단호하게 행정을 취하는 리더의 모습. resolute라는 뜻과도 잘 어울리죠.

셰익스피어의 작품 중 《맥베스》에 나오는 주문:
#Be bloody, bold and resolute!
피투성이가 되고, 대담해지고, 단호해져라!
'Be bloody!'는 '싸움을 두려워하지 말라!'라는 말 같죠?

자, 이제 주위의 물건들에 its를 사용해보면서 익숙해지세요.

905

현재분사

이번 것은 여러분이 이미 알고 있지만 다른 곳에서 복잡하게 설명을 접하다가 순간 다른 것인가 착각하는 경우가 많아서 짚고 넘어가는 스텝이니 편하게 보세요.

워낙 간단하니 다음 말들을 빠르게 만들어보세요.

#이 사람은 여자예요. → This is a woman.

#예뻐요. → She is pretty.

#예쁜 여자예요. → She is a pretty woman.

여기까지 배웠죠?

'이 사람'은 간단하게 this로 쓰면 되고 **'예뻐요'**라는 말에 카멜레온, 기둥 다 나와야 합니다.

그럼 다음 문장도 만들어보세요!

#저 사람은 여자예요.

→ That is a woman.

#일하는 중이에요.

→ She is working.

#저분은 일하는 여자예요.

이 말 만들어보세요. 뭘 것 같아요?

→ She is a working woman.

This	is	a woman.
She	is	pretty.
She	is	a pretty woman. 예쁜 여자
That	is	a woman.
She	is	working.
She	is	a working woman. 일하는 여자

WORKING MOM

짠! 이번 스텝은 저것만 알면 끝입니다. 간단하죠?

그런데 저 단순한 말을 문법에서는 '현재분사'라고 하며 굳이 비교를 안 해도 되는 것과 나란히 두고 헷갈리게 만들어놓는답니다. 보는 저도 헷갈려요!
"She is a working woman!"이라고 말할 수 있다면 알아야 할 것은 다 아는 겁니다. 그럼 좀 더 해보죠.

She is a good mother.
She is a working mother.
* '워킹맘'이라고 하지만 [워킹]이 아니라 [월킹]입니다.
Good mother. Working mother.
좋은 엄마. 일하는 엄마.

We are talking. 하면 지금 말하는 중인데, 그것을 재활용해서 'a talking dog!' 하면 말할 줄 아는 개인 겁니다. 간단하죠?
'ing [잉]' 가지고 재활용을 다양하게 하죠. 다음 것은 기둥을 잘 선택하면서 만드세요.

#A: 저거 진짜 큰 개다. 곰 같네. 너 개 무서워해? 무서워 마.

이 문장 다 스스로 만들 수 있으니 만들어보세요.
→ That is a massive dog.
→ It is like a bear.
→ Are you afraid of dogs? Don't be afraid.

#B: 하지만 짖고 있잖아.

> bark [*발~크] <
→ But it is barking.

#A: 짖는 개는 안 물어.

> bite [바이트] <
짖는 개? barking dog
→ A barking dog doesn't bite.

구르는 돌에는 이끼가 끼지 않는다.

돌을 rock이라고 하자니 rock은 사이즈가 큰 바위부터 작은 바위가 있죠. '록키 마운틴'이라고 들어보셨죠? Rocky Mountain!

하지만 땅에 구를 만큼 작은 돌은 stone [스톤]으로 잘 씁니다. 큰 돌도 stone이라고 하긴 하는데 솔직히 영어에서도 rock과 stone의 차이점을 정확히 분류를 못 해서 그에 대한 토론도 있답니다. 보통 우리 손안에 들어오는 사이즈는 stone이라고 불러요.

자~ '**구르다**'는?
roll [*롤]입니다. 그래서 "롤빵"!
그럼, 구르고 있는 돌이니 이미지로 떠올려보세요.
rolling 하고 있는 stone인 겁니다. 그래서
rolling stone.

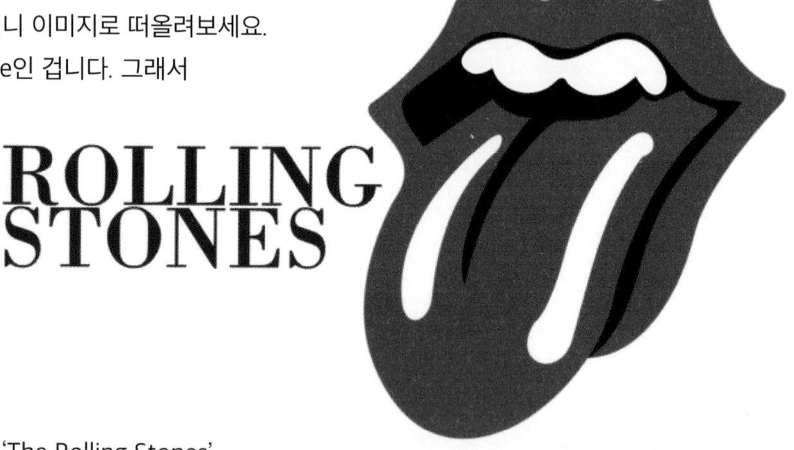

영국의 유명 음악 밴드 'The Rolling Stones'
미국의 유명한 대중문화 잡지 이름도 《Rolling Stone》. 한국에서는 '롤링스톤지'라고 부릅니다.

#구르는 돌에는 이끼가 끼지 않는다. 영어로?
> gather / moss <
A rolling stone~
끼지 않는다? gather를 쓴답니다. gather는 '사람들을 한곳에 모으다' 할 때 자주 씁니다.

→ A rolling stone doesn't gather moss.

실제 더 잘 쓰는 말은

→ A rolling stone gathers no moss.

No moss.
이끼 자체가 없는 거죠. 더 강하게 전달된다는 것 알죠?
하나만 더 하고 연습장 들어가보죠.

#'문' 은 영어로? → door

'미닫이문'은?
미닫이문은 옆으로 미끄러지죠?
'미끄러지다' 영어로?
Hint. 미끄럼틀
→ slide [슬라이드]입니다.

미닫이문은 항상 미끄러지는 거죠. 그래서
→ sliding door [슬라이딩 도어]
재미있죠? 이렇게 물건에도 붙일 수 있어요.

영어로 만들어보세요.

#일본에는 미닫이문이 많네요.

공간에 많은 겁니다. 기둥 편한 것으로 선택하세요! THERE 기둥 추천!
→ There are many sliding doors in Japan.

#일본인들은 지금도 미닫이문을 선호하나요?

> Japanese [자파니즈] / prefer [프*리'*퍼] <
→ Do Japanese still prefer sliding doors?

이제 연습장에서 스스로 만들어보세요.

#저 선생님이 흥미로운 책 몇 권을 가지고 오셨어요.

interest / bring

....That teacher brought some interesting books.

#잠자는 공주, 일어나! 이건 비상사태야.

sleeping beauty / emergency [이'멀전씨]=비상사태

Sleeping beauty, wake up!

....This is an emergency.

#충격적인 소식을 들었어요.

shock / news / hear

....I heard a shocking news.

#어메이징 스파이더맨은 놀라운 일들을 할 수 있어요.

amaze / Spiderman / thing

....Amazing Spiderman can do amazing things.

#알츠하이머병은 늘어나고 있는 문제입니다.

Alzheimer's disease [디'*지~*즈] / growing problem [그*로잉 프*러블름]

....Alzheimer's disease is a growing problem.

#실종자를 찾고 있습니다.

missing person [미씽 펄쓴]=실종자

....We are looking for a missing person.

#밖에 개가 있네.

....There is a dog outside.

#짖고 있어요.

....It is barking.

#밖에 짖고 있는 개 한 마리가 있네.

....There is a barking dog outside.

번역해볼까요?

#You kill or you die OR
You die and you kill.
네가 죽이든지 아니면 네가 죽든지
또는
네가 죽고 그리고 네가 죽이든지.
우리말로도 쉽지 않아요.

YOU KILL
OR YOU DIE
OR
YOU DIE AND
YOU KILL

바로 드라마 〈The walking dead [데드]〉의 포스터입니다. 걸어 다니는 dead인 거죠.
dead people, '죽은 사람들', dead는 pretty처럼 형용사로만 배웠는데, 명사 자리에도 들어갔죠? The dead. 이렇게 말하면 '죽은 사람들'이랍니다. 앞에 the를 붙여서 명사로 표현한 거예요. 예를 들어 poor는 '가난한'이었죠?
the poor 하면 가난한 이들. 빈민.
the rich 하면? 부자들.
이렇게 변하는 단어는 이게 거의 다니까 편하게 보세요. 그러면 **The walking dead**는?

걸어 다니는 죽은 자들인 겁니다. 죽었는데 걸어 다니는 사람은? → zombie [*좀비]
〈The walking dead〉는 좀비를 소재로 한 드라마입니다. 다시 보죠.

You kill or you die
(전에 사람이었던 것을) 네가 죽이든지, 아니면 못 죽이고 네가 죽든지,
OR 아니면,
You die and you kill.
(네가 전에 사람이었던 것을 못 죽여서) 네가 죽든지 그래서 네가 다시 사람들을 죽이고 다니든지.
간단한 말인데 많은 내용을 포함하죠?

자! 이번 스텝에서 배운 것들 간단하게 생각하세요.
#일하는 엄마면 working mom
#재미없는 사람이면 boring person
bore는 do 동사! bore를 하는 사람인 거죠.
#흥미로운 아이디어면 interesting idea
interest 역시 아이디어가 사람의 흥미를 유발하는 겁니다.

그럼 퀴즈!
흡연실: smoking room
이건 담배 피우는 방인데, 방이 담배를 피우고 있나요?
굳이 설명 없이도 보이죠? 하지만 애니메이션에서 살아 움직이는 집 한 채가 계속 담배를 피우면 그 집은 smoking house라고 부르겠죠. 말하는 개! 'talking dog!'처럼 말이죠.

문법에서 이 둘을 분류해서 비교하려고 하는 경향이 있는데, 우리가 영어를 잘하기 위해 그것까지 알 필요는 없습니다.
화려한 문법 용어인 현재분사, 동명사 이런 용어와 그 비교에 헷갈리지 말고, 항상 영어의 예문에 집중하세요.

Also

이번 날치는 정말 쉬우니 어휘도 넓혀보죠.

#그 남자 진짜 젠틀맨이더라.

> real <

→ That guy was a real gentleman.

그러자 옆의 친구가 말합니다.

복근도 죽이던데.

'복근'은 abs [압스]

우리는 '왕 자, 식스팩'이라 한다면 영어는 'killer abs'를 가지고 있다고 합니다.

kill이 죽이다, killer는 '죽이는 것'이죠.

abs. 복근이 너무 좋아 죽겠는 거예요.

남자가 젠틀맨인 것도 모자라서, 복근도 있다.

이럴 때 also를 날치로 붙여주면 '이것이 있는데, 저것도!'가 됩니다.

더해줄 때 also라고 쓰는 거죠.

날치니까 배경으로 맨 앞에 가도 되고, 그냥 맨 뒤로 붙어도 되고, 기둥 앞이나 뒤로 붙여줘도 됩니다. 가장 기본으로 쓰는 것은 기둥 뒤이니 거기에 붙이죠.

#복근도 죽이던데.

→ He ( ) also had killer abs.

또 만들어볼게요.

상황) 아파트 근처에 경찰차가 와 있네요. 집에 들어오면서 말합니다.

#밖에 경찰차가 와 있네.

→ There is a police car outside.

그러자 구경하던 룸메이트가 말합니다.

#경찰견도 와 있어.

A뿐 아니라 B도~ also 쓰면 되겠죠?

→ There is also a police dog.

잠깐! "There is a police dog, too"는 안 되나요?

됩니다. 그럼 차이가 뭐냐?

too는 대부분 위치가 뒤로 갑니다. also는 좀 더 초반에 나오고요. 위치 차이가 다냐고요? 넵.

말하다 보면 뭐가 더 먼저 나올지 모르잖아요. 앞에서부터 '이것도~' 할 경우 also 넣어주면 되고, 다 말하고 나서 '이것도' 할 경우는 too로 끝내면 됩니다. 둘 다 더 다양한 자리에 들어갈 수 있지만 그런 것은 지금 중요치 않아요.

외국어를 할 때 헷갈리는 것 중 하나가 너무 다양하게 쓰이는 것을 동시에 배우는 것이거든요. 고등어를 열심히 보고 고등어만 열심히 먹은 후, 나중에 꽁치를 보면 이것은 꽁치구나 하며 알아가는 것이 쉽지만 다양한 생선을 동시에 다 외우라 하면 다 거기서 거기로 보이는 거죠.

그럼 연습장에서 also에 더 익숙해지세요.

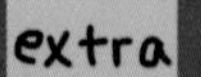

#우리 형은 소고기 좋아하는데, 돼지고기도 좋아해.
beef / pork

.... My brother likes beef but he also likes pork.

#그 남성분은 말을 안 하시더라고요. 그분은 장님이기도 했어요.
speak / blind [블라인드]

.... The man didn't speak. He was also blind.

#기술적인 차이도 몇 가지 있죠.
technical difference [테크니컬 디*프*런스]=기술적인 차이

.... There are also some technical differences.

#애들한테 또 웃긴 이야기를 해줄 수 있어.
funny story

I can also tell the kids funny stories. /
.... I can also tell funny stories to the kids.

#나도 유명한 선수들 다 알고 있어.
famous players

.... I also know all the famous players.

#우리 딸은 공예디자인기술을 공부해요. 독일어도 배우죠.
CDT(craft, design and technology)=공예디자인기술 / German

.... My daughter studies CDT. She also studies German.

#우리 아들도 독일어를 해서 애들은 자주 독일어로 대화해요.

.... My son also speaks German, so they often talk in German.

#그 기계에서 소리가 좀 났어요. 깜빡거리기도 했고요.
machine [머'쉰] / sound=소리 / make / blink=깜빡거리다

.... That machine made some sound. It also blinked.

긴 문장도 방식은 같습니다. 만들어보세요.

#가끔씩 어두움에 있는 것이 더 나아요. 왜냐하면 어두움 안에는 두려움이 있을 수는 있지만, 또한 희망도 있거든요.

> dark / better / fear / hope <

→ Sometimes, it is better~ to stay in the dark, because~ in the dark, there can be fear, but there is also hope.

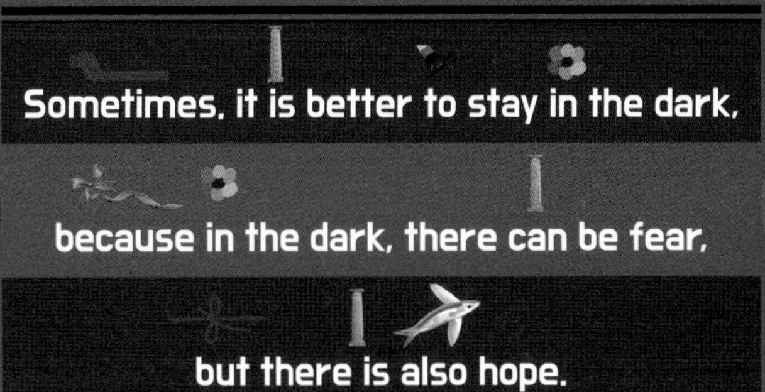

also는 더한다고 생각하면 되니까 맨 앞에 plus처럼 배경으로 붙여 말하기도 합니다.

#이게 네가 원했던 거야?

WH 1이죠.

→ Is this what you wanted?

모르면 이미지 보고 스스로 파악하세요.

#그리고 또, 이건 뭐야?

이렇게 말하고, 거기다 덧붙여 한다는 느낌이면 그냥 and도 되고 also로도 가능하겠죠.

→ Also, what is this?

어휘 조금만 접하고 정리하죠.

#너 오늘 바쁘지 않아? 오늘 병원에 예약도 있지 않아?

> busy / appointment [어'포인먼트] <

→ Aren't you busy today?

병원 예약은 레스토랑이나 비행기처럼 '좌석'을 예약하는 것이 아니죠. 그런 것은 reserve나 book을 쓰면 되지만 '격식적인 자리에서 사람을 만나는 예약을 하는 것'은 다르다고 봐서 영어는 구별해서 씁니다. 그리고 '예약을 가지고 있다'라고 해요. 그것부터 먼저 만들어보죠.

#1. 너 병원에 예약이 있다.

→ You have an appointment at the hospital.

#2. 너 오늘 병원에 예약도 있지 않아?

→ Don't you also have an appointment at the hospital today?

영어권은 병원 예약보다 **'의사를 만나는 예약'**이라는 표현을 더 잘 씁니다. 의료 시스템이 달라서 생기는 표현이니, 접해만 두세요.

→ Don't you have a doctor's appointment today?

계속 만들어보죠.

#몇 시 예약이야?

→ What time is your appointment?

#오후에 있어?

→ Is it in the afternoon?

#제가 오늘은 뵐 수 없습니다.

→ I can't see you today.

#5시에 (사람 만나는) 약속이 있어서요.

→ I have an appointment at 5.

#다음 주 화요일에는 제가 시간이 있을 텐데.

→ I will have time on next Tuesday.

하나 더 해보죠.

#전 오늘 친구들이랑 약속 있어요.

사람이랑 만나는 약속이지만, 이건 예약하는 느낌은 아니기 때문에 영어는 또 다르게 취급해줍니다. 뭘 것 같아요?

appointment랑은 전혀 어울리지 않겠죠. 친구와의 약속으로 promise를 쓸 때도 있는데 그건 나쁜 짓 안 하기로 약속, 도와주기로 약속 같은 손가락 걸고 하는 느낌의 약속을 말합니다. 우리말이 다양한 상황을 '약속'이란 한 단어로 꽤 재활용을 했죠?

그냥 만나자는 시간 약속은

I have plans with my friend.

친구랑 함께 계획이 있는 거죠.

그럼 다음 문장을 만들어보세요.

#전 오늘 친구들이랑 약속 있어요. 11시쯤에 올 거니 기다리지 말고 먼저 주무세요.

→ I have plans with friends. I will be home about 11, so~ 기다리지 말고 먼저 주무세요.

Don't wait up. 기다리는데, up?

잠을 안 자고 깨어 있으면 up 하는 거죠.

up 한 상태로 기다리지 말라는 겁니다. 껌딱지 정말 유용하게 쓰죠? 이 한마디에 '기다리지 말고, 주무세요' 두 가지 뜻이 다 들어간 거죠.

Don't wait up!

→ I have plans with friends. I will be home about 11, so don't wait up!

I have plans with my friends.
I will be home about 11, so don't wait up!

also 같은 것은 언어에서 액세서리에 불과하니 너무 고민하지 마세요. 지금은 계속 접하면서 기둥이나 WH 1 같은 것을 탄탄히 해야 합니다. 시작한 지 1년도 안 되었기 때문에 한 방에 모든 것이 다 섭취되지 않는 것은 당연한 거예요. 낯설게 느끼지만 않으면 됩니다. 그럼 혼잣말로 기둥들을 바꿔 말해보면서 also도 가끔 붙여보세요.

ly 부사

이번 스텝은 영어에서 굉장히 많이 쓰이지만 한국에서 영어를 잘한다는 분들도 이 단어를 아예 사용하지 못 하는 상황이 많습니다. 이미 한 말을 정정할 때 쓰는 actually [악츌리] 같은 식이죠. 이런 단어들은 설명하기가 애매합니다.

#뜻이 애매하다. 영어로?

> '애매한' ambiguous [암'비규어스] <

→ It's ambiguous.

이 단어를 제가 제대로 접한 것은 유학 후 5년이 지난 때입니다. '애매한'이란 단어를 몰랐어도 다른 말로 잘 표현하고 살았던 거죠. 예를 들어,

#이해하는 것이 쉽지가 않네요. 이 말을 영어로 해보세요.

→ It's not easy to understand.

이렇게 말하면 되는 거죠. 지금 여러분은 이런 식으로 문장을 쉽게 만들려고 노력해야 합니다. 그래야 더 다양한 말을 하게 될 줄 알거든요. ambiguous 같은 단어는 접하면서 말해보고 넘어가면 됩니다.

이번 스텝에서 배울 것은 설명하기가 애매하지만 일단 들어가보죠.

apparent [어'파*란트]

'누가 봐도 알 수 있는'이라고 사전에 나옵니다.

정확하게 어떻게 사용할지 모르겠죠? 다행히 이 단어는 잘 안 쓰이고 더 잘 쓰는 것은

이 단어 뒤에 ly를 붙인 **apparently**입니다.

사전 찾아보면 '듣자 하니'라고 나오는데 이렇게 간단한 말이라면 사람들이 잘 썼겠죠. 변형이 많은 우리말 특징 때문에 까다롭기도 해요. 사용되는 상황을 볼게요.

상황) Vicky가 보스와 소리 치고 싸우는 것을 제가 목격했어요. 늦게 온 직원이 다가와 보스 칭찬을 하니 Vicky가 화를 내며 자리를 뜹니다.

#A: 저분 왜 저래? (뭐가 잘못된 거야?)

→ What's wrong with her?

제가 대답하죠.

#B: 오늘 아침 보스랑 싸웠어.

> have a fight=싸우다 <

→ She had a fight with the boss this morning.

상황을 바꿔보죠. 저도 늦게 도착해서 싸우는 것을 못 봤습니다. Vicky한테 가서 직접 물어보니 답합니다.

#Vicky: 나 오늘 아침에 보스랑 싸웠잖아!

→ I had a fight with the boss this morning.

제가 본 게 아니라 Vicky를 통해 전해 들은 거죠.

그때 똑같이 다른 직원이 오더니 보스 칭찬을 합니다. Vicky는 화를 내며, 자리를 뜹니다.
다른 직원이 말합니다.

#A: 저분 왜 저러셔?

→ What's wrong with her?

보세요! 이번에 설명할 때는 상황이 다르죠? '나도 전해 들은 거야, 확실히는 몰라' 식의 느낌을 전달해주기 위해 쓰는 단어가 바로 apparently인 겁니다.

B: 오늘 아침에 보스랑 싸우셨대.

앞에 배경처럼 붙여서 말해보세요.

→ Apparently she had a fight with the boss this morning.

이 단어를 쓰면 '자신도 몰랐는데, 그렇대'라고 전달이 되는 겁니다. 내 의견이 아니라 들은 거라고 말하고 싶을 때 apparently를 써주면 되는 거죠. 또 해볼게요.

몰랐었는데…
그렇다네.
apparently

상황) 바쁜 날 동료인 Dave가 출근을 안 하자 다른 직원이 묻습니다.

#Dave 어디 있어? 아직도 아프대?

> sick <

→ Where is Dave? Is he still sick?

상황) 확실히는 모르지만 다른 직원이 그렇게 말하는 걸 들었습니다.

#네, 여전히 아프대요.

→ Yeah, apparently he is still sick.

같은 말을 우리도 줄여서 말할 수 있죠.

#네, 그렇대요.

→ Yeah, apparently he is.

Apparently he is still sick.

우리말 보면 "아프대요, 그렇대요",
더 변형하면 "아픈가 봐요, 그런가 봐요, 아프다고 하더라고요, 듣자 하니 그렇대요. 그렇다고 하더라고요" 식으로 더 다양해질 겁니다. 이러면 단어장에서 '듣자 하니'로 해도 연결이 안 되는 거죠.

apparent 뜻 기억나세요?
'누가 봐도 알 수 있는'이란 뜻이었잖아요.

그래서 단순히 내 귀로 '듣자 하니'에서 끝나는 것이 아니라, '정보로 알고 보니 그렇대요, 내 눈으로 직접 확인해보니 그렇더군, 다들 소문으로는 그렇다 하더군' 등으로 다 가능합니다.

결론은 어떤 루트에서 오든 간에, 난 몰랐다, 그런데 그렇다더라 하는 느낌이 apparently란 단어에서 전달된다는 겁니다.

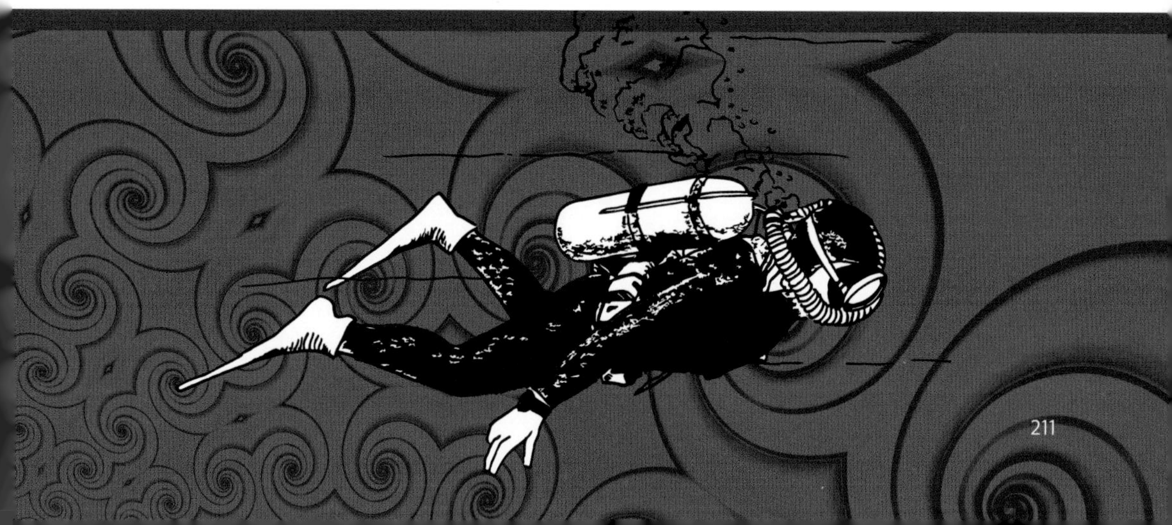

상황) 부동산 거래가 성사되지 않은 후 사무실로 돌아오자 다른 직원이 묻습니다.

A: 어떻게 됐어요?

어떻게 진행이 됐느냐는 go로 많이 씁니다. 좋은 쪽으로 갔는지, 나쁜 쪽으로 갔는지 물어보는 겁니다. 다시 한번,

#어떻게 됐어요?

→ How did it go?

#B: 고객들이 마음에 들어하지 않으셨어요.

> client [클라이언트] <

→ The clients did not like it.

이 말을 be 쪽으로도 할 수 있어요. 그걸 보면 기분이 안 좋은 겁니다. 만들어보세요.

→ The clients were not happy with it.

#너무 비싸다네요.

> expensive [익스펜씨*브] <

→ Apparently it is too expensive.

한 번 더 해보고 연습장으로 가죠.

상황) 남자친구가 사랑을 더 달라며 화를 내고 있는 중. 제 친구가 물어봅니다.

#A: 쟤 왜 저래? (쟤한테 잘못된 게 뭐야?)

→ What's wrong with him?

#B: 몰라.

→ I don't know.

#내가 매일 전화하는데.

→ I call him every day.

#그게 충분치가 않나 보네.

몰랐는데 화내는 것 보니 그런가 보네, 라고 말하는 거죠?

→ Apparently that is not enough.

뒤로 붙여도 됩니다.

→ That is not enough apparently.

그럼 연습장에서 그 느낌으로 만들어보세요.

#쟤(남)가 아프다고 생각했는데, 안 아프네.

sick / think

.... I thought he was sick, but he is not.

#쟤가 아프다고 생각했는데, (알고 보니, 사람들한테 물어보니) 안 아프대.

.... I thought he was sick, but apparently he is not.

#재가 아프다고 생각했는데, (몰랐는데 눈으로 확인해보니) 안 아픈가 보네.

.... I thought he was sick, but apparently he is not.

상황) 후배 여자 친구라 생각한 사람이 후배를 무시하고 지나가버립니다.

#A: 저분 네 여자 친구 아니었어?

.... Wasn't that your girlfriend?

#B: 네, 맞아요.

.... Yes, it was. / Yes, she was.

#A: 무슨 일 있었어?

happen

.... What happened?

#B: 아! 모르겠어요! 내가 바람을 피웠다네요!

cheat [췻트]

.... Ah! I don't know! Apparently I cheated.

상황) 회사 동료가 어제 끝냈다고 한 작업을 또 하고 있습니다.

#A: 그거 어제 끝내지 않으셨어요?

finish

.... Didn't you finish that yesterday?

#B: 그분들이 원하는 것이 아니래요!

Hint: It ≠ 그분들이 원하는 것. WH 1입니다.

.... Apparently, it's not what they want.

#A: 너희 둘 제정신이 아니야!

insane [인'쎄인]

.... You two are insane!

#B: 저 말 들었어? (난 몰랐는데) 우리가 제정신이 아니래.

.... Did you hear that? Apparently we're insane.

9 08 전치사

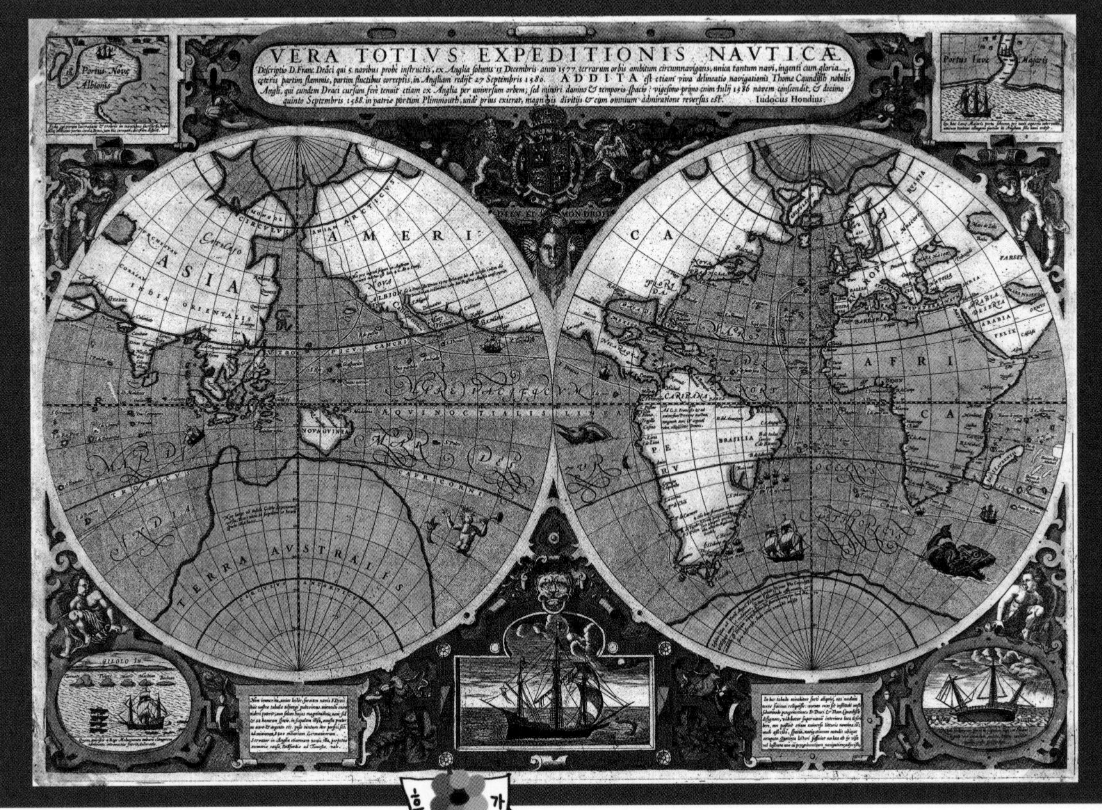

휴가
during

아주 쉬운 껌딱지 들어갑니다.

뜻이 새로 만들어지는 것도 없으니 쉬다고 생각하고 편하게 보세요. 다음 문장을 만들어보세요.

#난 1주 동안 동남아시아에 있었어.

→ I was in **동남아시아.** South East Asia [싸우*스 이스트 에이샤]

1주 동안이죠? 껌딱지 뭐였죠? → for 1 week (스텝 08[02])

→ I was in South East Asia for 1 week.

영어는 '동남'이라 안 하고 '남동'이라 하죠?
영어는 나침반이 항상 가리키는 북쪽을 더 중요시 여겨서인지 순서가 North부터 시작합니다. North 하니 반대쪽은 South , 그리고 동에서 서쪽으로 지구가 도니 East 들어가고 West입니다.

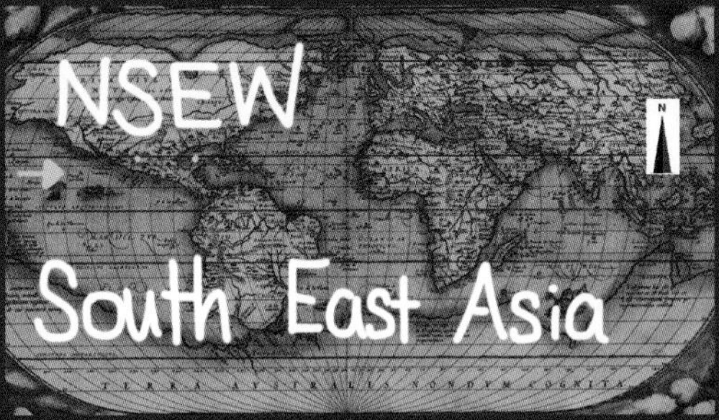

자, 그럼 다음 말을 보죠.

난 여름방학 동안 유럽에 있었어.

잠깐! 한국 여름방학은 3~4주. 영국 여름방학은 8~9주.
서로 전혀 다른 시간이죠? 그래서 for로 가자니 타임라인에서 걸리는 시간이 전혀 다를 수가 있습니다.

그렇기 때문에, 다른 껌딱지를 하나 더 만들어줍니다. 그게 바로 **during** [듀링]
껌딱지이니 바로 붙이고 엑스트라 말하면 됩니다, during summer holiday.
→ I was in Europe during summer holiday.

방학이나 휴가는 vacation [*베케이션]으로 익숙하죠? 프랑스는 휴가를 vacance [*바캉스]라 합니다. 비슷하죠?

영국은 1년이 3학기로 나뉩니다.
여름방학은 Summer holiday, 겨울방학은 Christmas holiday, 봄방학은 Easter holiday라고 보통 불립니다. 회사에서 내는 휴가도 holiday라고 하죠.

이런 holiday들을 미국은 다 vacation이라고 하는 겁니다. 미국은 공휴일만 holiday를 쓰고 영국은 그런 공휴일은 은행이 쉰다고 'Bank holiday'라고 부른답니다. holiday건 vacation이건 상황에 맞게 다 알아들으니 여러분도 편한 단어로 쓰세요.

영국 옥스퍼드 영어 학교에서 한 말 중 하나를 번역해볼까요? 이미지 새기면서 번역하세요.

#Many parents worry about continuing to support their child's reading progress during the school holidays.

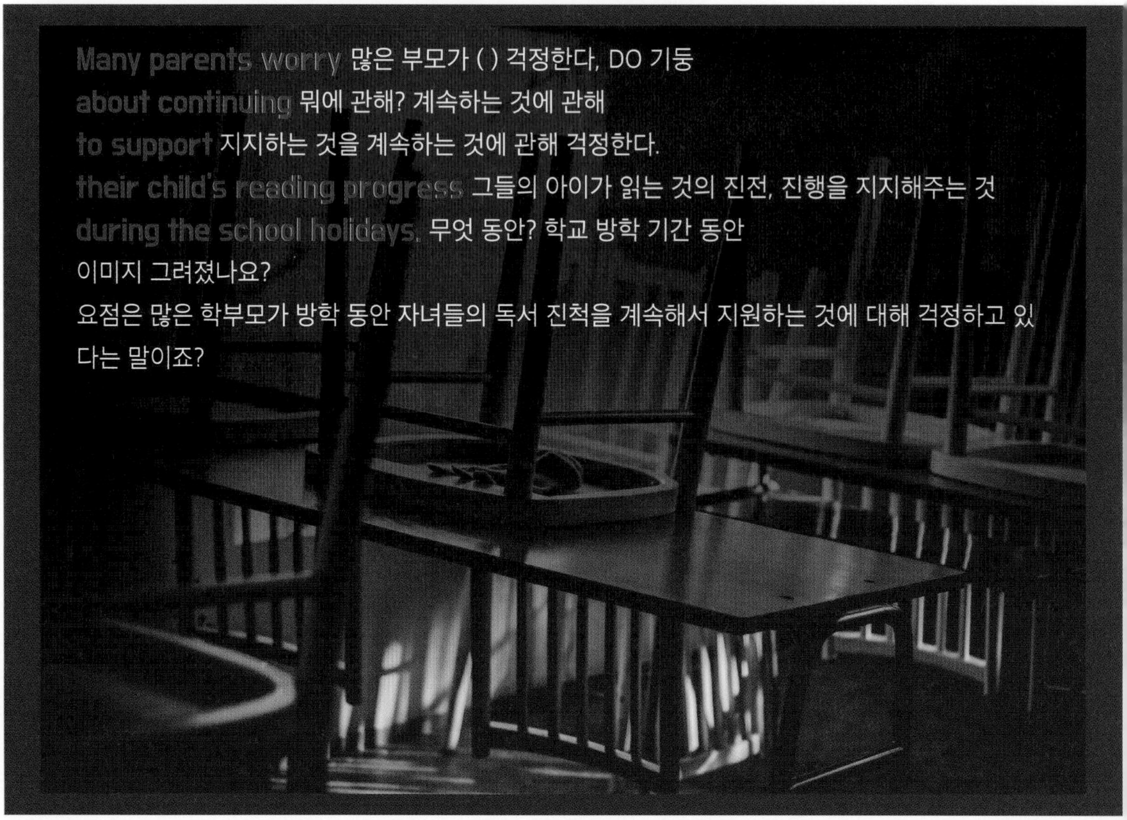

Many parents worry 많은 부모가 ( ) 걱정한다, DO 기둥
about continuing 뭐에 관해? 계속하는 것에 관해
to support 지지하는 것을 계속하는 것에 관해 걱정한다.
their child's reading progress 그들의 아이가 읽는 것의 진전, 진행을 지지해주는 것
during the school holidays. 무엇 동안? 학교 방학 기간 동안
이미지 그려졌나요?
요점은 많은 학부모가 방학 동안 자녀들의 독서 진척을 계속해서 지원하는 것에 대해 걱정하고 있다는 말이죠?

#저 임신 중에 저희 남편은 정말 잘했어요!

> 임신=pregnancy [프*레그넌씨] / great <

→ During my pregnancy, my husband was great!

great보다 강한 단어? amazing [어'메이징]

→ During my pregnancy, my husband was amazing!

빠지는 거 없이 다 잘해서 좋으면 brilliant [브'*릴리언트]

→ During my pregnancy, my husband was brilliant!

껌딱지니까 엑스트라로 뒤에 붙여도 되고, 배경으로 앞에 나와도 되는 겁니다.

#공연 중에는 핸드폰 좀 꺼주시죠.

> performance [퍼*포먼스] / phone / turn off <

→ Please turn off your phone during the performance.

#1시간 동안 노래 불러!

→ Sing for an hour!

1시간이라는 시간을 위해 다른 짓 말고 노래 불러. for는 '~위해서'인데 시간이랑 연결하면 이런 뜻이죠? 스텝 08[02]에서 했잖아요.

이 둘은 서로 비교하며 익혀도 헷갈리지 않습니다. 그럼 연습장에서 만들어보죠.

연습

#A: 실장님(Ann)! 실장님은 여름휴가 동안 뭐 하셨어요?

holiday

.... Ann! What did you do during your summer holiday?

#B: 1주일 동안 두바이에 있는 내 친구 방문했었어.

.... I visited a friend of mine in Dubai for a week.

#업무시간에 연락 바랍니다.

office hours [아우어즈]=업무시간 / call

.... Please call during office hours.

#베네딕트(Benedict)랑 나랑 어제 5시간 동안 얘기했잖아. 우리 정말 통했어.

connect=친해지다, 통하다

.... Benedict and I talked for 5 hours yesterday. We really connected.

#서울은 출퇴근 시간일 때 차들이 엄청 많아.

rush hour=출퇴근 혼잡 시간대

.... There are so many cars during rush hour in Seoul.

#커피 시간 때 저 좀 봐요.

coffee break / come and see me

.... Come and see me during your coffee break.

#미안, 나 회의 동안 자고 있었어.

meeting

.... Sorry, I was sleeping during the meeting.

#시험 보는 동안 당연히 말하면 안 되죠.

exam [이그'*잼]

.... Of course you cannot talk during the exam.

#여기 있는 호텔들은 성수기 동안 항상 만원이에요.

peak season [픽 씨즌]=성수기 / full

.... Hotels here are always full during the peak season.

#전 낮에는 집에 없어요.

day

.... I am not at home during the day.

#저분(남)은 인터뷰 동안 그저 드시기만 했어.

interview / eat

.... He just ate during the interview.

#저분(남)은 1시간 동안 그저 드시기만 했어.

eat

.... He just ate for an hour.

#한국에서는 보통 겨울 동안 뭐 하죠?

.... What do you do in Korea during(in) the winters?

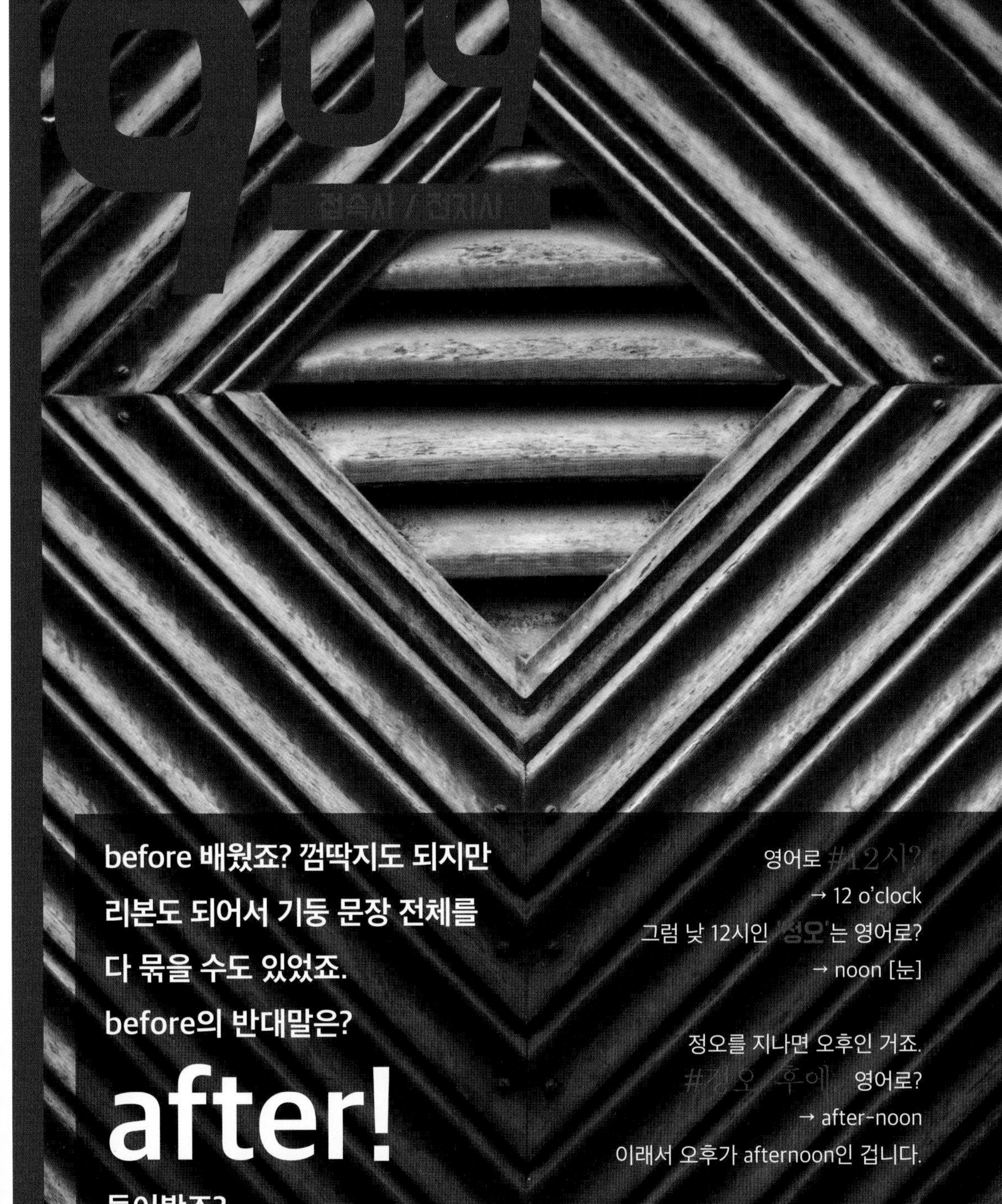

09

접속사 / 전치사

before 배웠죠? 껌딱지도 되지만 리본도 되어서 기둥 문장 전체를 다 묶을 수도 있었죠.

before의 반대말은?

after!

들어봤죠?

영어로 #12시?
→ 12 o'clock
그럼 낮 12시인 '정오'는 영어로?
→ noon [눈]

정오를 지나면 오후인 거죠.
#정오 후에 영어로?
→ after-noon
이래서 오후가 afternoon인 겁니다.

after는 before랑 하는 행동이 같아요. 복잡한 룰이 없으니 껌딱지로 먼저 만들어보죠.

#2시 → 2 o'clock

2시 이후?

이후니까 껌딱지 after 붙이고 2시 붙여주면 끝! → after 2 o'clock

'after 2'도 돼요. 시간도 나이처럼 뻔히 보여서 굳이 o'clock은 말 안 해도 됩니다.

그럼 다음 문장을 만들어볼까요?

#A: 12시에 와! 아니(정정) 3시 이후에 와라!

→ Come at 12! Actually, come after 3!

#아니 아니, 그냥 정오에 와.

→ No, no, just come at noon.

#아니다, (정정) 12시에 오면 안 된다. 1시 이후에 와.

→ No, actually, you can't come at 12. Come after 1.

B: 뭐래!

감탄사처럼 "어휴, 세상에 정신없어!" 이런 표현으로 "Oh my god!"도 되고 또 잘 쓰는 것이

→ Oh my gosh [거쉬]!

더 간단하게 Gosh!

#마음을 좀 정하지!

우유부단한 사람한테 하는 말! 마음을 '만들라'고 합니다.

→ Make up your mind!

상황) 수다스러운 친구가 원서를 준비하고 있는 내 기숙사로 놀러왔습니다.

#A: 너 뭐 하냐? 이 원서 뭐야?

> 원서, 지원서 같은 공식적인 서류는 form <

→ What are you doing? What is this form?

친구가 계속 질문합니다.

#어? 그 코스 지원하는 거야?

> course / apply [어플'라이] <

껌딱지 필요해요. 지원하는데 그 코스를 위해 지원하는 거니 for that course.

→ Are you applying for that course?

#언제 시작하는데? 내일?

→ When is it starting? Tomorrow?

#B: 아니, 모레.

우리말에는 '오늘, 내일, 모레, 글피'까지 각각의 단어가 있지만 영어는 오늘하고 내일만 만들어놓았답니다.

그래서 **모레**를 말할 때는

the day,

그런데 이날이 내일의 다음 날,

after tomorrow.

→ the day after tomorrow

이것이 '모레'인데 단어 길죠?

글피는 뭘 것 같아요?

→ two days after tomorrow,

혹은 three days from now.

#아니, 모레.

→ No, the day after tomorrow.

신데렐라는 밤 12시 땡 하면 변하죠.

밤 12시는 영어로 midnight [미드나잇]

night는 밤이고 mid는 중앙이에요. 영어는 midnight을 잘 씁니다.

아이가 묻습니다.

#밤 12시 이후에 신데렐라에게는 무슨 일이 일어나요?

무슨 일이 일어나다, 두비에서 do 쪽으로 happen 쓰면 되는데, 무슨 기둥 쓸 건가요?

신데렐라는 스토리로 항상 같은 일이 일어나니 타임라인이 큰 DO 기둥.

→ What happens to Cinderella after midnight?

이미 before를 해봐서, after가 어렵지 않죠?

껌딱지로 연습장에서 만들어보세요.

연습

#점심 식사 이후에 회의 있습니다.
lunch / meeting

.... There is a meeting after lunch.

#아침 식사 끝나고 우린 호수로 갔어.
breakfast / lake

After breakfast, we went to the Lake. /
.... We went to the Lake after breakfast.

#산책 후에, 딸의 발이 차가웠어요.
walk=산책 / daughter / feet / cold

After the walk, my daughter's feet were cold. /
.... My daughter's feet were cold after the walk.

#차 사고 후에 목뼈 손상이 생겼잖아.
car accident=차 사고 / whiplash injury [윕라시 인져리]=목뼈 손상

.... I got a whiplash injury after the car accident.

#전 오후 2시 이후에 시간 있습니다. (be 쪽으로)

I am free after 2 in the afternoon. /
.... I have time after 2 in the afternoon.

#유산에 대해 싸움하는 것이 그분(남) 죽음 바로 직후에 시작됐잖아.
inheritance [인헤*리턴스]=유산 / argue [알규]=싸우다 / death [데*스]

Arguing about the
.... inheritance began right after his death.

#유산에 대해서 논쟁하는 건 옳지 않아.

.... Arguing about the inheritance is not right.

#피드백 서류는 제가 Stuart 씨께 이 미팅 끝나면 가져다드릴게요.
form=서류

I'll take the feedback
.... form to Stuart after this meeting.

#나중에 보자!

I will see you later.

#방과 후에 보자.

school

I'll see you after school.

#우리 기념일은 내일모레예요.

anniversary [아니'벌*써*리]

Our anniversary is the day after tomorrow.

껌딱지는 기둥 문장에 안 붙이고 명사에만 붙이죠? 명사는 school도 있지만 동명사라고 해서 smoking, being같이 '잉'을 붙여서 만들 수도 있고요. 배운 건데도 순간 헷갈릴 때가 있죠? 아직까지 탄탄하지 않으면 동명사 스텝인 07[02]를 다시 보세요. 또다시 확 늘 겁니다.

먼저 여기서는 껌딱지랑 붙여 만들어볼까요?

#담배 피우지 마!

→ Don't smoke!

#담배 피우고 난 후, 기분 정말 안 좋았어.

> horrible / feel <

→ After smoking, I felt horrible.

after 이후에 두비를 명사로 붙일 거면 두비에 [잉] 붙이면 되죠?

#저희는 매일 대화해요.

→ We talk every day.

#저희 부모님과 대화하고 난 이후로.

저희 부모님과 대화하는 것 이후인 거죠.

→ After talking to my parents.

#제가 마음을 바꿨어요.

> mind [마인드] / change [체인쥐] <

→ I changed my mind.

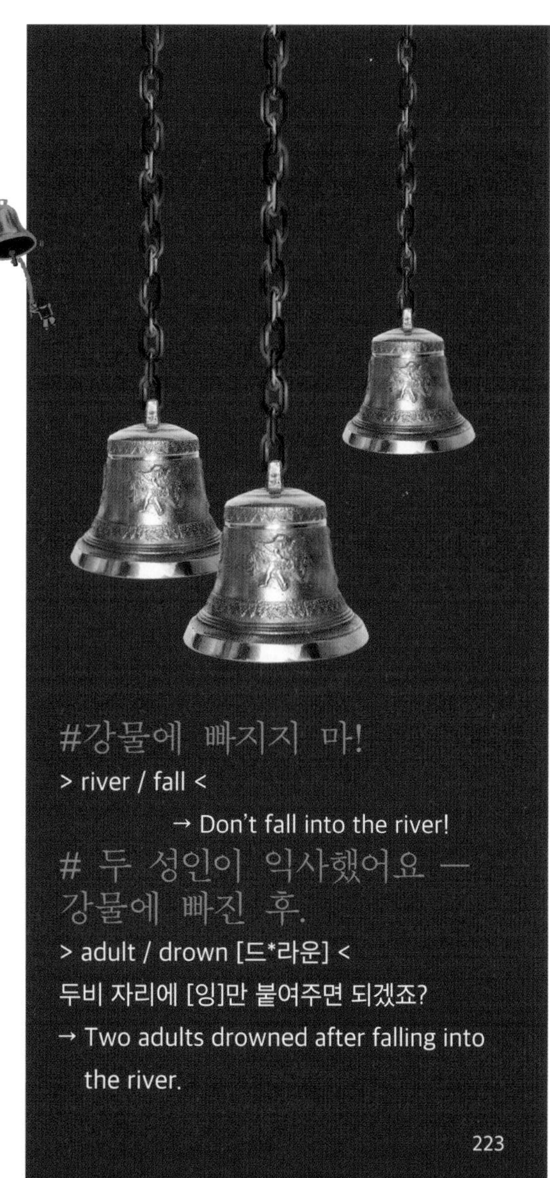

#강물에 빠지지 마!

> river / fall <

→ Don't fall into the river!

두 성인이 익사했어요 — 강물에 빠진 후.

> adult / drown [드*라운] <

두비 자리에 [잉]만 붙여주면 되겠죠?

→ Two adults drowned after falling into the river.

동명사를 어렵게 보지 마세요. 기둥 문장을 다 넣을 수 없다면 간단하게 두비링에 [잉] 붙이면 자동으로 school, book처럼 전체가 명사가 되어버리니 껌딱지로 간단히 붙여버릴 수 있는 겁니다.
자! 그럼 이번엔 어휘 늘리면서 가볼까요?

'나이트클럽'에서 부킹한다고 하죠?
부킹은 자리를 미리 잡아주면서 사람을 만나게 주선해주죠. 콩글리시예요. 영어에서 booking은 호텔, 비행기 자리 등의 예약에 쓰이는 단어입니다.

영국 대표 항공사 British Airways.
이 사이트에는 이런 말이 있어요.
#Log in to your booking
Log in은 우리가 말하는 로그인이고
to your booking 껌딱지 붙인 거죠?
방향이? 너의 부킹에, 너의 예약에 로그인 하라는 겁니다. TO 다리 아닙니다!

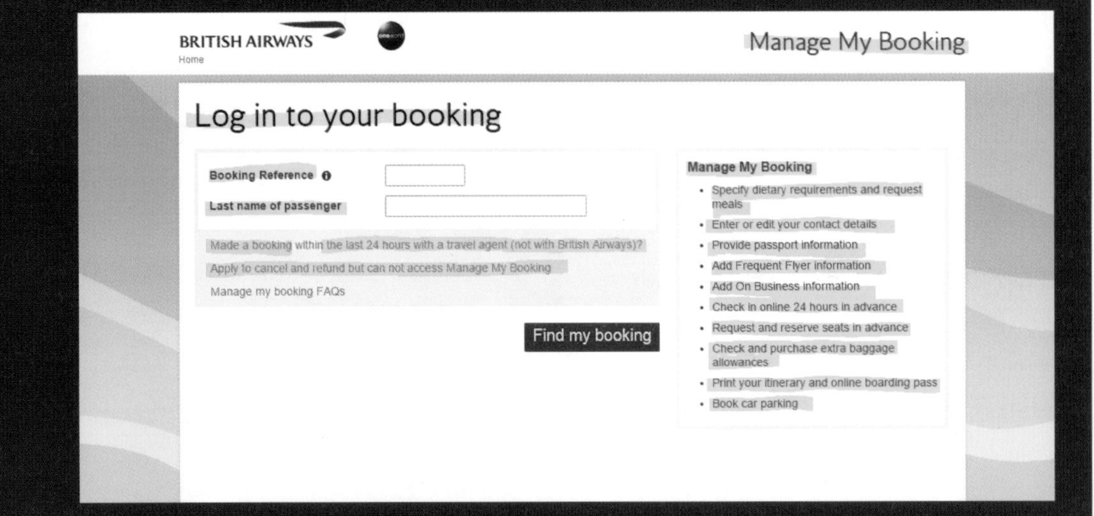

이 페이지는 이미 예약한 사람들이 자신의 예약을 재확인하거나 할 때 사용하는 섹터예요.
형광으로 강조된 부분은 이제 여러분이 다 읽을 수 있는 겁니다. 여러분이 이미 다 아는 구조예요.
기둥 찾고 두비 찾으면서 문장을 앞에서부터 번역하고, 모르는 단어가 나오면 사전에서 찾으세요.
이 페이지 하나만 읽어봐도 항공 여행에 필요한 다양한 용어를 한번에 접할 수 있게 되겠죠.

그럼 이제 after에 기둥 문장 전체를 붙여볼까요? before와 똑같이 문장 전체가 들어갈 수 있다고 했죠? 다음 문장을 만들어보세요.

상황) 집이 비어서 애인이랑 몰래 놀 계획이에요.

#너희 엄마 가시고 나면 전화해!

→ Call me after your mum leaves!

리본은 기둥 문장 2개를 연결해주는 것이어서 순서 바꿔서 통째로 앞으로 와도 됩니다. 왔다 갔다~ 콤마가 들어가는 것은 이해하죠? 원래 뒤에서 생긴 것이 앞으로 나오니까 구분해주는 겁니다. 앞으로 빠지면서 배경 깔아주는 식도 되죠? 너무 문장 구조가 뻔해서 콤마를 생략하는 경우도 많다고 했습니다. 배경으로 빼보세요.

→ After your mum leaves, call me.

엄마가 가신 것 같아 전화를 했는데 애인이 안 받았어요. 계속 전화하다 포기하고, 다음 날 만났습니다. 그런데 애인이 도리어 이렇게 묻습니다.

#엄마 가시고 나서 왜 나한테 전화 안 했어?

→ Why didn't you call me after your mum left?

엄마가 갔다고 생각했으니 after your mum left로 과거 기둥 문장으로 붙였죠? 룰이 아닌 상식적으로 생각하면 되는 겁니다.

이제 리본만 해도 because, when, before까지 3개나 접했기 때문에 어렵지 않을 겁니다. 똑같은 방식인 거죠. 그럼 혼자 연습할 때는 이 3개를 돌아가면서 한 번씩 만들어보세요. 같은 구조로 단어만 바뀌는 것뿐입니다!

9 10

의문사 의문문

WH Q

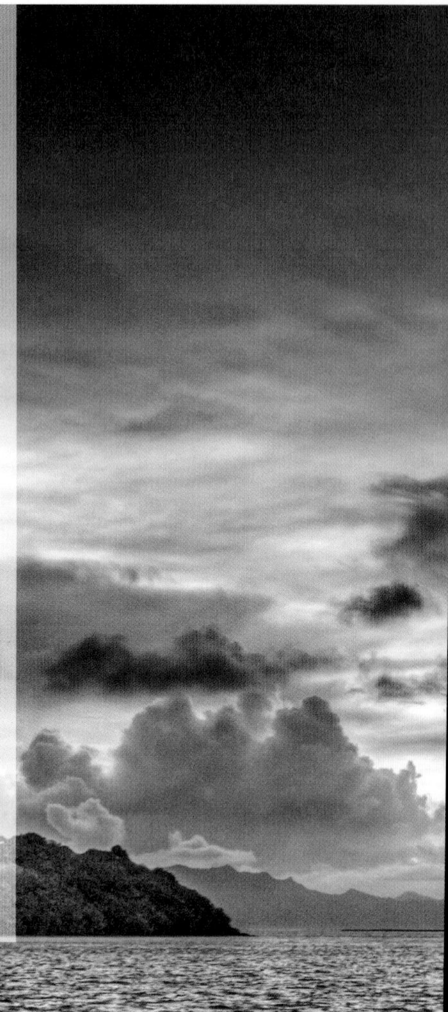

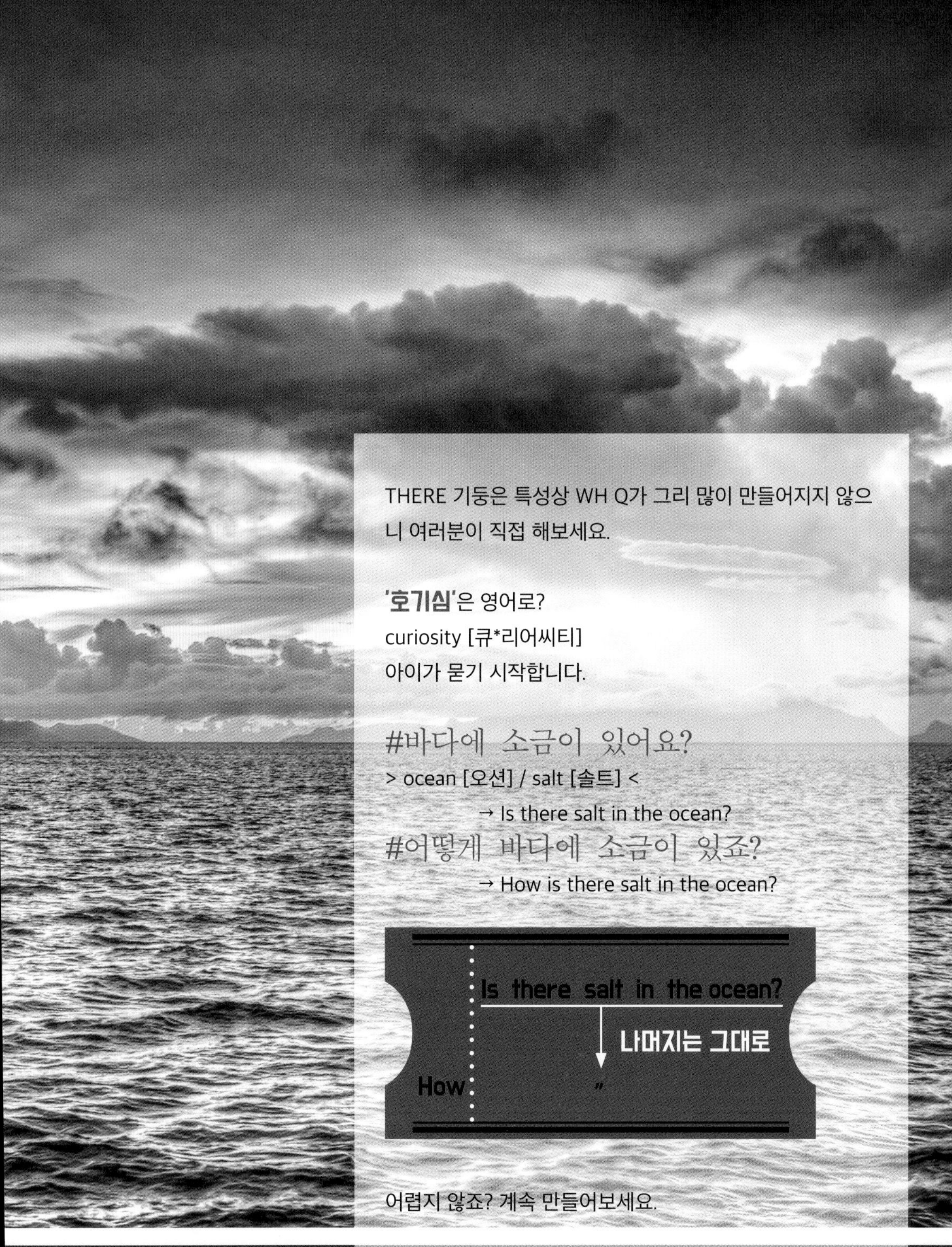

THERE 기둥은 특성상 WH Q가 그리 많이 만들어지지 않으니 여러분이 직접 해보세요.

'호기심'은 영어로?
curiosity [큐*리어씨티]
아이가 묻기 시작합니다.

#바다에 소금이 있어요?
> ocean [오션] / salt [솔트] <
→ Is there salt in the ocean?

#어떻게 바다에 소금이 있죠?
→ How is there salt in the ocean?

Is there salt in the ocean?
나머지는 그대로
How "

어렵지 않죠? 계속 만들어보세요.

#암에는 치유법이 없습니다.

> cancer / '완치하기 위한 치유법'은 cure [큐어] <
There isn't cure도 되고 더 잘 쓰는 말,
→ There is no cure.
엑스트라 더 있죠? 암에 치유법이 없는 건데 껌딱지 뭐가 좋을까요? 방향보다 더 좋은 것.
암을 위한 치유법 for cancer.
→ There is no cure for cancer.

#왜 암에 치유법이 없는 거죠?

→ Why is there no cure for cancer?
YN Q로 뒤집은 후 앞에 WH 붙이고 나머지는 그대로 내려오기만 하면 되겠죠.
cure를 do 자리에 넣으면 '치유하다'란 뜻이에요.

#왜 우린 이것을 치유할 수 없죠?

→ Why can't we cure this?

어휘력 넓히면서 좀 더 해보죠.
정년퇴직은 국가가 정해놓은 의무죠?
#퇴직은 영어로? retirement [*리'타이어먼트]
하지만 캐나다에서는 퇴직이 선택이지, 의무는 아니라고 하네요.

#'의무적인' 은 영어로?
의무도 종류가 다양하죠? 가족의 의무, 직장의 의무, 내 책임에 의한 의무.
국가가 정해놓은 의무에서 '의무적인'은 영어로 mandatory [만더터*리]
정년퇴직은 의무적인 퇴직이에요. mandatory retirement.
쉬운 단어 아닙니다. 그럼 만들어보세요.

#왜 정년퇴직이 있는 거지?

→ Why is there mandatory retirement?
왜 존재하느냐고 묻는 거니까 THERE 기둥이 잘 어울립니다.

WH 질문은 어렵지 않으니 연습장에서 만들어보세요.

#한국에는 왜 4계절이 지금은 없는 거죠?

season [씨즌]=계절

...... Why aren't there four seasons in Korea now?

#한국에는 왜 '김씨'가 많이 있어요?

Kims

...... Why are there many 'Kims' in Korea?

#별들이 있어요. 하늘에는 별이 몇 개 있어요?

star

...... There are stars. How many stars are there in the sky?

#우리 우주에는 지구의 해변에 있는 모래 알갱이보다 더 많은 별들이 있다.

Universe=우주 / Earth / beach / sand / grain [그*레인]=알갱이

...... There are more stars in our Universe than grains of sand on the Earth's beaches.

#왜 내 방 밖에 경찰관이 있는 거죠?

police officer [오*피써]

...... Why is there a police officer outside my room?

#왜 바닥에 물이 있어?

floor / water

...... Why is there water on the floor?

#그거 닦아, 누가 미끄러져 목 나가기 전에!

wipe=닦다 / slip=미끄러지다 / neck / break=부러지다

...... Wipe that before someone slips and break their neck!

#영어에는 글자가 몇 개 있어?

letter=글자

...... How many letters are there in English?

#A: 버스에 5명이 타고 있었어요.

.... There were five people on(in) the bus.

#B: 버스에 7명이 타고 있었나요?

.... Were there seven people on the bus?

#A: 네? (짜증 내며) 제가 방금 말해주지 않았나요?

.... What? Didn't I just tell you?

#B: 죄송해요. 못 들었어요. 그래서 몇 명이 있었다고요?

Sorry, I didn't hear you.

.... So how many people were there?

#우주 전에는 뭐가 있었죠?

universe

.... What was there before the universe?

#A: 뉴욕에는 몇 명이 있지?

.... How many people are there in New York?

#B: 8,405,837명이 있다네요. (난 정확히 모르지만 그렇다고 하네요.)

.... Apparently, there are 8,405,837 people.

#지구온난화는 영어로?

지구는 Earth.
Earth는 우주적인 관점에서 말하는 것이고
지구온난화는 국가들이 연결된 지구 안의 문제죠.
국가들이 다 보이는 지구는 지구본처럼 생겼고
지구본은 globe [글로브]라고 부른답니다.
국가들의 규모를 상상하면서 세계를 말할 때는
global, 그래서 글로벌 시대, global age라고 하죠.

지구온난화는 지구에 있는 세상이 더워지고 있는 거죠?
'따뜻하게 데우다'는 warm [웜].
그 뒤에 [잉] 붙이면 '따뜻하게 데우는 것', warming.
지구가 따뜻하게 데우고 있는 것.
Global Warming

이미지 그려지죠? 특별하게 붙인 명칭이어서 사람 이름처럼 대문자로 사용합니다.

#왜 지구온난화가 있죠?
→ Why is there Global Warming?

#날씨는 영어로? → weather [웨*더]
#기후는? → climate [클라이멧]
#기후변화는? → climate change

지구온난화와 관련된 영화 제목을 한번 볼까요?

#그저께가 영어로? → the day before yesterday
#모레는? → the day after tomorrow
다 배웠죠?

지구 기상변화에 관한 영화 중 꽤 흥행한 작품, 〈투모로우〉.
tomorrow면 정말 가까운 거죠. 오늘을 이미 살고 있는데, 벌써 내일이잖아요.
하지만 이 영화의 실제 제목은 〈The day after tomorrow〉랍니다.

모레인 거죠. 이러면 가깝게 다가와 있긴 해도 기상변화에 대해 준비할 만한 시간은 있다는 느낌이 들죠. 우리말 번역과 실제 오리지널이 다르죠?

이런 경우가 상당히 자주 있답니다. 그래서 그 차이를 찾는 것도 재미있을 겁니다.
그럼 WH를 넣어 비슷한 질문들을 스스로 만들어보세요.

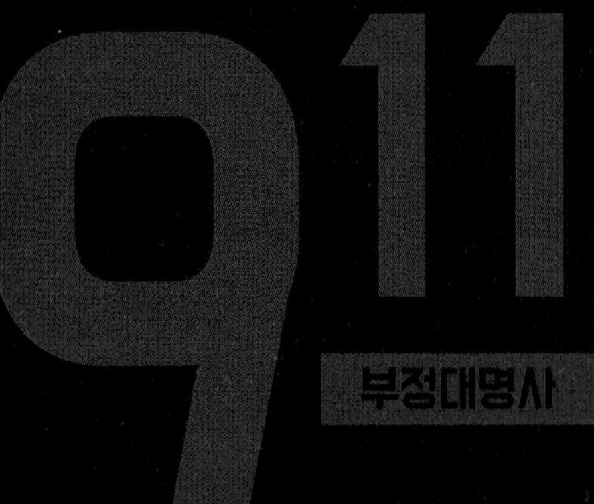

One None

이번 스텝은 영어에서 정말 잘 쓰이는데 많은 분이 잘 안 쓰세요.

바로, one.
1이죠.
사용법은 간단하니 바로

#손안에 그것들 뭐야?

What is that~이 하나라면 여러 개일 때는 those로 가면 되죠?
What are those~ 껌딱지 잘 붙이셨나요? 이제 설명 없어도 왜 in인지 아시죠?

→ What are those in your hand?

#나 하나 줘봐.

→ Give me one!

끝! 간단하죠? 하나잖아요. one으로 말하면 되는 겁니다. 쉬우니 살짝 더 나가보죠.

#날 애처럼 취급하지 마!

> kid / treat [트*릿트] <

→ Don't treat me like a kid!

그럼 애처럼 행동하지 마!

Then don't act~ '애처럼'이니 껌딱지 **like 붙이고 다시 kid라고 하려니까 영어는 저런 뻔히 보이는 단어 반복은 싫어한다고 했죠?** 그래서 her, me 등을 쓰는 거잖아요.
대신 애처럼 굴지 말라 했으니 여기서는 특정한 사람이 아니어서 you나 him 등으로 갈 수가 없어요.
하지만 우리 someone 배웠죠? one이 사람 한 명도 될 수 있잖아요. this나 that도 사람한테 쓸 수 있는 것처럼 one도 마찬가지입니다.
다시 만들어보세요.

#날 애처럼 취급하지 마!

→ Don't treat me like a kid!

#그럼 애처럼 행동하지 마!

→ Then don't act like one!

또 해볼게요.

#펜 하나 있어?

→ Do you have a pen?

#아니. 펜 없어.

No, I don't have a pen. 이렇게 말해도 되지만
→ No, I don't have one. 이렇게 말해도 된다는 거죠. 펜 하나잖아요.

one은 익숙해지는 데 시간이 좀 필요하니 지금은 접하면서 연습하세요. 더 만들어보죠.

#A: 저쪽 테이블 위에 핸드폰이 5개 있습니다.

→ There are five phones on that table.

#B: 전 검은색 갖고 싶어요.

→ I want the black one.

#옛날 거는 할인해주실 수 있어요?

> old / discount=할인 / give <

→ Can you give me discount on the old one?

#전 싼 거는 원하지 않아요. 쉽게 망가질걸요.

> cheap / easy=쉬운 / break <

→ I don't want the cheap one. It will break easily.

#A: 항상 그렇지는 않아요. 이건 좋은 회사에서 나온 거예요.

→ Not always. This is from a good company.

#이건 마음에 드세요?

'이것'은 this도 되는데, 다양한 것 중 하나를 꺼내 말할 때는 this one이라고도 잘 말합니다.

→ Do you like this one?

#B: 네. 그건 정말 마음에 드네요.

→ Yes, I do like that one very much.

#The second one is little tacky for my taste.

두 번째 것은 = 좀 촌스럽다, for my taste?

my taste는 취향을 말합니다. 내 취향을 위해선 그것이 조금 촌스럽다고 직역되죠. 내가 보기에는 좀 촌스럽다고 말하는 겁니다. 이제 연습장 가서 직접 만들어보세요.

#내 폰 너무 느려요. 새 폰을 가지면 안 돼요?

slow / new

My phone is too slow.
Can't I get a new one?

#A: 충전기 필요하네. 너 있어?
charger=충전기

I need a charger. Do you have one?

#B: 네 건 어디 있는데?

Where is yours?

#A: 모르겠어. 아무튼, 너한테 하나 있느냐고?

I don't know. Anyway, do you have one?

#B: 어, 내 방에 하나 있어.

Yes, there is one in my room.

#이 그림이 여기서 가장 오래된 그림입니다.
painting / old

This picture is the oldest one here.

#내 가방을 잃어버렸어. 새 가방이 필요해.
lose=잃다 / new

I lost my bag. I need a new one.

#파란색 펜 사용하지 마세요. 이 검은색 사용하세요.
blue / use=사용하다 / black

Don't use the blue pen.
Use this black one.

#어머니는 제게 큰 풍선을 주셨지만, 전 더 작은 것을 원했죠.
balloon / give / small

My mother gave me a big
balloon, but I wanted a smaller one.

#A: 뭐 먹고 있어? 쿠키? 나 하나 줘라.
cookies

What are you eating?
Cookies? Give me one please.

#B: 이게 내 마지막인데.
last

This is my last one.

#첫 번째 장이 두 번째 장보다 더 흥미로웠어.
chapter=장 / interesting

The first chapter was more
interesting than the second one.

#A: 우리 계란 있어?

→ Do we have eggs?

#B: 몰라. 냉장고 확인해볼게.

> fridge [*프*뤼쥐] <

→ I don't know. I will check the fridge.

#하나 있는 것 같은데. (생각으로는 있다고 믿는 거죠.)

→ I think there is one.

그런데 확인하니 없습니다.

#아니, 없다.

No, actually, there isn't one. 이렇게 말할 때는 붙여서 **none** [넌]이란 단어도 잘 쓴답니다.

→ No, actually, there is none.

간단하죠. one - none 접해만 두세요.

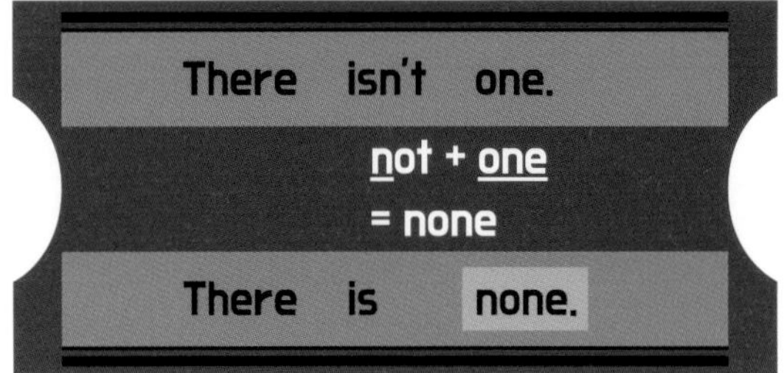

There isn't one.
not + one
= none
There is none.

이제 여러 명을 두고 말해봅시다.

#3명의 여자가 있습니다.

→ There are 3 women.

1명. 3명 중 1명을 뽑는 거죠? the one.

빨간 머리 아이. 엑스트라 붙여보세요.

→ the one with red hair.

이렇게 말할 수 있답니다. the를 붙이는 이유는 아무 빨간 머리 아이가 아닌, 셋 중에 빨간 머리를 한 아이라고 지정해주는 거죠.

다음을 만들어보세요.

#금발 머리 아이

> blonde [블론드] <

→ the one with blonde hair

#검은 머리 아이

→ the one with black hair

이제 머리 색이 아닌, 성격으로 말해보죠.

#(세 명 중) 똑똑한 아이

→ the smart one

#귀여운 아이

→ the cute one

#거침없는 아이

> feisty [*파이스티] <

→ the feisty one

그럼 문장으로 말해봅시다. A = B인 것처럼.

#검은 머리 아이는 똑똑한 아이고,

→ The one with black hair is the smart one,

#금발 머리 아이는 귀여운 아이고,

→ The one with the blonde hair is the cute one,

#빨간 머리 아이는 거침없는 아이입니다.

→ And the one with the red hair is the feisty one.

어휘 넓히면서 정리해보죠.

#첫 번째 사람은 집요했고,

> obsessive [옵쎄씨*브] <

→ First one was obsessive,

#두 번째는 open book이었어.

사람한테 open book이라고 하면 다 펼쳐져 있어 속이 빤히 보인다고 말하는 겁니다.

→ Second one was an open book.

#세 번째는 애정에 굶주린 사람이었고,

> needy <

애정에 굶주리면 누군가를 계속 필요로 하는 거죠? needy 하다고 합니다. need에서 온 형용사죠.

→ The third one was needy,

#네 번째는 자신감이 없었어.

> insecure [인씨'큐어] <

자신에 대해서나 다른 사람과의 관계에 대해 '자신이 없는'은 insecure.

→ The fourth one was insecure.

#다섯 번째는 이기적이었지.

> selfish [셀*피쉬] <

→ The fifth one was selfish.

어휘가 다양하죠?

이제 자신의 주위 사람들을 상상하며 말로 만들어보세요. 모르는 단어는 검색해보세요!

#1층이 영어로?

첫 번째 층인 거죠. → first floor 숫자로 쓰면 1st floor.

#3층은?

→ third floor, 3rd floor.

그럼 다음 문장을 말해보세요.

런던의 유명 백화점 Harrods에서 카페를 찾습니다.

#저기요, 카페는 여기 어디서 찾을 수 있죠?

→ Excuse me, where can I find a cafe here?

그런데 대답이:

#There is a chocolate cafe on the 2nd floor.

자! 그럼 몇 층으로 가면 될까요?

2층일 것 같죠? 대다수 유럽 국가와 오스트레일리아(호주)는 저 말 듣고 2층 가면 카페 못 찾습니다. 3층으로 가야 해요.

왜? **'땅'**이 영어로 ground [그*라운드]죠?

영국에서 1층은 ground floor라고 부릅니다. 그래서 엘리베이터를 보면 버튼에 G라고 쓰여 있어요. 1이라 쓰여 있는 버튼을 누르면 우리가 말하는 2층에서 문이 열린답니다.

원래 있던 ground floor, 지상에서 한 층 올라갔다는 뜻으로 1st floor라고 부르는 거죠.

높은 빌딩들. 고층 건축물.
High-rise building [하이*라이즈 빌딩]이라고 부릅니다. 높게 올라간 거죠. 줄여서 High-rise.

반대로 낮게 올라가는 빌딩은?
Low-rise building, Low-rise.

be는 상태죠. be에 low를 붙여 만든 단어 **below**, '밑에'라는 뜻의 껌딱지입니다!

under랑 뭐가 다르냐고요?
under는 뭔가가 위에 있고, 그 아래에 있다는 느낌이 있습니다. 덮여 있다는 느낌이 드는 거죠. 하지만 below는 덮인 느낌이 아니라 그냥 위치의 상태가 (be) 낮은(low) 쪽에 있는 것뿐입니다.

비슷한 느낌이 있으니 껌딱지로 쓸 때 서로 뒤바꾸어 쓰는 경우도 많고 잘못 써도 다 이해합니다.

우리말로도 마찬가지랍니다.

#나 종이 숨겼어, 시계 밑에.

> hide [하이드] - hid [히드] / clock [클럭] <

→ I ( ) hid the paper under the clock.

#나 종이 숨겼어, 시계 아래에.

→ I ( ) hid the paper below the clock.

결국 둘 다 밑이지만, 약간 다르죠?
하지만 행동이 달라질 수는 있죠. 보세요.

열쇠 어디에 숨겼어?

#돌 밑에 숨겼어.

하는데 under를 사용해서

I hid it under the rock. 하면?
→ 돌을 들어 올려서 찾을 거고.
I hid it below the rock. 하면?
→ 돌은 내버려두고 돌 아래쪽을 보겠죠.

그럼 연습장에서 익숙해지세요.

#온도가 5도 이하네.

temperature [템프*리쳐]=온도

.... The temperature is below 5.

#재(여) 방은 내 방 아래에 있어.

.... Her room is below mine.

#80 이하로 운전하면 안 돼. 여긴 고속도로라고.

drive=운전하다 / motorway=고속도로

.... You can't drive below 80. This is a motorway.

#우리 밑에 뭐가 있어?

.... What is below us?

#A: 환자(여) 심장박동수가 35 이하로 떨어지고 있어요!

patient [페이션트]=환자 / heart rate [하트 *레이트] / drop=떨어지다

.... The patient's heart rate is dropping below 35!

#B: 지금 중환자실로 옮기세요! (Get을 사용)

ICU=중환자실

.... Get her to the ICU now!

#네 속도는 평균 이하야.

speed / average [아*브*리쥐]=평균

.... Your speed is below average.

#이 선 아래로는 쓰지 마세요.

.... Please do not write below this line.

#저분(여)은 우리 부서 감독관이셔. 내 바로 밑이야.

department=부서 / supervisor [수퍼*바이저]=감독관

.... She is the supervisor of our department. She is just below me.

#See below.

Below what? below를 껌딱지로 배웠는데 뒤에 붙는 것이 아무것도 없죠? 뻔히 보여서 생략하는 겁니다 . 그냥 '밑에를 보세요'가 되는 거죠. 이런 것은 껌딱지를 익히면 다 자연스럽게 알게 됩니다. 그럼 주위를 둘러보면서 below를 사용해 말해보세요.

913

전치사 / 부사

THE SHERLOCK HOLMES MUSEUM
SOUVENIRS BOOKS ANTIQUES AND CURIOS
221B
221b SHERLOCK HOLMES
Open

ABOVE (ALL)

영어로 만들어보세요.

#왓슨 의사 아세요?

→ Do you know Doctor Watson?

#왓슨 의사가 누구인지 아세요?

→ Do you know who Doctor Watson is?

그러고선 설명하는데,

He ( ) lives below~ 하고서 말을 더 이상 안 해요.

이미지 그려보세요. 반만 그려졌죠? 아래에 산다는데, 어디 아래인지 몰라요. 그러면 어떻게 질문하면 될까요?

Below what?

그러자 손가락으로 가리키며 말합니다.

#저 남자 밑에요.

→ Below that guy.

#저 남자 밑의 층에 살아요.

→ He lives below that guy.

that guy는 왓슨 의사네 위층에 사는 거죠.

#전 왓슨 의사 위층에 삽니다.

이 말을 하려면 below의 반대말을 찾으면 되겠죠?

바로 **above** [어보*브]

below의 반대로 방식은 똑같습니다.

→ I ( ) live above Dr. Watson.

간단하죠? 계속 영어로 만들어보세요.

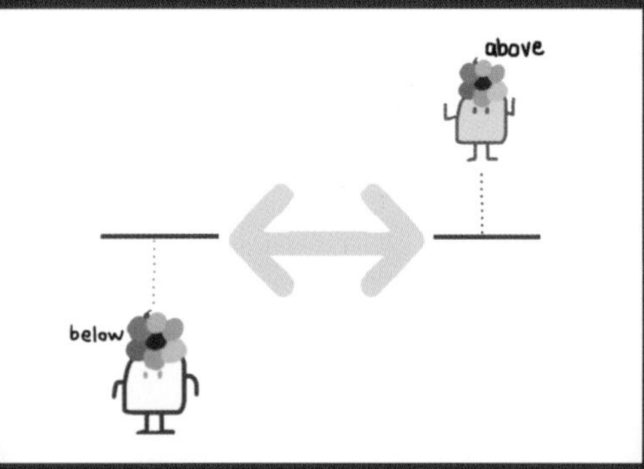

#That guy: 내가 누군지 아시나요?

→ Do you know who I am?

#여러분은 이분이 누군지 아세요?

→ Do you know who he is?

#셜록 홈스입니다.

→ It's Sherlock Holmes.

셜록 홈스. 영국 의사 Arthur Conan Doyle [아*써 코난 도일]이 쓴 책 주인공이죠. 책은 구글에서 영어로 검색하면 원본을 무료로 쉽게 접할 수 있지만 레벨은 꽤 어려울 겁니다. Dr. Watson은 셜록과 제일 친한 친구입니다.

#네 머리 위를 쳐다봐!

명령 기둥이죠.

쳐다봐, look!

어디를 봐요? 네 머리 위쪽. 포인트로 뭔가를 보라는 것이 아니라 그냥 머리 위를 보라는 것이니 껌딱지로 above를 써주면 간단하죠.

→ Look above your head!

#네 머리 위!

→ Above your head!

'온도'가 영어로? temperature [템프*리쳐]

#여러분 '영상'이 영어로 뭘 것 같아요?

→ What do you think '영상' is in English?

#온도계를 가까이 보세요.

> thermometer [*써모미터] / close [클로스]=가까운 <

→ Look at the thermometer closely.

영상은 0이라는 수를 기준으로 위인 거죠.

영상 above zero [*지로]입니다.

#온도가 영상이네요.

> temperature <

→ The temperature is above zero.

걸핏하면 화내는 성질. 그 성질을 영어로 temper [템퍼]라고 해요. 열이 오른 거죠.

#저 집(여자분) 신랑은 성질이 급하셔.

> quick temper=급한 성질 <

→ Her husband has a quick temper.

#배워! 조절하는 법을!

→ Learn to control!

#배워! 성질을 조절하는 법을!

→ Learn to control your temper!

below를 알고 날면 above도 어렵지 않죠?

그럼 연습해보세요.

연습

《곰돌이 푸》는 영국 작가가 쓴 만화랍니다.

#푸우: 어두운 구름이 내 친구 위에 있네, 또.

dark cloud [클라우드]

.... There is dark cloud above my friend again.

#나 평균 위일 수 있어.

average [아*브*리쥐]

.... I can be above average.

#혈압이 정상보다 높으시네요.

blood pressure / normal

Your blood pressure is above normal. /

.... Your blood pressure is higher than normal.

#미 해군에서는 captain이 commander보다 위예요.

U.S. navy [네이*비]

.... In the U.S. navy, a captain is above a commander.

#우린 구름 위를 날 거야!

clouds / fly

.... We will fly above the clouds!

#위 설명을 따르세요.

instructions [인스트*럭션즈]=설명 / follow [*폴로우]=따르다

.... Please follow the above instructions.

#그림을 소파 위에 걸어.

picture / hang

.... Hang the picture above the sofa.

#파랑새가 내 머리 위에 있어? 내 머리 위에서 날고 있어?

Is a blue bird above my head?

.... Is it flying above my head?

어렵지 않죠?
하나만 더 짚고 넘어가죠.
상황) 장례식에서 추도 연설을 읽습니다.
#추도 연설은 영어로? eulogy [율러지]

#저희 할아버지는 친절하셨고, 위트 있으셨으며, 너그러우셨습니다.
> kind / witty / generous [제너*러스] <
→ My Grandfather was kind, witty and generous.
그리고 무엇보다도 할아버지는 용기 있는 분이셨습니다.

그리고 무엇보다도?
말을 나열하다가 위에 있는 것 전체를 묶어서 그다음 말을 강조하는 거죠. 위의 all보다 우선시되는 것.
영어로
and above all,
만들어보세요.

#그리고 무엇보다도 할아버지는 용기 있는 분이셨습니다.
> courageous [커*레이져스] <
→ And above all, he was courageous.

brave 쓰지 않고 courageous 썼죠? 단어가 화려하죠?
정의를 위해 맞서고 불의를 지나치지 않는 용기를 가진 이에게 courageous라는 단어를 써준답니다.

above all은 above가 탄탄해지면 스스로 픽업하게 될 테니 오늘은 above를 직접 다양한 기둥과 함께 섞어서 만들어보세요.

9 14

의문대명사

which

이번 스텝은 쉬면서 복습을 하죠.
6하 원칙! WH Questions!
얼마나 늘었는지 볼까요?
빨리 말하기! 시작!

#누가?
#언제?
#어디서?
#무엇을?
#어떻게?
#왜?

속도 올라갔나요? 그다음!

#얼마나 크게?
#얼마나 싼데?
#무슨 집?
#무슨 사업?
#어떤 유의 사람들?

How big? What house? What kind of people? 등등 쉽게 입에서 나왔나요? 낯설지 않으면 되니까 이렇게 복습으로 나오면 다시 한번 반복해보세요.
그럼 이번 스텝에서는 새로운 것을 또 늘려보죠! 다음을 영어로 만들어보세요.

#이 세상에서 누구 좋아해?
> world [*월드] <
→ Who do you like in this world?
배경으로 깔아도 됩니다.
#이 세상에서, 누구 좋아해?
→ In this world, who do you like?

#내 친구.
→ My friend.
'누구 좋아해?'의 대답은 선택권이 넓었죠.
가족, 애인, 옆집 누나, 세종대왕, 체육 선생님 등 갖가지 사람들이 다 레이더 반경에 들어왔습니다.
그런데 대답이 내 친구.
레이더가 확 좁혀졌죠. 모든 사람에서 친구로 한정되면서 친구 구역으로 들어온 겁니다.
이제 한 번 더 질문 들어갑니다.

어떤 친구? 어떤 친구 좋아하는데?

이때 사용하는 wh-를 소개합니다. 바로 which [위치]

누구? 어떤 친구? 한국말로도 다르죠?
누구는 모든 사람 중 누구?
어떤 친구는 친구 중 누구?
이것이 영어로 who와 which입니다.

대신 which 같은 경우는 한정되게 들어가기 때문에, 뒤에 그 범위를 정해주죠.
Which friend?
이러면 끝! 쉽죠? 만들어보세요.

#어떤 친구 좋아하는데?
→ Which friend do you like?
WH 자리에 그대로 들어가고 나머지는 다 똑같아요.

What friend로 하면 메시지가 살짝 이상합니다.
무슨 친구? 뭔 친구? 네가 친구가 어디 있어?
이런 느낌이 든답니다.
What are you? "너 뭐야?"처럼 말이죠.

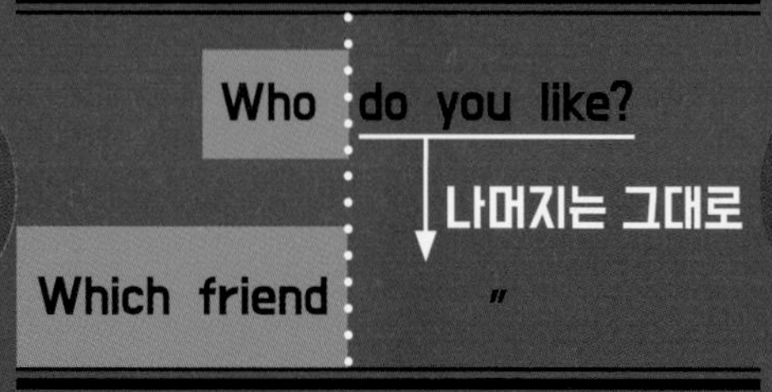

자, which는 사람 구역에만 적용되는 것이 아니라,
6하 원칙에 다 연결될 수 있습니다. 영어로 만들어보세요.

상황) 병원에서 옆 환자가 통화 중이네요.

#나 어디냐고? 병원에 있어.

→ Where am I? I am at the hospital.

#어디 병원? 왜 알고 싶은 건데?

→ Which hospital? Why do you want to know?

이치는 똑같죠. 어디냐고 물으려니 where?
장소가 추려지면서 병원 중에 고르려고 한 번 더 물어보니
which hospital?

which를 '어떤'으로만 외우려 하는 분들!
'어디' 병원도 되죠? 꼭 '어떤'이라고만 나오지 않아요.
그러니 언제 which를 쓰는지 상황을 기억하세요.
그럼 연습장에서 스스로 만들어보세요.

연습

#A: 3개의 다른 타입 원피스가 여기 있어. 어느 원피스가 마음에 드니?

type / dress

There are 3 different types of dresses here.
Which one do you like? / Which dress do you like?

#B: 검은색이 정말 마음에 드네요.

like

I really like the black one. / I do like the black one.

#입어봐도 될까요? 너무 딱 맞다.
try on=입어보다 / tight=꽉 조이는

.... Can I try it on? It's too tight.

#A: 저희 큰아빠가 저~기 계세요.
uncle

.... My uncle is over there.

#B: 다시, 어느 분이 네 큰아버지시니?

.... Which one is your uncle again?

#오늘 학교에서 무슨 과목 공부했니?
subject [써브젝트]

Which(What) subject did you
.... study at school today?

#어떤 색을 원하십니까?

.... Which(What) color do you want?

#A: 네 폰 좀 사용해도 될까?

.... Can I use your phone?

#B: 어, 위층 내 침대 위에 있어.

.... Yeah, sure. It is upstairs on my bed.

#A: 어느 방이 네 방이야?

.... Which room is yours?

#B: 파란색 문인 방.

The one with the blue door. /
.... The room with the blue door.

#A: 너 여기 전화기 정말 많이 있어! 어떤 게 네 거야?

You have so many phones here!
.... Which is your phone? / Which one is yours?

#B: 다 내 거야! 그냥 아무거나 써!
any

They are all mine! Just use any! /
.... Just use any of them!

외국에 나가면 "중국인?" 혹은 "일본인?"이냐고 묻는 경우가 대다수입니다. 한국도 유명해져서 대답을 '한국인'이라고 해도 많이들 알아듣지만 그다음 질문으로 남한인지, 북한인지 물어볼 때가 있어요.

대화로 만들어봅시다.

#A: 어디서 왔어요?

→ Where are you from?

#B: 네? 못 들었어요.

→ Sorry? I didn't hear you.

#A: 어디서 왔느냐고 물었어요.

→ I said "Where are you from?"

→ I asked "Where are you from?"

#B: 아! 어디서 왔느냐고요? Korea 출신인데요.

→ Ah! Where am I from? I am from Korea.

#A: 어느 쪽요?

왼쪽, 오른쪽, 바깥쪽, 안쪽.

left side, right side, outside, inside.

어느 쪽?

→ Which side?

이제 잘 못 알아들었다고 치고 물어보죠.

#B: 네?

→ Sorry?

#죄송한데 질문이 잘 이해가 안 가네요.

→ I am sorry but I do not understand your question.

A: Korea 어디 쪽 출신이냐고요?

Which side~ 부분은 부분인데 한 번 더 들어가죠? of Korea

→ Which side of Korea are you from?

#북한 출신이에요, 남한 출신이에요?

→ Are you from North Korea or South Korea?

#B: 전 남한 출신이에요.

→ I am from South Korea.

어렵지는 않죠? 기둥 골라서 거기에 맞추는 습관은 끝까지 가야 합니다.

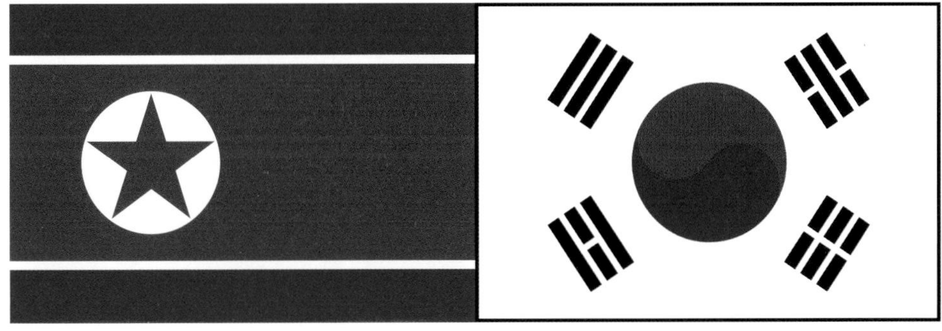

자! 적은 수에서 골라낼 때는 which를 쓰지만, 꼭 골라낸다는 느낌으로 말할 필요가 없을 때는 what이나 who처럼 크게 테두리를 쳐서 사용하면 됩니다.

1가지의 정해진 룰로만 언어가 움직일 것이라는 생각은 버리세요. 안 그러면 자신이 익힌 것과 다른 방식을 접했을 때 혹시 잘못 기억하나 하며 스스로의 실력을 의심할 수 있게 됩니다. 다양한 방식이 있다는 것을 잊지 마세요! 그럼 이제 which를 생각하면서 문장을 만들고 익숙해지세요.

915
부정대명사
Both

라자냐와 리조또.
둘 다 쉽게 접하는 이탈리아 음식이죠.
스펠링은 여전히 이탈리안 스펠링
lasagna and risotto.

#A: 어떤 거 먹을래?

전 스텝에서 배웠죠?
한정된 선택권에서 하나 빼면 one.
어떤 하나? 어떤 거?

→ Which one do you want?

그러자 대답이

B: 둘 다 먹고 싶어!

이번 스텝에서 접할 단어입니다.
둘 다! 수를 좋아하는 영어는 둘을 묶어 새로운 단어를 만들었습니다. **both** [보*스]
상사의 boss [보스]와 발음이 다릅니다.
사용법은 간단하니 직접 만들어보세요.

#둘 다 먹고 싶어!

→ I want both!

하나 먹고 싶어! "I want one"에서 단어만 바꿉니다.

#A: 그냥 하나만 정해!

→ Just choose one!

#B: 짜게 굴지 말지! 둘 다 달라니까!

→ Don't be cheap! Give me both!

지금까지 수에서 all도 배우고 one도 배웠죠? 똑같은 방식입니다. 복습해보죠.

I	want	one.
I	want	both.

#너희는 모두 거짓말쟁이야!

→ You are all liars!

#모두~~(내 앞에 너희들) 다 거짓말쟁이야!

All, 모두는 모두인데 자세히 들어가 너희들이니, all of you are liars!

→ You are all liars! / All of you are liars!

둘 다 메시지는 같아요. 어느 말이 먼저 나오느냐죠.
전부 싹! 하면서 all이 튀어나왔으면 of you를 붙이는 거고, 아님 뒤에 말하면 되는 겁니다.

언어이기 때문에 말을 하면서 거기에 맞춰 계속 붙여나가면 됩니다. 큰 룰만 생각하세요.

이번엔 내 앞에 2명이 있어요.

너희 → You~
둘 다 거짓말쟁이야! → are both liars!
다시!
둘 다 → Both of you~
거짓말쟁이야! → are liars!

all 자리에 both를 바꿔 끼운다고 생각하면 간단해요!

조금 더 만들어보세요.

#너희들 쌍둥이구나!

> twins <

→ You guys are twins!

#너희 둘 다 너무 귀엽다!

→ You both are so cute!

다른 방법도 있어요.

→ You two are so cute! Two of you are so cute!

대신 two of you면 여러 명이 있는데, 그 all 중 2명만 뽑은 느낌도 있어요.
그냥 내 앞에 둘을 딱 묶어 말하고 싶으면 both라는 단어도 있다는 거죠.
우리도 12개를 묶어 1다스라고도 하는 것처럼 영어는 그 묶음 종류가 좀 더 다양한 것뿐입니다.

둘을 말하려니 머릿속에 먼저 both라는 단어가 떠오른다면?
그러면 both 말하고 너희 둘, 해서 of you로 계속 말하면 되겠죠?

→ Both of you are so cute!

말이 안 나온다고 걱정하지 마세요! 실전은 메시지 전달이 가장 중요합니다. 항상 자신이 아는 어휘 안에서 메시지 전달을 할 줄 아는 것에 집중하세요. 외국어는 알고 있는 것을 탄탄히 하면서 새로운 것들도 옆에서 접하면 됩니다. 그럼 연습장에서 직접 만들어보세요.

#너희 바보들이야, 너희 둘 다.

idiot [이디엇]

.... You're idiots, the both of you.

#두 질문 다 수요와 공급에 관한 것이었습니다.

question / supply [써플라이]=수요 / demand [디'만드]=공급

.... Both questions were on(about) supply and demand.

#걔(남)네 어머님이랑 아버님 두 분 모두 정치인이시잖아.

politician [폴리티션]

.... His mother and father are both politicians.

#엄마: 엄마는 너희 둘을 매우 사랑한단다.

.... I love you both very much.

#양쪽 두 길을 다 보세요, 도로를 건너기 전에.

way=길 / street=도로 / cross

.... Look both ways before you cross the street.

#여기 여름은 덥기도 하고 습해.

summer / hot / humid [휴미드]=습한

.... Summer is both hot and humid here.

#넌 내가 둘 다 가질 수 있다고 생각해?

.... Do you think I can have both?

#저희들 2개 다 동시에 못 끝냅니다.

same time=동시 / finish

.... We cannot finish both of them at the same time.

#우리의 첫아이죠, 그래서 저희 둘 다 약간 긴장하고 있어요.

first / nervous

.... It's our first kid, so we're both a little nervous.

세계에서 가장 큰 포털 사이트, Google. Youtube도 구글 거죠.

구글의 두 CEO의 만남을 읽어봅시다. 여러분도 다 번역할 수 있습니다.

#During an orientation for new students at Stanford, Brin met Larry Page.

항상 앞에서부터 번역하세요!

During an orientation

여름방학 동안처럼 during은 무슨 시간 동안을 말하는 거죠. 오리엔테이션 동안,

for new students

뭘 위한? 새로운 학생들을 위한 오리엔테이션 동안,

at Stanford. 포인트, Stanford에서? 대문자로 쓰니 명칭. 미국의 명문 대학 이름입니다.

Brin met Larry Page. Brin 또 대문자죠. 뭔가의 이름인데, met 만났다, meet의 DID 기둥이죠. Larry Page, 이것도 대문자니까 이름. Larry는 흔한 남자 이름입니다.

Brin 역시 이름이에요. 구글의 두 CEO 이름이 Brin Sergey와 Larry Page랍니다.

Brin은 러시아 출생으로 6세 때 미국으로 이민했으며 성이 흔한 러시아 성이죠.

자! 첫 번째 문장의 메시지 전달됐죠? 계속 갈게요.

#In a recent interview for The Economist, Brin jokingly said, “We're both kind of obnoxious.”

In a recent interview 안에, 근래, 최근의 인터뷰에서,
for The Economist. for 뭘 위한, The Economist. 대문자죠. 또 명칭이에요.
유명한 경제지 《이코노미스트》를 말합니다. 콤마 들어갔고,
Brin jokingly said. Brin이 jokingly said, DID 기둥이죠. did say 합쳐서 said, 말했대요.
joking 하면서, 그래서 뒤에 ly 붙은 거죠. 농담하듯이 말했다는 거예요.
“We're both kind of obnoxious.” 우리 = 둘 다 친절한~ 하고 of 붙죠. ‘What kind of music?’처럼 종류, 타입이라는 겁니다. 무슨 타입. obnoxious 타입.
이렇게 모르는 단어가 나왔는데 문맥상 중요한 거면 사전에서 찾아보세요.
obnoxious [옵'넉셔스]는 pleasant [플레즌트]의 반대예요. ‘좋은 게 좋은 거지~’가 pleasant이고, ‘아닌 건 아닌 거다’라고 꼬집으며 그냥 넘어가는 것이 없는 사람을 obnoxious라고 합니다.
나쁘다기보다는, 같이 있기 불편한, 불쾌한 성격인 거죠.

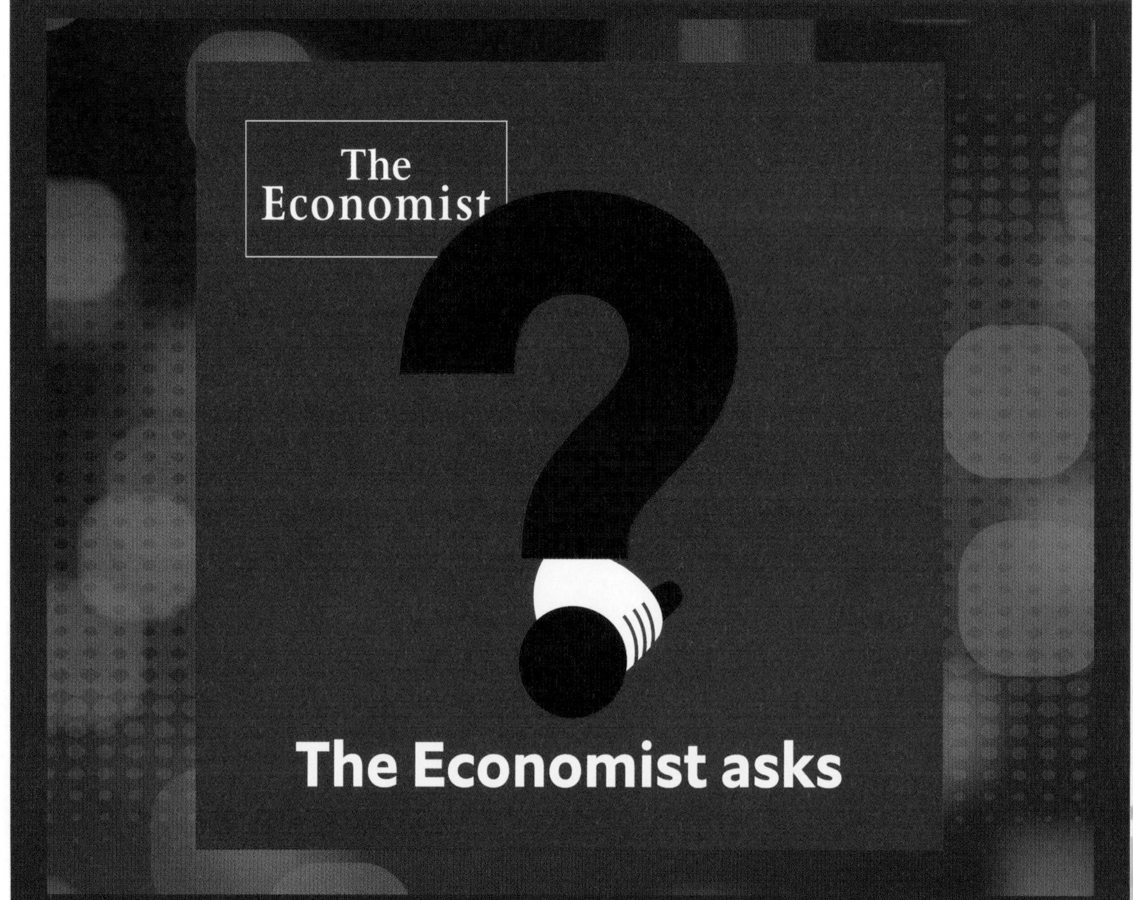

#They seemed to disagree on most subjects.

They seemed 그들은 보였어요. DID 기둥이죠? 더 이상은 안 보이지만 전에는 그렇게 보였다는 거죠.
to disagree disagree, 반대하다죠. 동의하지 않다, 동의하지 않는 것으로 보였어요.
on most subjects. 어디 위에? 대부분의 주제 위에서 동의하지 않는 것처럼 보였다.
subject는 대상, 주제, 과목 등으로 재활용되었죠. 과목도 결국 주제를 정해 그것에 대해 학문하는 거잖아요.

#But after spending time together, they "became intellectual soul-mates and close friends."

But after But! 하지만, 후에, 뭐 후에?
spending time spending으로 들어가니 명사 넣은 거죠. (동사에 [잉] 붙여 명사로 바꾼 거예요.) 쓴 후에, 뭘 써요? 시간을 쓴 후에. 이것은 시간을 보내는 거라고 했죠. 시간을 보낸 후에,
together. 같이 시간을 보낸 후에, 콤마 있네요.
they became 그들이 became, 되었대요.
intellectual soul-mates 지성적인 소울 메이트가 된 거죠. 영혼의 동반자처럼 서로 정말 통할 때 쓰는 단어.
and close friends. 그리고 지성의 소울 메이트뿐만 아니라 가까운 친구도 된 거죠.

이미지 다 그려졌나요? 다시 전체를 영어로 읽으면서, 원어민처럼 이미지로 머릿속에 그려넣으며 이미지로 이해하세요.

During an orientation for new students at Stanford, Brin met Larry Page. In a recent interview for The Economist, Brin jokingly said, "We're both kind of obnoxious." They seemed to disagree on most subjects. But after spending time together, they became intellectual soul-mates and close friends.

메시지가 전달된 후 우리말로 번역/통역하는 것은 여러분의 몫입니다.
말하는 것이 힘들지, 기둥으로 구조를 익혀놓고 나면 더 어려운 말들을 이해하는 것도 그리 어렵지 않습니다. 그럼 이제 both를 넣어 가지고 다양하게 만들어보세요.

9 16 숙어

either A or B

영어로 먼저 만들어보세요.

#둘 다 원한다고?

→ You want both?

#둘 다는 못 가져!

→ You can't have both!

이것을 가지든지, 아니면 저것을 가지든지! 선택해.

천칭을 보세요. 한쪽에 this가 있고, 반대쪽엔 that이 있습니다. 이 둘 중에 양자택일하라는 거죠. 이럴 때 쓰는 말은 통째로 기억해야 합니다.

Either this or that!

발음은 [이*더]도 되고 [아이*더]도 됩니다.

either가 가운데라 생각하고 이리로 기울든지, 저리로 기울든지.
Either this or that! 이거든지, 저거든지.
문제집에 나오는 그 Either A or B 공식입니다. 그런데 공식은 아는데 실제 글에서 못 알아보는 분들도 있고, 직접 사용하는 분들은 더욱 드뭅니다. 천칭 이미지를 그리면서 문장을 만들다 보면 확실히 쉬워질 거예요.

#이것을 가지든지, 아니면 저것을 가지든지!
명령 기둥이죠?
→ Have either this or that!
#그게 다야! → That's it! 배웠죠?
#선택해!
> choose / decide [디'싸이드] <
→ 'Choose!'도 되고. 결정해! 'Decide!'도 잘 씁니다. 간단하죠? 천칭에 다른 것도 올려봅시다.

상황) 화장실에서 볼일을 보는데 휴지가 없어요.
#A: 여기 화장지가 없어! 나 좀 갖다 줄 수 있어?
> toilet paper [토일럿 페이퍼] <
→ There is no toilet paper here. Can you get me some?
그런데 말도 안 되는 것을 줬어요.
#이게 뭐야!
→ What is this?

#B: 그거든지, 아니면 신문지야.
→ It's either that or newspaper.
#A: 지금 장난해? 이거 양말이잖아!
> kid / sock <
→ Are you kidding? This is a sock!
양말이 한 짝인 경우는 sock. 한 켤레일 때는 socks!

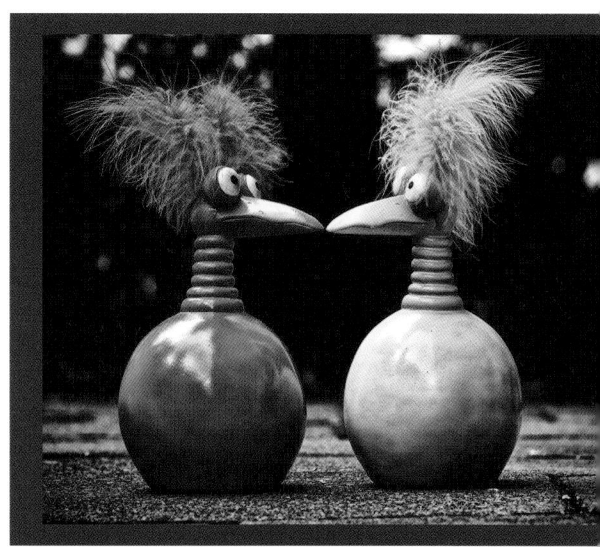

천칭 위에 기둥 문장도 다 올라갈 수 있어요.
쉽게 명령 기둥으로 시작해보죠. 만들어보세요.
#자백해!
> confess [컨*페스] <
→ Confess!
#죽어!
→ Die!
#자백하든지! 죽든지!
→ Confess! OR DIE!

당연히 이렇게 말할 수도 있고 either를 넣으면 선택권이 무조건 양자택일이라고 강조하는 메시지가 전달되는 겁니다.

#(둘 중 하나야.) 자백하든지 죽든지!
→ Either confess or die!

상황) 누가 도와준다고 하면서 계속 투정을 부립니다.

#그만 징징대!

> whine [와인] <

"Stop it"처럼 whine을 명사로 만들어서

→ Stop whining!

#도와주든지 아니면 가!

→ Either help or leave!

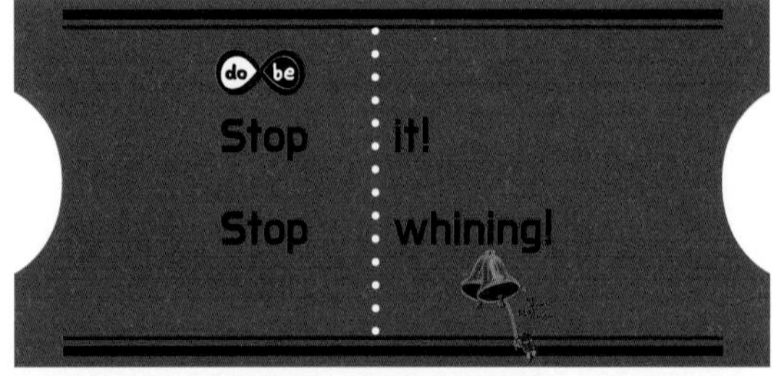

Lion King (1994) [film]
Directed by R. Allers and R. Minkoff

번역 한 번 하고 연습장 가죠.

〈Lion King〉에서 주인공은 과거 실수로 인해 심적인 고통을 받으며 도망치듯 떠나 잊으려고 애쓰며 삽니다. 그러다 지혜로운 개코원숭이를 만나죠. 그가 해준 말을 볼까요?

#Oh yes, the past can hurt. But you can either run from it, or learn from it.

아, 그럼, / 과거는 / 아플 수 있지 / 하지만 / 너는 할 수 있어 / either, 둘 중의 하나 / 달리든지 / 그것으로부터. (이건 도망치는 겁니다.) / or 아니면/ learn 배우든지 / from it. 그것으로부터 배우든지.

CAN 기둥 문장으로 either 천칭에 올려놨죠?

Learn from the past.

우리말은 과거를 통해 배운다고 하지만 영어는 learn from the past로 from으로 사용한답니다.

과거로부터~ 배운다.

이제 연습장에서 만들어보죠.

#이거 아니면 저게 널 도와줄 거야.

Either this or that will help you.

#호텔에 있는 뷔페에 갈 수 있고, 아님 옆집 이탈리안 레스토랑에 갈 수 있어요.

buffet [부*페이] / next door=옆집

We can either go to the buffet in the hotel, or the Italian restaurant next door.

#내가 걔네들 죽였어. 우리 아니면 걔네였어.

kill

I killed them. It was either us or them.

#내 지갑 어디 있어? 여기나 내 가방 안에 있었는데! 못 찾겠어!

wallet [월렛]=지갑 / bag / find

Where is my wallet? It was either here or in my bag! I can't find it!

#이게 뭐야? 이것들 다 너무 길든지 아님 너무 짧잖아. 다시 해!

long / short

What is this? These are either too long or too short. Do it again!

#결정을 못 하겠어? 쉬워! 재(남)랑 같이 지루한 인생을 살든지, 아님 나랑 같이 정말 좋은 인생을 살든지. 선택은 네 거야.

decide [디'싸이드] / easy / boring / life / wonderful / choice [초이스]

Can't you decide? It's easy! It's either a boring life with him, or a wonderful life with me. Choice is yours.

#하지만 둘 다는 못 가져. 왜 망설여? 답은 간단하잖아. 나 선택하라고!

hesitate [헤씨테이트]=망설이다 / answer / simple / choose

But you can't be both. Why are you hesitating? The answer is simple. Choose me!

#A: 얘(여)는 게으르든지 멍청할 거야.

lazy=게으른 / stupid

.... She's either lazy or stupid.

#B: 사람들 비판 좀 그만해!

judge=비판하다, 재단하다

.... Stop judging people!

#A: 난 이거 할 거야, 그러니까 받아들이든지 아니면 떠나든지!

.... I am doing this, so either accept it or leave!

어휘 늘려볼까요?

상황) 고민하는 동료에게 충고합니다.

#실패를 하든지, 성공을 하든지 둘 중 하나겠지.

> fail [*페일] / succeed [썩'씨~드] <

→ Either you will fail or you will succeed.

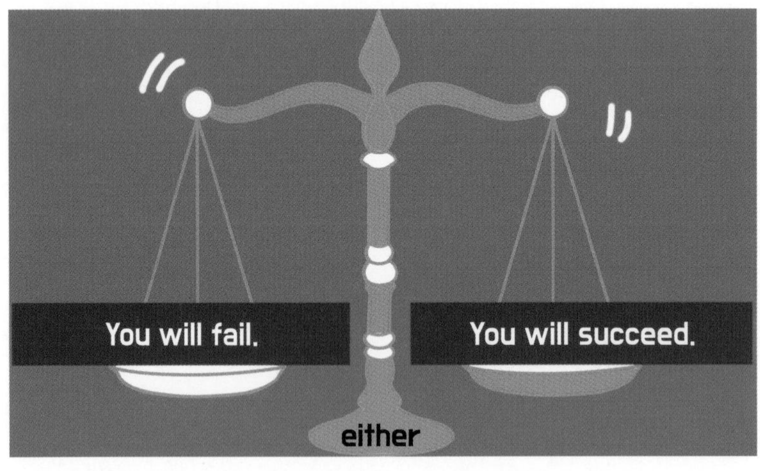

#And there is only one way to find out.

한 길밖에 없다 / 알아내기 위해서는

실패일지 성공일지 알 수 있는 방법은 한 가지밖에 없다는 뜻으로 '해봐야 안다'는 말입니다.

There is only one way to find out.

좀 더 만들어보죠.

#아이를 평생 보호할 수 없잖아요.

> child [차일드] / forever [*포*레버] / protect [프*로텍트] <

→ You cannot protect your child forever.

#세상이 안전한 곳이 아닌데.

> world [*월드] / safe [세이*프] / place [플레이스] <

→ The world is not a safe place.

#There is danger at every corner.

위험이 있어요, 모든 코너마다.

보이지 않는 곳마다 위험이 있다는 겁니다.

#그러니, 당신이 할 수 있는 것은 (둘 중에 하나)

→ So you can either

#애들을 대비해주고 독립적으로 만들어주든지,

> kids / prepare [프*리페어] / independent [인디'펜던트] / make <

→ prepare your kids and make them independent,

#아니면 평생 갓난아기들처럼 대하든지.

> forever / babies / treat [트*릿트] <

→ or you can treat them like babies forever.

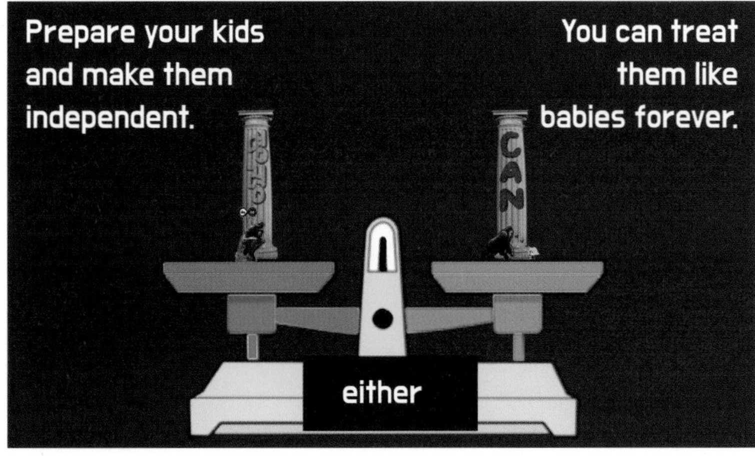

문장이 아무리 길어져도 결국 다 같은 기둥 구조입니다. 레고처럼 아무리 복잡하게 커져도 결국 끼우는 기본 방식은 여전히 똑같으니 항상 그것을 염두에 두면서 연습하세요!

9 17

전치사

Next, next to

THERE 기둥도 탄탄히 하면서 이미 아는 것을 해보죠. 영어로 말해보세요.

#다음 주!

→ Next week!

next는 순서가 있을 때 '다음'을 말합니다. 다음! 영어로? **Next!**

#줄은 영어로? → line
쉽죠? 다음 문장을 영어로 만들어보세요.

상황) 사람들이 줄을 길게 서 있습니다.
#긴 줄이 있네.
→ There is a long line.
#줄이 기네.
→ The line is long.

영국은 line 말고 queue [큐]라고도 하니 그것도 사용해보죠.
#너 왜 밖에 있어?
→ Why are you outside?
#안에 줄 서 있어.
간단하게 THERE 기둥으로 전달 가능해요.
→ There is a queue inside.

#저희 서 있어요.
→ We are standing.
#저희 줄 서 있습니다.
We are standing~ 하고 껌딱지 붙여야 하는데 줄 안에 있는 거죠? → in line
→ We are standing in line.

삐져나오면 out 되겠죠? 그래서 줄은 in으로 붙이는 겁니다.
줄 서 있는데, 갑자기 뒤에서 누군가 소리를 지릅니다.

#Don't cut in line!
자르지 말라, 라인 안을 자르지 말라?
새치기하지 말라는 겁니다. 참 이미지적이죠? 다시 말해보세요.

#아! 새치기 좀 그만들 하세요!
"Stop it!"처럼 cut in line을 명사로 바꿔줘야 하니
cut에 [잉] 붙이면 해결! → cutting in line
→ Ah! Stop cutting in line!

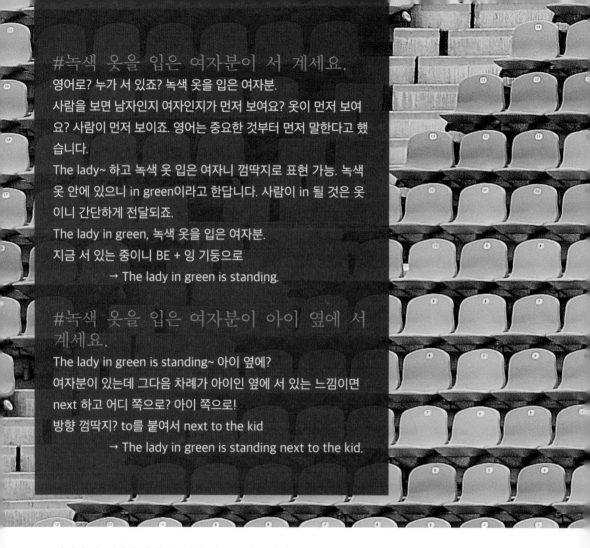

#녹색 옷을 입은 여자분이 서 계세요.

영어로? 누가 서 있죠? 녹색 옷을 입은 여자분.
사람을 보면 남자인지 여자인지가 먼저 보여요? 옷이 먼저 보여요? 사람이 먼저 보이죠. 영어는 중요한 것부터 먼저 말한다고 했습니다.
The lady~ 하고 녹색 옷 입은 여자니 껌딱지로 표현 가능. 녹색 옷 안에 있으니 in green이라고 한답니다. 사람이 in 될 것은 옷이니 간단하게 전달되죠.
The lady in green, 녹색 옷을 입은 여자분.
지금 서 있는 중이니 BE + 잉 기둥으로
→ The lady in green is standing.

#녹색 옷을 입은 여자분이 아이 옆에 서 계세요.

The lady in green is standing~ 아이 옆에?
여자분이 있는데 그다음 차례가 아이인 옆에 서 있는 느낌이면 next 하고 어디 쪽으로? 아이 쪽으로!
방향 껌딱지? to를 붙여서 next to the kid
→ The lady in green is standing next to the kid.

이것이 바로 '어디 옆에~'를 말할 때 쓰는 단어입니다. 간단하죠? side도 마찬가지로 쓸 수 있어요.
→ The lady is standing on the side of the kid.
side 하면 옆쪽에 서 있다는 느낌이고, next to 하면 나란히 차례대로 서 있는 이미지입니다.

실전에서는 고민 말고 연습할 때 껌딱지 느낌을 익히면서 만드세요.

#이웃은? neighbour [네이버] / neighbor. #옆집은 영어로? next door.
옆에 있는 문인 거죠. 문들도 보면 나란히 일렬로 있어서 next를 써준 겁니다.

#저분(여) 제 옆집 사세요.

→ She ( ) lives next door to me.

제 옆집이죠. 방향 포인트까지 해서 to me.
next to를 왜 쓰는지 이미지로 상상하며 연습해야 응용력이 강해질 겁니다.

#누가 자신의 시가 옆집에 살고 싶어 해?

누구인지 모르니 WH 주어 질문!
'살고 싶다'는 I do want to live인데 WH 주어이니 DOES 기둥으로 해서

→ Who does want to live next door to their in-laws?

→ Who ( ) wants to live next door to their in-laws?

상황) 모두가 열광하는 드라마를 어제 놓쳤어요. 회사에 가서 동료에게 물어봅니다.

#전 어제 볼 시간이 없었어요.

→ I didn't have time to watch it yesterday.

#저번 회차 보셨어요?

→ Did you watch the last episode?

동료가 스토리를 말해줍니다.

#그래서 그다음은 어떻게 되었어요?

조심! 우리말로 '어떻게'라 했다고 또 그것만 번역하지 마세요. 그다음에 무슨 일이 일어났는지 물어보는 거죠.

→ So what happened next?

그럼 next를 넣어 기둥들을 섞어가며 만들어 보세요.

연습

#다음 차례 누구예요?

.... Who is next? / Who's next?

#다음 저예요!

.... I am next!

#다음 장으로 넘기세요!

page / turn

.... Turn to the next page!

#다음 주 금요일이 제 마지막 날입니다.
friday / last day

.... Next Friday is my last day.

#원서접수는 다음 학기 4주 전에 시작합니다.
registration [*레지스트*레이션] / semester [쎄미스터] / start

Registration starts 4 weeks
.... before the next semester.

#다음 주에 강의 없습니다.
lecture [렉쳐]

.... There is no lecture next week.

#다음 미션이 있나요?
mission

.... Is there a next mission?

#내년에 저희는 아이슬란드에 가길 바라요. (희망하는 느낌)

.... We hope to go to Iceland next year.

#A: 여기 앉아도 될까?

.... Can I sit here?

#B: 아니, 내 옆에 앉지 마.

.... No, don't sit next to me.

#A: 왜 안 되는데?!

.... Why not?!

#B: 가서 재(여) 옆에 앉아.

.... Go and sit next to her.

#A: 하지만 난 여기 네 옆에 앉고 싶단 말이야!

.... But I want to sit here next to you!

#비상구 옆 좌석을 받을 수 있을까요?
emergency exit [이'멀젼씨 엑씻]

Can I get a seat next
.... to the emergency exit?

none 배웠죠?

one은 하나인데, none 하면 하나도 없다는 거였죠.

번역해보세요.

#In figure skating, she is next to none.

피겨스케이팅에서는, / 그녀는 / 옆에 있다 / 아무 옆에도 없다.

옆에 견줄 만한 사람이 아무도 없다, 최고다, 라는 뜻입니다.

보통 next to를 배울 때 많이 접하는 것은 길을 물을 때죠.

쉬우니 하나 하고 나머지는 혼자서 만들어보세요.

#저기요, 약국이 어디 있죠?

> pharmacy [*파마씨] <

→ Excuse me, where is a pharmacy, please?

메시지 전달은 되었지만 좀 더 예의를 차려서 묻는다면

→ Can you tell me where a pharmacy is, please?

이러면 상대가 말해줄 수 있느냐고 묻는 거죠. 그런데 상대방이 모를 수도 있는 상황이면 더 돌려서,

→ Do you know where a pharmacy is, please?

영어는 이렇게 돌려 말하며 예의를 차립니다.

#A: 시티은행 어디 있는지 아세요?

→ Do you know where the Citibank is?

#B: 네. 알아요.

→ Yes, I do.

#우체국 옆에 한 군데 있어요.

→ There is one next to that post office.

건물들이 나란히 있으니 next to라고 쓰는 거죠.

#A: 아, 네. 감사합니다.

→ Okay, thank you.

#B: 네.

우리는 "네" 하고 끝나지만 영어는?

→ You're welcome.

이제 살고 있는 동네를 떠올리면서 next to를 넣어 만들어 보세요.

IF 1탄

여섯 번째 Planet입니다! 웬 여섯 번째?
솔직히 큰 Planet은 이미 다 끝났답니다.
이번 것은 거의 달덩이 수준.

WH 1, -ly, TO 다리, [잉], THAT 경우는 큰 것들입니다. 그만큼 활용도가 높기 때문이죠.
하지만 그 이외에 나오는 것들은 이미 Planet 주위를 도는 달덩이 수준밖에 안 돼요.

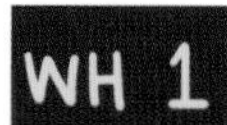

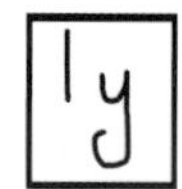

이번에 배울 것은 쉬운데 시험에서 워낙 호랑이 곶감이 되어 많은 분이 식겁을 하기 때문에 제대로 알기 위해 일부러 스텝들을 나누었답니다.
그럼 번역도 연습하면서 들어가볼까요?

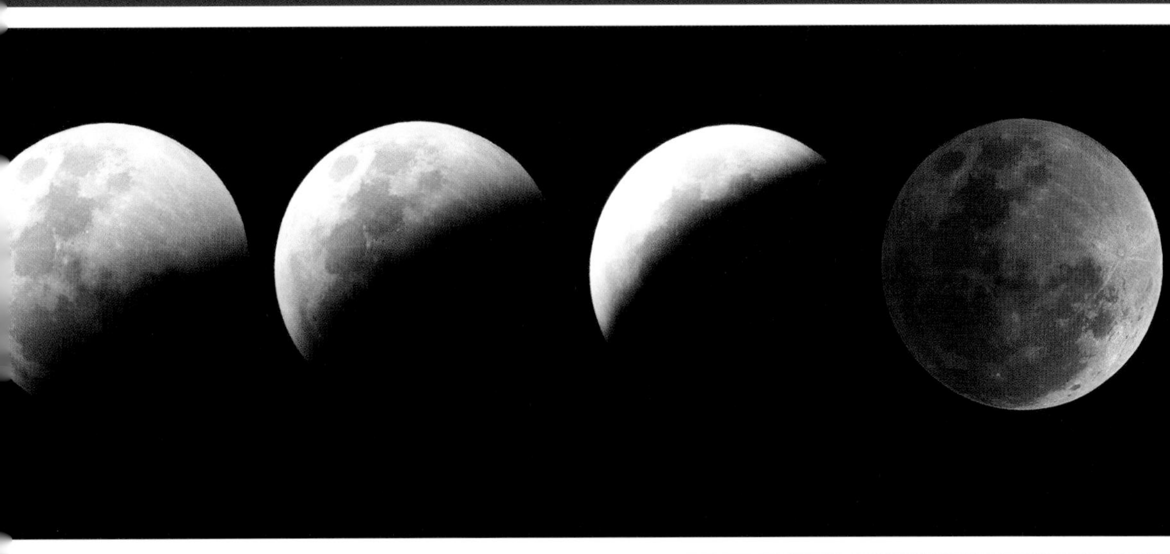

미국 정부에서 외국을 가고 싶어 하는 학생들에게 제대로 준비하고 떠날 수 있게 도와주려 만든 웹사이트가 있더군요.

http://studentsabroad.state.gov/

STUDENTS ABROAD

읽어볼까요?

#Go from here.

→ 가라, 여기서부터.

#When you go abroad go from here!

→ 외국에 간다면, 여기서부터 가라!

#When traveling abroad, you need more than just your backpack and flip flops.

→ 언제 / 여행갈 때 / 외국으로 여행갈 때, 너는 / 필요하다 / 더 / 그냥 네 배낭과 샌들보다

When traveling abroad. 이거 스텝 08[06]에서 접한 WHEN 리본인데 리본은 기둥 문장이 다 나와야 한다고 했죠!

When you are traveling abroad. 원래 이 말이랍니다. 이렇게 기둥이 없어도 이야기가 뻔할 때는 기둥이 생략되기도 합니다. 생략한 영어를 읽는 것은 어렵지 않았죠? 그 정도로 없어도 뻔한 상황에서 생략이 되는 겁니다.

지금 여러분은 생략하는 것을 배우긴 일러요. 안 그러면 잘 모르고 나중에 엉뚱한 것을 생략하거든요.

말이 더 있습니다.

#That's where we come in.

→ 그것이, WH 1 나오죠. 헷갈리면 질문으로 만들어보세요. Where we come in을 질문으로 원상 복귀시키면, Where do we come in? 우리가 언제 들어오지?

That's where we come in. 그것이 우리가 들어오는 곳이다!

이건 무슨 뜻이냐? 만약 운동을 하고 싶은데 스스로 잘 못해요. 이럴 때 트레이너가 필요하죠.

That's where the trainers come in.

인생이나 타임라인을 길로 표현하면, 필요한 상황에 들어온다는 말입니다.

That's where we come in! 하면 그때 우리가 필요한 거죠!

더 있네요. 마지막 문장까지 읽어볼까요?

#We're here to make sure that you're ready.

→ 우리는 / 여기 있다 / 확실하게 하기 위해 / THAT 하고 기둥 문장 또 나오죠? THAT 딱지로 연결된 겁니다.

'네가 준비되어 있는 것을 확실히 하기 위해 우리가 있다!'라고 하는 거죠. 의역으로는 '이 사이트는 여러분의 준비를 도와드리기 위해 있습니다' 정도 되겠네요. 영어는 이런 식으로 말을 정말 많이 풀어 씁니다.

여기서 you're ready 처럼 기둥 문장으로 연결하지 않을 때는 껌딱지 of를 쓰면 되겠죠?

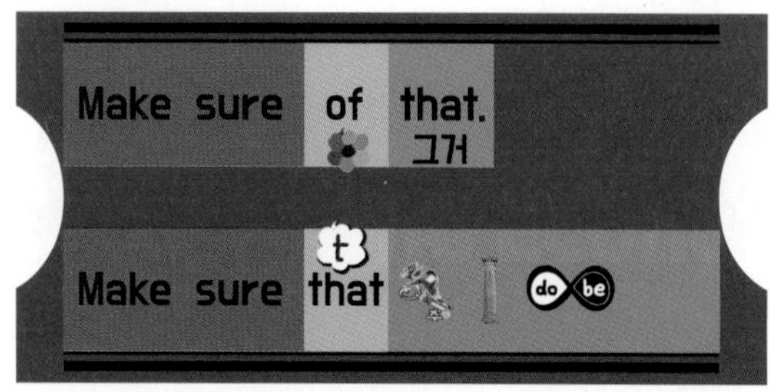

WHEN 리본은 쉬웠죠? 이제 여러분이 만들어보세요.

#외국에 나가면, 나한테 엽서 보내.

> abroad / postcard / send <

→ When you go abroad, send me a postcard.

이렇게 WHEN 리본을 쓰면 상대가 확실히 갈 때 말하는 겁니다. 그런데 외국에 갈지 안 갈지 모를 때는 "만약 가면~" 영어는 이 둘의 상황을 분류해서 말합니다. 분류하는 것 참 좋아하죠? WHEN을 IF로 바꿔준답니다! 그게 끝! 간단하죠?

#네가 외국에 나간다면 나한테 엽서 보내.

WHEN을 쓰지 않고 IF를 쓰고 나머지는 완전히 똑같습니다.

→ If you go abroad, send me a postcard.

아주 간단하죠?

보통은 IF를 '만약에 ~한다면'이라고 설명하지만 문제는 우리말에서는 '만약에'를 일상에서 자주 사용하지 않아요. '외국에 나가면, 나간다면' 식으로 WHEN과 똑같이 사용하죠.
느낌으로 기억하면 다루기가 수월해집니다. 그럼 사용해보죠.

#전화할게!

기둥 간단하죠. 나중에 할 거라니까 미래 기둥인 WILL 기둥을 쓰면 해결돼요.

→ I will call you!

#전화할게, 내가 일찍 도착하면!

> arrive <

일찍 도착할지 안 도착할지 몰라요. 일찍 도착하면! 전화할게. 확실치 않으니 IF 붙여주고 나머지 할 말. If I arrive early로 붙여주면 돼요.

→ I will call you if I arrive early!

내가 일찍 도착한다는 건 미래인데, 왜 기둥을 WILL 안 쓰고 DO 기둥을 쓰느냐고요? 정확하게 언제 일어날지 안 일어날지도 모르니 그냥 타임라인을 크게 덮는 겁니다.
상황을 한 번 더 비교해볼까요?

상황) 누구에게 부탁을 합니다.

#그분(남) 만나면 이 쪽지 좀 전해줘.

> see / note / give <

이 말을 하고 싶은데 상대가 그 사람과 같은 장소에서 일하기 때문에 만날 가능성이 커요. 그러면?

→ When you see him, give him this note.

다른 상황) 상대가 그곳에서 일하진 않지만 오늘 그분이 있는 곳으로 간대요. 만날 수도 있고, 안 될 수도 있지만 혹시 모르니 쪽지를 주며 말합니다.

#그분(남) 만나면 이 쪽지 좀 전해줘.

→ If you see him, give him this note.

WHEN처럼 IF도 리본입니다. 지금은 우리말의 순서대로 풀어서 배경처럼 앞으로 깔았지만 엑스트라 자리에도 들어갈 수 있는 것이죠. 뒤쪽으로 만들어보세요.

#이 쪽지 좀 전해줘, 그분(남) 만나게 되면.

→ Give him this note if you see him.

한 번 더 해보죠.

상황) 기다리는 전화가 있습니다. 확실히 전화한다고 했는데 지금 병원을 가봐야 합니다. 부탁해보죠.

#그분(여)이 전화하면 나한테 문자해!

> call / text <

→ When she calls me, text me!

→ Text me when she calls me!

상황을 바꿔서 전화가 올지 안 올지 전혀 모릅니다. 그럴 때는 WHEN이 될 수 없답니다.

#If she calls me, text me.

무슨 기둥을 선택하느냐는 항상 중요합니다!

그래서 **"내가 나이가 들면~"**이라 말할 때 누가 "If I get old~"라고 하면 듣는 사람은, 'IF?' 혹은 'No if!' 라고 말하며 WHEN you get old~ 식으로 고쳐주게 되겠죠. 일어날 일이 100% 확실하기 때문입니다.

"내가 죽으면~"이라 할 때 if는 들어가지 않는답니다. IF 아니거든요. WHEN이죠.
When I die~
하지만 전쟁처럼 목숨을 거는 상황일 때는 if를 충분히 말할 수 있겠죠. 상식적으로 보세요. 굳이 따져서 하나 더 만들어보죠.

#모를 땐 돌아가세요.

→ When you don't know, go back!

#모르시면 돌아가세요!

→ If you don't know, go back!

느낌 오나요? 항상 상황이 중요하겠죠?
그럼 연습장에서 IF 느낌 기억하면서 만들어보세요.

연습

상황) Kelly를 만나게 될지는 미지수. 선생님한테 말합니다.

#Kelly를 보면 선생님의 메시지를 전해드리겠습니다.

message [메시지] / give

If I see Kelly, I will give her your message. /
I will give her your message if I see Kelly.

#제 약혼자가 오면 그와 같이 갈 거예요.

fiancé [*피앙'쎄이]

I will go with my fiancé when he comes. /
When my fiancé comes, I will go with him.

상황) 옆에 있는 친구에게 말합니다.

#너 추우면 내 재킷 입어도 돼.

If you are cold, you can have my jacket. /
.... You can have my jacket if you are cold.

상황) 생존게임의 진행자가 참가자들에게 말합니다.

#여러분이 열심히 일하지 않으면, 여러분은 실패하게 될 겁니다.

work hard / fail=실패하다

If you don't work hard, you will fail. /
.... You will fail if you don't work hard.

#제가 무슨 말을 하는지 이해하시나요?

Hint: WH 1 / say / understand

.... Do you understand what I am saying?

상황) 진행자가 한 참가자한테 질문합니다.

#A: 실패한다면 어떻게 하실 겁니까?

fail

What will you do if you fail? /
.... If you fail, what will you do?

#B: 실패는 선택지가 아닙니다.

failure [*페일리어]=실패 / option [옵션]=선택지

.... Failure is not an option.

#네 옷 사이즈가 뭔지 모르면, 그분들이 치수 재줄 거야.

size / measurement [메져먼트]=치수 / take

If you don't know what your size
.... is, they will take your measurement.

#혹시 누가 전화하면 아빠 집에 없다고 해.

.... If anyone calls, tell them (that) Dad is not home.

우리말로 아주 간단한 문장인데도 if가 있답니다.

#제가 기회가 되면 확인해볼게요.

이 말에 IF가 잘 느껴지지 않죠?

I will check.

언제? 제가 기회가 되면!

기회가 생긴다면, 시간이 생긴다면! → When I get a chance.

그 기회가 생기지 않을 수도 있으면? → If I get a chance.

두비 고르고 카멜레온 고르면 자연스럽게 IF가 붙을 수 있다는 것 보이죠? 그러니 항상 영어는 앞에 세 개의 기둥 구조를 잘 만들어야 합니다.

→ I will check when (if) I get a chance.

#날 잡아봐! 할 수 있으면!

> catch <

→ Catch me if you can!

IF는 리본이니까 앞으로도 나올 수 있죠?

→ If you can catch me, do it!

catch me
if you can

희대의 사기꾼 실화를 바탕으로 한 영화

〈Catch me if you can〉

제목 보면 명령 기둥과 CAN 기둥이 리본 IF로 엮인 것 보이시죠?

마지막으로 정리하죠.

스텝 04[11]에서 **"Do you mind?"**라는 말 배웠습니다.

내가 뭔가 하려는데, mind 되냐? 거슬리냐? 괜찮겠냐? 하고 묻는 말. 적용해보죠.

#내가 창문 열려 하는데 괜찮겠어?

→ Do you mind if I open the window?

어렵지 않죠? 또 해보죠. 레스토랑에서.

#이 의자 사용하세요? 제가 가지고 가도 괜찮을까요?

> chair / take / mind <

→ Are you using this chair? Do you mind if I take it?

IF는 Planet이지만 간단하죠? 그래도 탄탄히 해두어야 다음 레벨 스텝에서 헷갈리지 않게 될 겁니다. 이제 IF의 큰 그림에 들어왔습니다. WHEN과 비교하면서 그 느낌 살려서 더 만들어보세요!

9 19
부가의문문

TAG Q

드디어 9번 트랙을 거의 다 통과했습니다! 축하합니다!
이번 스텝은 쉬운 꼬리표 질문.
방법은 항상 같죠? 기본 문장에 질문까지 복습하기 좋은 단계예요.
쉬우니 어휘력도 넓히며 진행합니다.

WH 주어가 나오지 않았다고요?
아하! 9번 기둥에서는 자연스럽게 생기지 않는답니다. 보실래요?
다음 문장을 영어로 만들어보세요.

#희망이 있네.
→ There is hope.

WH 주어로 바꿔볼까요? What 넣어보죠.
What is hope?
번역하면 "무엇이 기적이에요?"로 가죠.
이미 우리가 다 만들 줄 아는 BE 기둥으로 연결된답니다.

그러니 기둥을 복습하는 것처럼 정리하면서 만들어볼게요.

#이곳 좀 봐봐! 정말 누추하다!
> shabby [샤비] <
→ Look at this place! It's so shabby!

#여기 아무것도 없구나, 그렇지?
→ There is nothing here, is there?

조심하세요. nothing도 부정이니 꼬리표 질문에서 반대로 "Is there?"로 질문해야 하는 겁니다. 다른 기둥도 똑같죠? 만들어보세요.

There is nothing, is there?
부정
꼬리표 Q

#너 돈 한 푼도 없지, 그렇지?
→ You have no money, do you?

상황) 애인에게 전화했는데 옆에 누군가 있는 것 같아요.

A: 누구야?

Who is~ 들리는 사람을 말하는 거죠. 통화니까 당연히 반경 밖인 'that'으로 물으면 됩니다.

→ Who is that?

그러자 대답합니다.

#B: 누구? 아무도 없어.

→ Who? There is no one here.

그런데 또 들립니다.

#A: 누가 너랑 같이 있지, 그렇지?

→ There is someone with you, isn't there?

#B: 너 의부증이야!

이 말 잘 쓰죠? 영어는 의부증, 의처증보다는 paranoid [파*라노이드], 피해망상이란 말을 더 쉽게 씁니다. 자신이 뭔가 당하고 있는 것처럼 망상을 하는 거죠.

→ You are paranoid!

상황) 회사 외부에서 열린 중요한 회의에 참석했던 직원에게 묻습니다.

#오늘 그 회의 갔었죠, 그렇죠?

→ You went to that meeting today, didn't you?

#어땠어요?

회의가 어떤 방식으로 go = 진행되었느냐?, 갔느냐? 하고 묻는 겁니다. 잘 쓰는 말입니다.

→ How did it go?

같은 질문을 회의에 참석하지 않은 로비 직원에게 묻습니다.

#오늘 그 중요한 회의 있었죠, 그렇죠?

> important <

→ There was that important meeting today, wasn't there?

#어떻게 되었는지 알아요?

WH 1입니다. 알아요? 어떻게 되었는지?

→ Do you know how it went?

"How did it go?"를 다시 뒤집은 것뿐입니다. go는 불규칙이어서 went로 바뀐 것뿐!

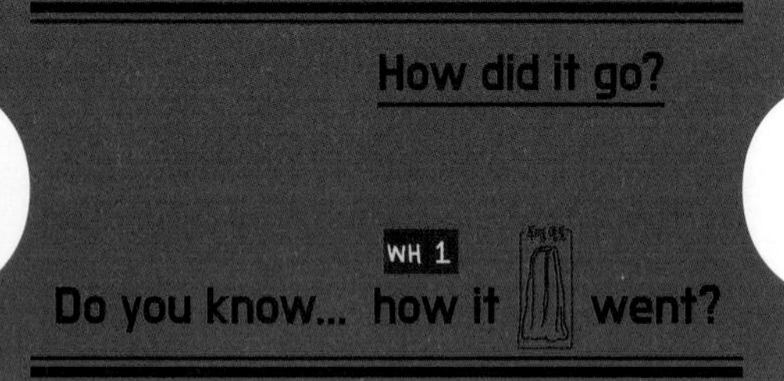

How did it go?
WH 1
Do you know... how it went?

이런 건 시간이 걸린답니다. 그럼 연습장에서 만들어보세요.

상황) 문이 뜯겨 있습니다.
#여기에 무슨 일이 있었던 거야?

.... What happened here?

#경고장이 있었잖아, 그렇지?
warning sign [워닝 싸인]=경고장

.... There was a warning sign, wasn't there?

#차이점이 없잖아, 그렇지 않아?
difference [디*프*런스]=차이점

.... There is no difference, is there?

#금고 안에 돈이 없군, 그렇지?
safe=금고

.... There is no money in the safe, is there?

#치유법이 없죠.
cure [큐어]=치유법

.... There is no cure.

#저한테 뭐가 있죠?

.... What do I have?

#저한테 있는 건 치유법이 없죠, 그렇죠?

.... There is no cure for what I have, is there?

#답은 있는 거지, 그렇지?
answer

.... There is an answer, isn't there?

#벗어날 길이 없구나, 그렇지?
a way out=벗어날 길, 출구

.... There is no way out, is there?

#아무것도 없구나, 그렇지?

.... There is nothing, is there?

#밖에 아무도 없는 거 맞죠?

.... There is no one outside, right?

#희망은 없는 거죠, 그렇죠?

.... There is no hope, is there?

#희망은 아직 있다. 나에게는 아직도 열두 척의 배가 있다.

ship

.... There is still hope. I still have 12 ships.

#너 학교에서 곧 축제 있지 않아?

Hint: 이미 그렇게 정보를 듣고 묻는 질문이죠?

festival

.... There is a festival at your school soon, isn't there?

#너희 학교에 잘생긴 남자 많지, 그렇지?

good-looking

.... There are many good-looking boys in your school, aren't there?

#나도 가도 될까?

.... Can I also come? / Can I come, too?

#곧 시험이 있을 것이니, 복습하기 시작해.

exam / revise [*리*바이즈]

.... There will be an exam soon, so start revising.

한국에서도 썸 탄다고 하죠? 영어에서 온 건데 어떻게 쓰이는지 봅시다.

상황) 정확하지는 않지만 친구가 한 여자애를 좋아하는 것 같아요. 드러내진 않아도 눈빛도 바뀌고 계속 그 여자애 얘기를 하고 뭔가가 있는 거죠. 그때 이렇게도 말한답니다.

#You have a thing for that girl.

너 a thing이 있구나 / 누굴 위해? 저 여자애.

저 여자애를 위해 뭔가 a thing , 명칭을 붙이기 어려운 뭔가가 있는 겁니다.

너 저 여자애한테 뭐 있구나, 이런 식인 거죠.

a thing 대신 something으로 만들 때는 THERE 기둥으로 씁니다. 보세요.
친구랑 그 여자애가 같이 앉아 있는 곳에 갔는데 묘한 분위기가 흐릅니다. 이거야말로 something이 있는 거죠. 어색해서 자리를 피하고 다른 친구에게 말합니다.

#There was something in the air.

뭔가가 있었어, 공기에.
이것이 바로 알 수 없는, 묘한 그 무엇, something.
There is something. 이게 썸 타는 겁니다. 왜 THERE 기둥 쓰는지 보이죠?

#저기에 뭔가가 있어. 뭔지는 모르겠는데, 거기에 있긴 있어.

만들어보세요! 기둥 잘 고르고 기둥 구조대로 가면 간단합니다. 만든 후 비교해보세요.

→ There is something there. I don't know what it is, but it is there.

이해한 후 '알아요' 하는 것과 이해한 후 만들어서 '사용할 줄 알아요'는 차이가 큽니다.
가이드를 보면서 이해가 가지 않으면 분해해서 확인한 후에 다시 해보면서 자기 것으로 만드세요.
음악도 자주 다른 악보를 분해하거든요. 분해하면 더 잘 보입니다. 절대 문장을 통째로 외우려고만 하지 마세요. 응용력 떨어집니다!

그럼 주위를 돌아보면서 행사가 있다, 있었다, 그렇지 않아? 식으로 해서 THERE 기둥 꼬리표를 만들어 연습해보세요.

9 20

혼동되는 동사

MANAGE TO

축하드립니다!
9번 트랙 마지막 스텝입니다!
정말 많은 것을 배우셨네요!
이번 기둥까지 배우면 웬만한 기본 말들은 만들어낼 수 있답니다. 그다음 트랙부터는 좀 더 고급으로 올라가는 거예요. 자주 사용되는 말들로 말하는 것뿐 아니라 번역도 다양하게 접할 겁니다. 말도 더 탄탄해져 속도도 빨라지고 재미있을 거예요! 그럼 이번 기둥 마지막 스텝 마무리 잘해보죠.

'매니저'라는 말, 우리도 쓰죠?
축구에서 우리가 흔히 말하는 '감독'도 영어로는 manager.

manage가 do 동사로 가면 '관리하다'라는 뜻도 있지만, 사전에서 찾아보면 6개 정도의 뜻이 더 있습니다. 영어가 비슷하게 바라봐서 그래요.
그중 또 잘 쓰는 것을 하나 더 배울 겁니다. 사전에서 보면 '간신히 해내다'라는 풀이가 있는데 이렇게만 외워버리면 실제 쓰지 않게 되니 어떤 느낌으로 쓰는지 문장으로 접해봅시다.

상황) 큰 프로젝트를 보며 우리가 이것을 해낼 수 있을지 팀과 상의합니다.
#(내 생각엔) 우리 이거 해낼 수 있을 것 같아.
→ I think we can do this.
간단하죠?
살짝 다른 메시지를 전달해볼까요?

신참들이 있는 팀에게 얼마나 힘든 프로젝트이며 겨우 해낼 수 있을 거라는 느낌까지 전달해주고 싶으면 같은 말을 이렇게 할 수 있어요.

(내 생각엔) **우리 이거 해낼 수 있을 것 같아.**
I think we can **manage** this.

두비 자리에 do 대신 manage로 바꿔줬죠.
manage는 우리말에서는 보통 '하다'로 말한 후 표정이나 톤으로 표현합니다. 따라서 느낌으로 알아야 사용 할 수 있어요. do는 그냥 하는 것이고 manage는 쉽지 않은 일을 하는 겁니다.

그래서 다양한 직종에서 관리자, 담당자의 직함이 Manager인 거예요. 쉽진 않지만 전반적인 부분을 다 '관리'하는 것이죠.
이제 더 만들어보세요.

상황) 가까운 동료에게 조용히 묻습니다.

#(네 생각엔) 우리 이거 해낼 수 있을까?

→ Do you think we can manage this?

이미 manage란 단어를 썼으니 또 쓰기 싫으면, pull this off라는 말이 있습니다.

#Can we pull this off?

무슨 뜻일까요?
pull은 잡아당기는 것이죠.
테이블 위에 물 잔이 있고 테이블보에 on 되어 있을 때 pull, 확 잡아당겨서 off 시키면? 성공하는 거죠. 그런데 저 기술이 쉬운 거 아니잖아요? '제대로 성공할 수 있을까?'라는 뜻입니다.
말해보세요.

#성공할 수 있을까?

→ Can we pull this off?

동료가 대답합니다.

#응, 내 생각엔 할 수 있을 것 같아.

→ Yes, I think we can.

더 사용해보죠.

#장애물이 너무 많아요.

> obstacle [옵스타클] <

→ There are too many obstacles.

#저들은 저거 절대 처리 못 해낼 거예요.

→ They will never manage it.

#절대 성공 못 시킬 거예요.

→ They will never pull it off.

바닷가 근처나 여행지 가면 공을 던지거나 사격을 해서 목표물을 맞히는 곳을 자주 보죠.
서양은 이런 곳을 보통 fair [*페어] 혹은 carnival [카니*벌]이라고 합니다. 실제로 큰 놀이기구들을 동네 공원마다 설치해 1주일 정도 운영하며 돌아다니는 경우가 흔하답니다.
이런 곳 가면 꼭 공을 던져 맞히는 게임이 있죠. 다음 문장을 만들어보세요.

상황) 제 남동생은 원래 이런 걸 잘 맞힙니다.

#제 남동생은 10개 중 9개 맞혀서, 장난감 받았어요.

> hit <

→ My brother hit 9 out of 10, and got a toy.

10개 중 9개. 스텝 07[10]에서 배웠습니다. 영어는 9개를 먼저 말하는 것이 더 중요하다 보니까 그것을 먼저 말한다고 했죠? 우리말은 9개가 나오기 전에 그 배경을 먼저 말하는 경우가 많고요.
자! 이번엔 같은 상황에서 제가 공을 던집니다.
원래 이런 것을 잘 못하지만 10개 중 8개를 쓰러뜨리게 되었어요. 만들어보세요.

#나 방금 저거 어떻게 한 거야?

→ How did I just do that?

#10개 중 8개 다 맞혔어!

→ I ( ) hit 8 out of 10!

이라고 말해도 전혀 틀리지 않지만

→ I ( ) managed to hit 8 out of 10!

이라고 하면 '나한테 어려운 것이지만 좋은 결과를 낼 수 있게 되었다'는 느낌이 전달됩니다. 우연이든 순간의 집중력이든 나에게 쉬운 것이 아니었는데, manage를 한 것이죠.

I ( ) managed를 먼저 썼으니, 뭘 manage 했는지 계속 말을 해야겠죠. 그래서 TO 다리 붙여서 계속 말해주는 겁니다.

I ( ) managed~ to hit it.

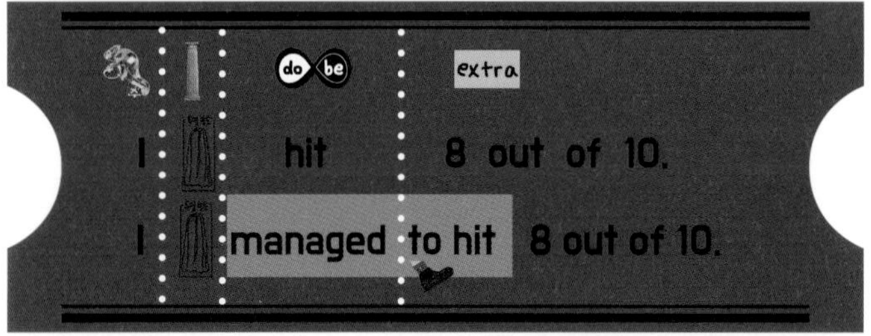

이것이 사전에서 보는 'managed to'입니다.

사전에선 '~하도록 애쓰다'라고 풀이되어 있지만, 문제는 정말로 '저 애쓰고 있어요!'라는 말은 I am really trying으로 가지 manage 느낌은 좀 다르다는 거죠.

그래서 이렇게 통째로 익혀야 하는 것은 어떤 상황에서
무슨 느낌으로 말하는지를 기억해야겠죠?
그럼 연습장에서 쉽지 않았던 상황을 상상하면서 계속
만들어보세요.

#그녀가 탈출을 해냈어요.

escape [이스케잎]=탈출하다

.... She managed to escape.

#내가 걔(여) 드디어 설득했잖아.

persuade [펄슈'에이드]=설득하다

.... I finally managed to persuade her.

상황) 더 일찍 도착한 친구한테 어떻게 일찍 왔는지 물어봤습니다.

#더 이른 항공편을 잡아냈거든!

early / flight [플*라이트]=항공편

.... I managed to get an earlier flight!

#내가 월세 비용을 다시 협상했잖아.

rental fee [*피] / renegotiate [*리네'고씨에잇]=협상하다

.... I managed to renegotiate the rental fee.

#너 해낼 수 있을 거 같아? 왜냐하면 내 생각에는 너
이거 해낼 수 있을 것 같거든.

manage / pull it off

Do you think you can manage?
.... Because I think you can pull this off.

#저 여자는 이 상황에서 어떻게 저렇게 차분하게 있었던
거지?

situation=상황 / calm

How did that woman manage to
.... be that calm in this situation?

드디어 마지막 스텝을 끝내셨습니다! 수고하셨어요!
THERE 기둥이 쉬운 기둥이어서 이번 트랙에서는 애매하게 느껴지는 작은 것들도 같이 익혔습니다.

이제 9개의 큰 말들로 다양한 것까지 섞어가며 만들 수 있게 되었습니다.
다음 기둥부터는 대화나 혼잣말이 점점 더 길어질 겁니다. 그만큼 여러분이 혼자서 할 수 있는 말들이 길어지는 거죠. 배우는 것이 늘어날수록 전의 것을 까먹게 되는 경우도 있어요.
하지만 걱정 마세요.

다시 스텝 돌아가서 또 연습하고, 만들어보는 것을 반복하세요. 어학연수를 가면 느는 것은 새로운 어휘가 아니라, "How are you?"가 입 밖으로 전보다 빨리 나온다는 얘기도 있죠? 이미 알고 있다고 반복하는 것을 멀리하지 말고 다시 돌아가서 반복하면서 속도를 계속 올리고 아는 것을 더 탄탄히 만드세요. 그러면 훨씬 더 많은 것을 얻게 될 거예요.

다음 기둥은 많은 분이 신선하게 느끼는 기둥입니다.
처음 보는 영어를 하는 느낌이 드는 기둥! 그럼 재미있는 다음 기둥에서 뵙겠습니다!

지름길을 선택한 이들을 위한 아이콘 요약서

- 문법 용어를 아는 것은 중요치 않습니다. 하지만 문법의 기능을 아는 것은 중요합니다. 이것은 외국어를 20개 하는 이들이 다들 추천하는 방식입니다. 문법을 이렇게 기능적인 도구로 바라보는 순간 영어는 다른 차원으로 쉬워지고 자신의 말을 만드는 것은 퀴즈처럼 재미있어집니다.

- 아래의 아이콘들은 영어의 모든 문법 기능들을 형상화한 것들로 여러분이 영어를 배우는 데 있어서 엄청나게 쉬워질 것입니다.

영어의 모든 문법 기능을 형상화한 아이콘

우리말은 주어가 카멜레온처럼 잘 숨지만 영어는 주어가 있어야 하는 구조. 항상 찾아내야 하는 카멜레온.

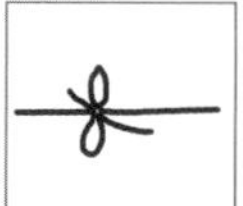

단어든 문장이든 연결해줄 때 사용하는 연결끈.

스텝에서 부정문, 질문 등 다양한 구조를 접하게 되는 기둥.

여기저기 껌딱지처럼 붙으며 뜻을 분명히 하는 기능. 힘이 세지는 않아 기둥 문장에는 못 붙음.

문장에 필요한 '동사'. 영어는 동사가 두-비. 2개로 정확히 나뉘므로 직접 골라낼 줄 알아야 함.

위치가 정해져 있지 않고 여기저기 움직이며 말을 꾸며주는 날치 아이콘.

중요한 것은 기둥. 그 외에는 다 엑스트라여서 뒤에 붙이기만 하면 된다는 것을 상기시켜주는 아이콘.

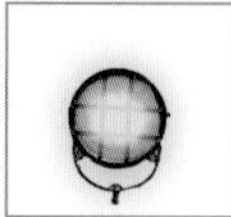

날치 중 어떤 부분을 강조하고자 할 때 보이는 스포트라이트.

Map에 추가로 표기된 아이콘의 의미

영어를 하려면
가장 기본으로 알아야 하는 스텝.

알면 더 도움이 되는 것.

주요 단어들인데
학생들이 헷갈려 하는 것들.

반복이 필요한 훈련 스텝.

- 문법이란 문장을 만들기 위해 올바른 위치에 단어들을 배열하는 방법으로 영어는 그 방법이 심플하고 엘레강트합니다. 각각의 문법 기능을 가장 쉽게 설명하는 것이 다음 아이콘들입니다. 문법에는 끝이 없다고 생각했겠지만 기둥 이외에 문법은 총 10개밖에 없으며 이것으로 어렵고 복잡한 영어까지 다 할 수 있습니다.

- 복잡하고 끝없던 문법 용어들은 이제 다 버리세요. 여러분이 원하는 것은 영어를 하는 것이지 복잡한 한국어 문법 용법들을 알려는 것이 아니니까요.

연결끈같이 보이지만, 쉽게 매듭이 풀려 기둥 앞에 배경처럼 갈 수 있는 리본.

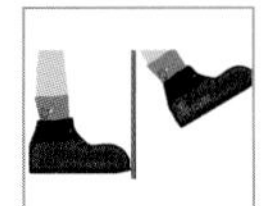

타임라인에서 한 발자국 더 앞으로 가는 TO 다리.

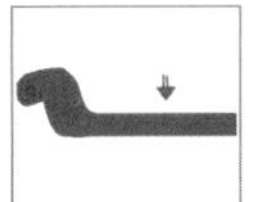

리본이 풀려 기둥 문장 앞에 깔리며 배경 같은 역할을 할 때 보이는 카펫.

열차마다 연결고리가 있고 고리끼리 서로 연결되면서 전체적으로 긴 열차가 됨을 나타내는 아이콘.

어려운 문법처럼 보이지만, 기둥 구조를 익히고 나면 굉장히 간단해지는 기능.

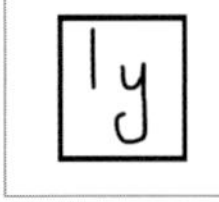

단어 뒤에 붙어 전달되는 의미를 변화시키는 ly.

껌딱지같이 간단하게 붙이기만 하면 되지만 껌딱지와 달리 무거운 기둥 문장을 붙일 수 있는 THAT.

기둥끼리 엮일 때 보여주는 아이콘.

두비에 붙어 두비의 기능을 바꿔주는 [잉].

구조를 분석하는 것보다
그냥 통째로 연습하는 것이 더 간단한 스텝.

실제 영어 대화에서 많이 쓰이지만 국내에서 잘 안 접했던 말.

전에 배운 Planet 스텝을 이후에 배운 새로운 기둥 등에 적용시켜 Planet을 크게 복습하는 스텝.

기둥 이외의 큰 문법 구조.
집중해야 함.

영어공부를 재발명하는 최파비아 기둥영어 (전9권)

쉽다! 단순하다! 효과는 놀랍다!
기둥 구조로 영어를 바라보는 순간
영어가 상상 이상으로 쉬워진다.
아무리 복잡한 영어라도 19개의 기둥으로 배우면
영어를 완전정복할 수 있다.
하루에 한 스텝씩!

1권 1번 명령기둥 · 2번 CAN 기둥 · 3번 WILL 기둥
2권 4번 DO/BE 기둥 · 5번 DOES 기둥/BE 기둥
3권 6번 BE+잉 기둥 · 7번 WAS 기둥
4권 8번 DID 기둥 · 9번 THERE 기둥
5권 10번 MIGHT 기둥 · 11번 WOULD 기둥
6권 12번 GONNA 기둥 · 13번 COULD 기둥
7권 14번 BE+pp 기둥 · 15번 SHOULD 기둥
8권 16번 HAVE TO 기둥 · 17번 MUST 기둥
9권 18번 HAVE+pp 기둥 · HAD+pp 기둥

영어의 전 과정을 커버하는 《최파비아의 기둥영어》 전9권

+ 영어학습을 도와주는 맵과 가리개
+ paviaenglish.com - 무료 리스닝 파일과 섀도잉 연습